中國學術思想 研究輯刊

十一編

林慶彰 主編

第 19 冊

漢代天文學與陰陽五行說之關係

王璧寰 著

董仲舒天人思想研究

陳禮彰 著

花木蘭文化出版社

國家圖書館出版品預行編目資料

漢代天文學與陰陽五行說之關係　王璧寰　著／董仲舒天人思
想研究　陳禮彰　著 ── 初版 ── 新北市：花木蘭文化出版社，
2011〔民 100〕
序 2+ 目 2+104 面 + 目 2+134 面；19×26 公分
（中國學術思想研究輯刊 十一編：第 19 冊）
ISBN：978-986-254-466-2（精裝）
1.（漢）董仲舒　2.天文學　3.陰陽五行　4.天人關係
5.先秦哲學
030.8　　　　　　　　　　　　　　　　　　100000702

ISBN-978-986-254-466-2

9 789862 544662

中國學術思想研究輯刊
十一編　第十九冊　　　　　　　ISBN：978-986-254-466-2

漢代天文學與陰陽五行說之關係
董仲舒天人思想研究

作　　者　王璧寰／陳禮彰
主　　編　林慶彰
總 編 輯　杜潔祥
出　　版　花木蘭文化出版社
發 行 所　花木蘭文化出版社
發 行 人　高小娟
聯絡地址　新北市永和區中正路五九五號七樓之三
　　　　　電話：02-2923-1455／傳真：02-2923-1452
網　　址　http://www.huamulan.tw 信箱 sut81518@ms59.hinet.net
印　　刷　普羅文化出版廣告事業
封面設計　劉開工作室
初　　版　2011 年 3 月
定　　價　十一編 40 冊（精裝）新台幣 62,000 元

漢代天文學與陰陽五行說之關係

王璧寰　著

作者簡介

王璧寰，民國 44 年 8 月 8 日生於桃園。中壢高中畢業，政治大學中文學士、碩士，中山大學中文博士。歷任弘光護專講師、高雄應用科技大學講師，現任高應科大文化事業發展系副教授。著有碩士論文《漢代天文學與陰陽五行說之關係》、博士論文《北宋新舊黨爭與詞學》，另有期刊論文〈朱淑真及其作品新探〉、〈吳藻詞之藝術成就析論〉、〈宋詞中楊花比興意涵之探討〉……等多篇。嗜好書法篆刻與創作古典詩詞。曾獲全國性書法比賽佳作、入選多項，政大第一屆才藝競賽篆刻組第一名、書法組第二名。應邀於 2008 年高雄市美術家聯展展出書法作品，並獲 96 年度教育部文藝創作獎教師組古典詩詞優選。

提　　要

　　陰陽五行說在逐漸成熟完形之後，影響了整個漢代，無論在學術上、在政治舉措上或民生日用上，都起著莫大的作用。而天文學卻是陰陽五行說所以取資的本源。

　　漢代天文學本來上承前代，而具有天象、曆法、宇宙論三大體系。在天象方面觀察由粗而精，尤其在器制上成就輝煌，對天體運動之觀察也漸趨數理化。在曆法上，得出三百年需要更改曆法，建立依天象為準的實證精神。宇宙論方面，則有蓋天的有限空間觀；另有融合古賢哲思想的無限宇宙觀，而造出了宣夜、渾天說。這種種發展，本來是漸漸往科學的一面靠攏的，但是由於時代、環境、科技知識的局限，卻摻合了不少陰陽五行的思想。

　　接著，乃從陰陽說的起源追尋起。約略而言，陰陽一意義起於日之被雲遮覆或透出為初義，然後擴展為哲理性之宇宙二勢力，繼而好事者將天地陰陽之變蒙上吉凶迂怪色彩，方可稱為陰陽家之流。另一方面則敘明從五行初始的基本物質觀念，進而與陰陽消長、吉凶禍福觀念融合，產生所謂生、勝（剋）的系統，再轉而與五星體比附，也作了一系列的印證和解說。由陰陽和五行二學說的結合，正好可以推斷它們共同的骨幹來源，實際上是依靠天文學知識建立起來的。

　　在陰陽五行說與天文學發展路線釐清後，本文的後半部分，則依前、後漢時代的進程，論列二者共存共榮的微妙關係。陰陽五行說依存於天文異象以說災異，依天文常象以說月令、明堂，並附會至帝德迭勝（或迭生）之體系以論帝統代興。而天文學至無法解釋處，則藉陰陽五行以為說，導至天文學遂受拖滯之累。

　　結論則將二種學術思想相為表裏、互為牽制之關係一一鉤取提要，期望能對治漢代學術之大體面貌或延伸至後代之學術流裔，有提挈整理、廓清紛雜的貢獻。

目

次

自　序

　　這篇論文的題目很特別，把「天文學」和「漢代陰陽五行說」聯想在一起，對筆者而言，並不是偶然的，有它的遠因。我十三歲時，同學張君出示天文星盤，我借來和夜晚星象對照，發現它如此方便而有趣，於是依樣手繪複製一份，日日把玩。把玩之不足，就到學校圖書館借閱天文學知識的書。當時館員認為我可能會看不懂，勸我借其他的書，我還是堅持借來，而後來卻一借再借，這位台大圖書館系畢業的先生竟特許我入內自行取書（當時規定只能在櫃臺借閱，不能入內）。有了這個方便，我幾乎把當時和一般物理、天文相關的書瀏覽了一遍，其中以廣文書局唐山所譯的西洋天文物理書籍佔最多，借書證登錄格每學期都不夠用，得再用第二、三本。

　　少年時期有此際遇，冬夜的清寒使星空格外清亮，即使冷得牙齒直打寒顫，也擋不住我好奇的心。黝黑深邃的宇宙使我展開無限的馳想，對渺小的自我體認獨深，人生觀也起了極大的變化。在中文研究所構思論文題目時，偶然靈光浮現，讓我定出了這個研究方向。研究期間，西方天文知識幫助我特別地大，再對照古代星圖，可以發現漢代天文觀測狀況，也順便整理出陰陽五行說滲入天文學的種種跡證，於是構想出骨架，寫來就順理成章了。

　　當時用功甚勤，又不知道好好照顧身體，加上大學時期縱酒無度，腸胃早就搞壞，論文完稿的次日，竟因十二指腸出血昏倒住院。醫師開出病危通知，我都還不知道有這麼嚴重，拖著虛弱的身體通過口考後，開始重視起養生來。三十後的今天，不再有潰瘍拖累，回首青年時期種種，感慨萬端，唯有健康的身體，才能擁有人生。

　　這篇論文，是我心血的結晶，是生命的見證。有些地方言有未盡，有些

地方頗有缺失，現在再加校對，對引註、格式稍作補正。承花木蘭文化出版社邀約，使舊作能以更新的面貌行世，在此特別致謝。並對同學張寶基（現任中央大學資訊工程學系教授、通訊系統研究中心訊號處理組負責人）的啟發，以及師長前輩的引導，深致感謝之意。

民國九十八年十二月二日王璧寰於晚成軒

第一章　緒　論

　　夫天文學，所以窮宇宙之根源，解生命之謎底，古今善思之學者，莫不究心焉。余素喜研思天文，少時因同窗示以星圖，引發興趣，遂隨意涉獵，然大率偏於西洋圖儀與近代理論也。比者，披覽史、漢，每苦於有關天文記載之晦澀，就中尤多占星之語與陰陽五行之思想。念同乎余心者必不在少數，何不因已有之天文學知識，反求諸古，或能解天文學與陰陽五行說之關係於一二。此研究動機之所起。無幾，又於《鄒衍遺說考》之緒言中，見五行疑出於占星家之術語一見解，復增強天文學與陰陽五行說有至深關係之信念，實爲推動研究本題目之另一因素。

　　著手之際，分二途收集資料：其一乃從漢代天文學入手，上溯先秦之天文學，以明其演變，並考察陰陽五行說介入天文學之過程。其二乃從鄒子陰陽五行說之主要遺說觀之，分析其結構，剝取與天文學有關之材料，考其汲取天文知識之痕跡；而鄒子遺說今已殘闕，又非考之於漢代資料不可。本文重心遂以漢代爲主。

　　資料略足，乃整理組織焉。分爲五章：

　　首章緒論，述研究之動機、資料之來源、本文之結構與論述方法，結以研究本論題所持之態度。

　　第二章天文學之介紹。首先闡明中國天文學之範疇，爲包括氣象、氣候、天文，甚而宇宙論在內之博大學問，與今日分工極細而專門之科技天文學，迥然相異。全文關於引用天文資料者，皆由此觀點收集使用。其次論天文學發展之經過，由先秦至漢逐一敍述，蓋欲先具明確之歷史觀，方能辨白其他學說如何介入也。至於專有名詞、天文概念與儀器等之介紹，亦不憚其詳，

實欲便於本文解說天文學與陰陽五行說關係之用。

第三章爲陰陽五行說之介紹。首先敍陰陽五行說之由來，尤其有關天文者，在所必明。其次論陰陽五行說逐漸融合之情形，與鄒子組織爲一系統化學說之經過。又其次，乃論漢興以後，陰陽五行說之演變；其旁支且與天文無關者，或簡略，或棄而不論，蓋所持角度使然，欲另闢一畦徑也。

第四章論漢代天文學與陰陽五行說之發展與特質。分爲二部分：第一節，在探討二者發展過程中，互爲因果以及分道揚鑣之經過。第二節，比較漢代天文學與陰陽五行說之特質：較其相同，所以明相互爲用也；較其相異，所以明發展之路徑不同，學習者之層面不同，而其影響所及，亦歧異焉。

第五章乃全面之探討，第一節謂天文學與陰陽五行說互爲表裏，蓋歸納本文諸論點之結果也。以爲天文學乃陰陽五行說之骨幹，故可由天文學之進展，窺測陰陽五行說之源起，成立與發展。又由陰陽五行說之保存天文學觀之，漢代陰陽五行說實支配天文學之盛衰也，故第二節歸結曰陰陽五行說令天文學滯留。

組織已成，乃今知爲學之不可偏廢也。天文學素爲學者視爲艱深，不敢有所研幾者，本囿於傳統觀念中，非「至人」無法通焉之說；或憚於時人所謂古代天文學皆迷信，不欲自處詬謗之衢也；或畏於現代天文學之高深，以爲非有極深基礎，不得與知古代天文學之術，遂令中國天文學爲今之絕學。實不知古代天文學之觀測與理論，皆淺而易解，唯古代曆法中之數理可與近代曆法一較短長耳。若能求得古人不精之處，則怪迂之所由，何所遁形；迷信之色彩，亦揭現於目前。如此，於古人之思想，古代之環境，則可增另一層面之認識。治天文學以考古代學術，豈非可行之一途哉！

第二章 漢代天文學述要

第一節 漢代天文學之範疇

「天文」一詞之見於古籍,其來已久,《易經‧賁卦‧彖辭》曰:

> 分剛上而文柔,故小利有攸往,天文也;文明以止,人文也。觀乎
> 天文,以察時變;觀乎人文,以化成天下。

《易經‧繫辭上》曰:

> 仰以觀於天文,俯以察於地理,是故知幽明之故;原始反終,故知
> 死生之說。

以「天、人」「天、地」之相對,言天之有「文」,此祇指「象」言,至其後,乃以變化相形而見吉凶,故〈繫辭上〉曰:

> 在天成象,在地成形,變化見矣。
>
> 天垂象,見吉凶。

此非但以「天地人」對待言之,亦以互為因果,為「天地人一體」思想之所源也。

先民以宇宙之間莫大乎「天地人」,而天為首,故曰「天大、地大、人亦大」,先王立政亦以「天」為據,《尚書‧堯典》曰:

> 乃命羲和,欽若昊天,曆象日月星辰,敬授人時;分命羲仲,宅嵎
> 夷,曰暘谷。寅賓出日,平秩東作,日中星鳥,以殷仲春,厥民析,
> 鳥獸孳尾。

此文即載四時氣候,依氣候授民時,已屬氣象學之範圍,則是天文、氣象混

而爲一；此外，又設官職司，以天文立政，遂與政治關連，此乃中國一貫墨守者。故《周禮・春官》云：

> 保章氏掌天星，以志星辰日月之變動。
>
> 馮相氏掌十有二歲，十有二月，十有二辰，十日，二十八星之
> 位，………以辨四時之敍。

保章氏蓋即實際觀測之天文家，馮相氏爲曆法家。另又有「挈壺氏」專司壺漏以定時刻，近乎現代之「國際時辰局」。〔註1〕以上實行與否不可知，《史記・天官書》所載歷代掌天文之官，當較可信。文曰：

> 昔之傳天數者，高辛之前重、黎，於唐虞羲、和，有夏昆吾，殷商
> 巫咸，周室史佚、萇弘，於宋子韋，鄭則裨竈，在齊甘公，楚唐昧，
> 趙尹皋，魏石申。（《史記會注考證》頁477）

其中萇弘、裨竈、子韋等，非但論天數耳，且爲怪迂之奇說。如鄭子產問裨竈陳火之事（見《左傳・昭公九年》）；萇弘言方怪、風雨；〔註2〕宋景公時熒惑在心，公懼，召子韋而問焉一條（見《淮南子・道應訓》）。有周之後，史官皆兼天文之職，而沾染陰陽或五行之習氣者，不在少數。除以上所舉，又有周內史叔興（《僖公十六年》），內史叔服（《文公十四年》），晉太史蔡墨（《昭公廿九年》），晉史董因（《漢書・律曆志下》），鄭士文伯（《左傳・昭公六年》六月丙戌）等人。

　　蓋春秋戰國之際，陰陽及五行之說，已分別雜於天文之中。及至鄒衍集陰陽五行爲一說，而併以其所精擅之曆象數術，融合活用，漢儒遂引而伸之，令天文與陰陽五行之思想，莫能離析焉。是以《淮南子・要略訓》曰：

> 天文者，所以和陰陽之氣，理日月之光，節開塞之時，列星辰之行。
> 知逆順之變，避忌諱之殃，順時運之應，法五神之常，使人有以仰
> 天承順，而不亂其常者也。

《漢書・藝文志》亦曰：

> 天文者，序二十八宿，步五星日月，以紀吉凶之象，聖王所以參政
> 也。易曰：觀乎天文，以察時變。然星事殞悍，非湛密者弗能由也。
> 夫觀影以譴形，非明王亦不能服聽也。以不能由之臣，諫不能聽之

〔註1〕說見高平子〈中國古代天文工作之一瞥〉。
〔註2〕見《漢書・藝文志・兵陰陽類》、《左傳・昭公十一年》、《史記・封禪書》、《淮南子・氾論訓》。

王，此所以兩有患也。(《新校漢書集注》頁 1765)

《史記・天官書》太史公曰：

> 自初生民以來，世主曷嘗不歷日月星辰，及至五家三代，紹而明之，
> 內冠帶，外夷狄，分中國爲十有二州。仰則觀象於天，俯則法類於
> 地。天則有日月，地則有陰陽；天有五星，地有五行；天則有列宿，
> 地則有州域。三光者，陰陽之精，氣本在地，而聖人統理之，幽、
> 厲以往尚矣。(《史記會注考證》頁 477)

太史公似以陰陽五行，於幽、厲之先，已應用於天文之中，然觀戰國以前，
有「陰陽」「五行」之詞，而理論未成系統，自不可信。〔註 3〕值《漢書・藝
文志》列古籍，除天文一類，與天文有關者，尚有（一）曆譜、（二）五行、
（三）陰陽、（四）易等數家。更有說以災異、讖緯者。而中國天文學之範疇，
直以漢代爲楷模也。今約爲三類，以便論說：

　　一、天象類　此項敘日月星辰之行，旁及異星、雲氣、儀器等。
　　二、曆法類　此論漢代曆法之所承，其曆法如何？其成就如何等等。
　　三、思想類　即論漢人之宇宙論也。

第二節　天象類略論

一、天　圖

　　觀天文者，必先粗者，後及於精者。故〈堯典〉所載，四仲星耳；〈舜典〉
所載，璿璣玉衡耳，不傳其圖。或謂相傳容成作「蓋天」，顓頊作「渾天」，
荒古渺遠，已無可徵。戰國時代，楚人甘德著《天文星占》八卷，魏人石申
著《天文》八卷，後人合其卷帙，稱之《甘石星經》，此今所知紀有諸星之名
者。而星圖亦無遺焉。至漢武帝時落下閎作〈渾儀〉，臆其已置星圖於上；後
漢張衡更作〈渾天儀〉，據史籍所載，則確知有星圖矣！《晉書天文志》云：

> 張平子既作銅渾天儀，於密室中以漏水轉之，令伺者閉戶而唱之。
> 其伺之者以告靈臺之觀天者曰：『某星始見，某星已中，某星已沒。』
> 皆如合符也。

　　張衡製渾象，具內外規、南北極、黃赤道；列二十四氣、二十八宿、

〔註 3〕說見三章。

中外星官及日月五緯。以漏水機轉之於殿上，室內星出沒與天相應。

此儀雖不傳，而其圖式已製定，今依製圖之要法，略論漢代之制與其源始：

（一）天分州域、五宮、二十八宿、十二次

天文之分野，蓋類取於《禹貢》九州之說（禹貢曰：冀州、兗州、青州、徐州、揚州、荊州、豫州、梁州、雍州。）《呂氏春秋‧有始覽》則以周以來國名配合之，文曰：

> 何謂九州？河漢之閒爲豫州，周也。兩河之閒爲冀州，晉也。河濟之閒爲兗州，衛也。東方爲青州，齊也。泗上爲徐州，魯也。東南爲揚州，越也。南方爲荊州，楚也。西方爲雍州，秦也。北方爲幽州，燕也。

觀天文者亦以爲「天有九野，地有九州」（《呂氏春秋‧有始覽》）「天則有列宿，地則有州域」（《史記‧天官書》），是爲天地相對待之觀念。夫州域者，嚴異己，定名稱，免於混淆耳，而天之「九野、列宿」亦以是仿之。九野者：

> 中央曰鈞天，其星角亢氐；東方曰蒼天，其星房心尾；東北曰變天，其星箕斗牽牛；北方曰玄天，其星婺女虛危營室；西北曰幽天，其星東壁奎婁；西方曰顥天，其星胃昴畢。西南曰朱天，其星觜嶲參東井。南方曰炎天，其星輿鬼柳七星；東南曰陽天，其星張翼軫。（《呂氏春秋‧有始覽》）

「九野」之說，雖淮南子續之，而未流行於後世。代之而起者，乃以地方州域之名，分統二十八宿。以州域名天之分野，《左傳》常用之，然先秦文中鮮有此法，臆戰國末年占星家所流行之法。遞至漢代《史記》始以十三州統二十八宿，其文曰：

> 角、亢、氐，兗州。房、心，豫州。尾、箕，幽州。斗，江湖。牽牛、婺女，揚州。虛、危，青州。營室至東壁，并州。奎、婁、胃，徐州。昴、畢，冀州。觜嶲、參，益州。東井、輿鬼，雍州。柳、七星、張，三河。翼、軫，荊州。（《史記‧天官書》，《史記會注考證》頁 472。）

此節州域配星宿，實占星家見列宿隨轉，即依列宿之位置，定其與州域之關係。若其宿有異星，或日月五緯犯之，則與此宿對應之州國，必有變異。故〈天官書〉又曰：

> 列星，其宿地憂。（《索隱》：「謂月蝕列星二十八宿，當其分地有憂，

憂謂兵及喪地也。」）

　　秦之疆也，候在太白，占於狼弧。吳楚之疆，候在熒惑，占於鳥衡。⋯⋯

　　越之亡，熒惑守斗。（〈正義〉：「南斗爲吳越之分野。」）

凡此類，皆其占也。《括地志》云漢武帝置十三州（《史記正義引》），而《史記》原文一作十二，一作十三。蓋前者承《星經》之制，後者爲武帝之制，漢人以十三州爲主，故《漢書》引文同；然其詳圖，今不可知。

　　分野之說，自《左傳》、《周禮》、《淮南子》、《爾雅》、《史記》等，言者多矣，而各有異同。且不祇以州、國分者，或以斗之杓、衡、魁主分野，或以斗之七星主分野。〔註4〕亦有以五宮分者，各以其便。

　　「五宮」者，初亦由地理之四方爲概念，如《星經》之分「中宮」、「東宮」及「北宮」，由此殘文可知以天合地之意。然早期天圖祇緣赤道或二十八宿所在，定其分野；近極之處，多未言及，如《淮南子》、《禮記》分天爲「蒼龍、白虎、朱鳥、玄武」四者。李約瑟氏以爲依赤道分四區之法，當在商武丁時（約西元前 1339 至 1281 年之間）已建立。〔註5〕至春秋戰國，復爲占星家所利用，如《左傳》以「龍尾伏辰」說吉凶（〈僖公五年〉），傳中如此類甚多。而於近極處獨不名，至《史記》乃爲定制，曰「中宮，天極星。⋯⋯⋯⋯東宮，蒼龍。⋯⋯南宮，咸池。⋯⋯西宮，咸池。⋯⋯，北宮，玄武。」五宮各有所屬列宿、列星，如此全天區分明瞭，爲後世言天者所法。

　　五宮包括近極與黃、赤道上諸星，而黃道上諸星又有二十八宿之名。其起源有二說：一曰起於塡星所宿（《淮南子・天文訓》云：「歲鎮行一宿。」《史記・天官書》：「歲塡一宿。」）；一曰起於月所宿。因古以月約二十八日一周天（《呂氏春秋・季春紀・圜道篇》：「月躔二十八宿，軫與角屬，圜道也。」此言月一日行一宿也。）前者爲黃道，後者爲白道，約有五點二度之距。李約瑟氏推測爲月道，而古籍殘缺，亦不能排除黃道之可能性。且《淮南子》、《呂氏春秋》於十二月中載「日躔某宿」之文，直似謂宿乃依黃道分區；再者《史記・律書》曰：

　　《書》曰：七正二十八舍，⋯⋯舍者，日月所舍。

乃籠統言之，蓋古必以日月所行同道，初未嘗知其參差，則所謂二十八宿者，可概以黃道及其附近區域爲限。或謂二十八宿乃二、三千年前赤道區域，以

〔註4〕詳見《史記・天官書》。

〔註5〕見李約瑟《中國之科學與文明》。

歲差推之,當時赤道多與二十八宿吻合,然無典籍之記載,且二十八宿亦有不在當時赤道者,存其說可也。

〈堯典〉已載其中四宿「虛、鳥、昴、火」,〈孔安國傳〉以爲皆四宮之中星,即「虛宿、七星、昴宿、心宿」。此外《尚書・胤征》云:「辰弗集於房。」則《尚書》已有五宿。或疑二十八宿名稱不能如此早出,此文或爲僞入。然亦不得晚於孔子,〔註6〕而《詩經》云:

> 跂彼織女,………睆彼牽牛。………維南有箕,不可以簸揚;維北
> 有斗,不可以挹酒漿。(〈小雅・大東〉)
> 七月流火,九月授衣。(〈豳風・七月〉)
> 定之方中,作于楚宮。(〈鄘風・定之方中〉)

已包括「牛宿、箕宿、斗宿、心宿(火)、營屋(定)」五者,《詩經》早於孔子時,則二十八宿名已發源,特未完備耳。《夏小正》有「參宿、心宿(大火)、畢宿(鞠)、罰宿(伐)、房宿(辰)」,《爾雅・釋天》有十七宿,《禮記・月令》有二十三宿,《左傳》、《國語》中亦可見之。意者,春秋戰國之際,二十八宿名已齊全,且因占星之需,方位、區域亦已有定制,故《呂氏春秋・有始覽》載其全稱,〔註7〕遂爲漢代所遵行。

「十二次」者,歲星十二年一周天,每歲所舍之名也。其起源甚晚,《春秋》、《尚書》等史及諸子書中皆無。唯《周禮》有「大火、鶉火」,《爾雅》有九次,《左傳》有九次,《國語・周語》有「鶉火、析木」,學者多以此數書有漢人造作之處,而諸書中十二次之名,正可如此視之。《呂氏春秋》集戰國末期雜文,特明於「天文、時則」,而未嘗言及「十二次」者,《淮南子》踵之,而亦不言「十二次」。雖如《史記・天宮書》之專說天文,亦無其說,至《漢書・律曆志》,其說乃備。

《漢書・律曆志》之三統曆,劉歆所述作也。而「十二次」之名與《左傳》、《國語》符合。後二書今人考辨,多疑有僞;今以上文所述,先秦鮮道「十二次」者,則《左傳》、《國語》之「十二次」,亦疑劉歆所竄入。《周禮》爲學者懷疑作於戰國之際、漢武之前〔註8〕或疑爲王莽、劉歆時所竄亂。〔註9〕

〔註6〕 新城新藏氏亦主張二十八宿起於周初,見其〈二十八宿之起源說〉。

〔註7〕 已見前文。

〔註8〕 《僞書通考・周禮條》結語。

〔註9〕 見顧頡剛〈五德終始說下的政治和歷史〉十三節。

日人內藤虎次郎撰《爾雅新研究》，謂〈釋親〉至〈釋天〉各篇，約成於荀子前後至漢后蒼、高堂生之時。〔註10〕又《漢書補注》引錢大昭曰：

> 漢人言十二次宿度者，自劉歆而外，又有二家。其一則費直《周易》
> 分野，………其一則蔡邕〈月令章句〉。

由此觀之，十二次者最早之起源或爲春秋時期，然不完整，或當起源於戰國末期，到劉歆前後，方流行運用。其作用在分天軫域，作爲占星之用耳。如《左傳・襄公二十八年》云：

> 裨竈曰：「歲棄其次，而旅於明年之次，以害鳥帑，周楚惡之。」

〈昭公九年〉云：

> 鄭裨竈曰：「………歲五及鶉火，而後陳卒亡，楚克有之，天之道也。」

由二例觀之，不過星曆家以歲星軌道分「十二次」，一次代表一區域（或某州國），以歲星所行贏縮，論其吉凶耳。《史記》、《淮南子》又有歲陰、歲陽之名，實與「十二次」相配，亦占星用語也。〔註11〕

（二）經緯度之測定

經緯度者，所以定天體之方位與座標距離，以便觀測與記錄之用，此等座標必屬視平面，非立體之實距也。而可分二系統：一爲黃道經緯系統，一爲赤道經緯系統。

「黃道」者，太陽之視行路線也，《淮南子・天文訓》曰：

> 日行一度，以周於天，………凡行百八十二度八分度之五而夏至牛
> 首之山，反覆三百六十五度四分度之一而成一歲。

則是定黃道一周爲三百六十五度有四分度之一，二至點爲其半。由此推知黃道北極至南極亦天之半，爲百八十二度有八分度之五，極點至黃道又其半九十一度又十六分度之五。此爲中國天圖一貫使用之黃道度數，歷代沿承，至西法漸盛，始改以三百六十度爲周天。黃道經緯之系統，應源於周初以前，《尚書・堯典》以「朞三百有六旬有六日，以閏月定四時成歲。」似指堯時已知閏歲有三百六十有六日，則周天以三百六十五又四分之一爲度之觀念，似可成立。〈堯典〉此文後人推爲周初作品，則黃道經緯之制至少源於此期，惜無明證，遲至《淮南子》始略言之，而《史記》乃漸利用之。〈天官書〉曰：

> 歲星出，東行十二度，百日而止；反逆行，逆行八度，百日，復東行。

〔註10〕《僞書通考・爾雅條》所引。
〔註11〕詳見高平子《史記天官書今註》。

　　歲行三十度十六分度之七。率日行十二分度之一，十二歲而周天。
其所用「度」即黃經，十二歲周天，適爲三百六十五又四分度之一。劉歆〈三
統曆〉更就此以測二十八宿所處黃經，漸趨詳細，然異星之動態，仍以尺寸
度之。此爲研究漢代天文學極不便之處。

　　「赤道經緯」者，量度亦仿黃道，爲三百六十五又四分度之一。唯其極
點則依地球自轉之軸心，投影於天際爲定；極點至赤道爲九十一度十六分度
之五，皆假設爲之。中國古代天文學，皆用赤道經緯度量。如《後漢書‧律
曆志》「黃道去極」節，劉昭補注云：

> 日最短經黃道南，在赤道外二十四度，是其表也。日最長經黃道北，
> 在赤道內二十四度，是其裏也。故夏至去極六十七度而強，冬至去
> 極一百一十五度亦強也。

此是以夏至日在赤道內二十四度，即古度也（周天三百六十五度四分度之
一），換算今度二十三度三十九分，與實際相近（依現代準確數字上推至張衡
時，黃赤道交角應爲二十三度四十分五十秒——說見高平子〈中國人的宇宙
觀念〉），極見當時度量之精確。同時以「去極」爲度，自是赤道經緯之系統。
以赤經、赤緯爲度量，作觀測者，尚有：二十八宿之赤道分度（見《後漢書‧
律曆志》）；近北極常現之天域；南極下規七十二度，常伏不見；春分、秋分、
冬至、夏至，日之去極。〔註12〕此皆行於漢代，已甚精準。蓋當時造渾儀，
能仿作天球，度量誤差漸小也。漢代立經緯度，其基本特色乃用黃道日行爲
度，即周天三百六十五度四分度之一。由此推定赤道亦同度；其餘測量之準
的，則又在於極點，而度量仍之。

　　度量定矣，則可以之測節氣，以利農政。以之測分、至，推曆法；以之
記載天文異象之位置、星距（漢代時多以尺寸度之）等等。經緯度無論輿地、
天圖，皆不可或缺者也。

（三）定星名、星數及其性質

　　天圖既已繪有分度，二十八宿亦已命名、定位，而其餘天域猶有熠熠繁
星，古人於初識之際，自先記其亮大而色奇者。始則未有名稱，及其後，因
性質、傳說、崇敬而分別命名。如《大戴禮記》云：「大火者，心也。」「大
火」一星，色赤如火，而心色亦赤如火，故名。此以外觀命名。「火」之名，

〔註12〕《後漢書‧律曆志》劉昭補注引張衡〈靈憲〉。

最早見於《尚書‧堯典》文「日永星火」，又見《詩經‧豳風‧七月》文「七月流火」，實以命名本爲識物，識物必取其特質也。又如歲星者，十二歲一周天，乃分周天爲十二次，歲星一歲行一次，故以歲星紀歲也。此則以其作用言之。又因其色蒼蒼然，象草木之初生，又名「木星」。一星多名，皆循此也。因傳說名之者，則「牽牛、織女」爲最著，《詩經‧小雅‧大東》云：

> 跂彼織女，終日七襄。………睆彼牽牛，不以服箱。

此袛述其爲星名，而未言命名由來，言其命名來源者，見《荊楚歲時記》所載云：

> 天河之東有織女，天帝之子也，年年織杼勞役，織成雲錦天衣。天帝憐其獨處，許嫁河西牽牛郎，嫁後遂廢織，天帝怒，責令歸河東，使一年一度相會。

此不知是以星名傅會傳說，抑因傳說而有星名，然「織女、牽牛」之情事，且令人遐思也。

　　觀此，命名或在識定之際，或與萬物同時得名，或與人事地理同起，其起源必極早，而陸續增益也。先秦典籍，闕亂不全，至戰國甘氏、石氏，始統理編纂，作爲《甘石星經》（後人所集之名也），惜其但存殘卷。今最完備者，始見《史記》，內載五宮、州域、二十八宿、十二次，並依中東南西北，順序載明星名、位置、星數、色澤，以及星曆家之星占、用途。如：

> 軫爲車，主風。其旁有一小星，曰長沙星。星不欲明；明與四星等，若五星入軫中，兵大起。

全文類此，星數約七百餘，《漢書》述其文爲〈天文志〉，曰：

> 凡天文在圖籍昭昭可知者，經星常宿中外官凡百一十八名，積數七百八十三星，皆有州國、官宮、物類之象。

自古「天則有列宿，地則有州域」之觀念，實深植於人心。歷代迭有增置，要皆取法於漢代也。

二、日月五緯之運動及特質

（一）日月之運動與特質

　　先民敬畏昊天，以日月爲最，傳說亦最豐，《楚辭‧招魂》云：

> 十日代出，流金鑠石些。

《淮南子‧本經訓》云：

堯之時，十日並出，焦禾稼，殺草木，而民無所食。……堯乃使羿……

上射十日而下殺猰㺄。

諸如此類，皆可見先民敬畏之心，或古實有其事，亦未可知。或有論日月之物理性與實用性者：論物理性者，考其運動是也；言實用性者，推求氣候，以利農政是也。故《尚書‧堯典》曰：

帝曰：咨汝羲暨和，朞三百有六旬有六日，以閏月定四時成歲。

既已測知一歲之日數，復能辨明閏月之情形，可謂極精。然《尚書》古文，多所可疑。即不論此，近人董作賓氏依甲骨文殘片，證明殷武丁時有十二月庚申日食之紀錄，且當年有十三月，時值西曆紀元前一三一一年十一月二十四日，屬日全食。〔註13〕如董氏推斷無差，則殷人之重視食象，由此可證。其後《尚書》所載周曆、《春秋經》之曆法，皆可推求。《春秋》三十七次日蝕中，除四次無法以今法推求，餘皆可信，〔註14〕觀測之精，紀載之實，可謂空前。

然可怪者為月食之闕文，深究之，乃月食頻繁，周期易於推算，古人以為常而弗紀。日食數少，周期復長，故多懼而書之，如《詩經‧小雅‧十月之交》：

彼月而食，則維其常；此日而食，于何不臧？

《國語‧周語》亦有類此戒懼之記載也。戰國之際，星曆家漸趨專精，或已推算得日月食週期，然至漢初，未得明文焉。《史記‧天官書》中，僅存一殘闕月食表：

月食始日，五月者六，六月者五，五月復六，六月者一，而五月者，

凡五百一十三月而復始，故月蝕常也，日蝕為不臧也。

一本作：

月食始日，五月者六，六月者五，五月復六，六月者一，而五月者

五，凡百一十三月而復始。

高平子氏引〈天官書〉，文如上例，以為「此文數目字錯得不可究詰。但我們很自然的可以認為是敍述一個月食週期中的見食次序。」〔註15〕其實前例乃版本之誤，《史記‧司馬貞索隱》曰：

依此文計，唯有一百二十一月，與元數甚為懸校，既無太初曆術，

不可得而推定。

〔註13〕見董作賓氏撰〈中國古曆與世界古曆〉，《大陸雜誌》第二卷第十期。

〔註14〕高平子氏撰〈中國古代天文學鳥瞰〉，錄於《平子著述餘稿》。

〔註15〕見高平子氏撰〈漢曆因革異同及其完成時期的新研究〉。

一百二十一月，乃依後一例「而五月者五」推得，是唐人本作「凡百一十三月而復始」，非「五百一十三月」也。然百二十一猶與百一十三不符，故〈索隱〉曰：

> 凡一百三十五月而復始耳，或術家各異，或傳寫錯謬，故此不同，無以明知也。

以此觀之，雖史記錯謬，而月食已有週期表可推算，似爲先秦曆家之遺迹也。

至劉歆建三統法，始以百三十五爲週期，六月者七，五月者一，又六月者七，五月者一，又六月者六，五月者一，是爲定法，以今法算之，猶且確然可遵。可見漢人曆法之精。

至於食因之探究，初則有《周髀》之文，謂月光爲日光之反射，其文曰：

> 日兆月，月光乃出，故成明月。

此文當出於前漢或較早，足見已具求實思想。又京房云：

> 月是陰精，有形無光，日照之乃有光，日似彈丸，日照處則明，不照則闇。（《中國之科學與文明》引）

已能明蔽虧之象，張衡復因此推食象，其〈靈憲〉曰：

> 月光生於日之所照，魄生於日之所蔽，當日則光盈，就日則光盡也。……光常不合者，蔽於地也，是謂「闇虛」，在星則星微，遇月則月食。

其理論已近眞，復進而推之日食，當可大白，惜或因漢人論災異之惑，或陰陽五行說之趨於迂怪，終漢之世，日食之因猶不明也。

（二）五緯之運動與特質

五緯者，五大行星也。即歲星（木）、熒惑（火）、塡星（土）、太白（金）、辰星（水），五星爲史官所精確紀錄不敢怠忽者也。其因有三：一、五星爲日月之外，可以目測覺察其運動者。二、五星亮度居諸星之冠（日月除外）。三、五星運動有週期，先民藉之以推季節，論吉凶。故《淮南子》以星爲神，亦「敬順昊天」之遺義也。

《左傳》多以歲星所行紀年，並論行動之意義。〈成公二十八年〉云：

> 歲在星紀，而淫於玄枵，以有時蕾。

又《左傳·昭公八年》云：

> 歲在析木。

此皆以歲星十二年一周天（今知約十一點八五六五年），一年所行爲一區，各

有專名，即星紀、玄枵、鶉首、鶉火等十二次。依其行次，論當歲應行之事，或與其區相應州國之吉凶；更以其行之緩急不符爲之占，皆不曉八十二歲半超一辰之法。劉歆以百四十四歲超一辰，雖未精詳，然知歲星有「超辰」之現象，則其觀測已精。

五星之記載，歲星最早，其餘四星，則漢代《淮南子》首先記之，並與五行相配，此時方有精密之運動記錄，漢代以前無詳說也。至《史記・天官書》出，益臻進化，並知所謂「逆行」之事，〔註16〕其文曰：

> 故《甘石歷》五星法，唯獨熒惑有反逆行，逆行所守，及他星逆行，日月薄蝕，皆以爲占。余觀史記考行事，百年之中，五星無出而不反逆行，嘗盛大而變色。日月薄蝕，行南北有時，此其大度也。（《史記會注考證》頁480）

是以逆行爲常，故〈天官書〉中又載五星順逆之行度、日數，今人高平子氏作《史記天官書今註》，曾依文繪圖，謂雖與今日所測，有粗精之別，要之，已得五行運行梗概。《漢書・天文志》已愈爲精測，而立論反異之，曰：

> 古曆五星之推，亡逆行者，至《甘氏、石氏經》，以熒惑、太白爲有逆行。夫曆者，正行也。………自周室衰，亂臣賊子師旅數起，刑罰失中，雖其亡亂臣賊子師旅之變，內臣猶不治，四夷猶不服，兵革猶不寢，刑罰猶不錯。故二星與月爲之失度，三變常見；………甘、石氏見其常然，因以爲紀，皆非正行也。………謂之小變，可也；謂之正行，非也。（《新校漢書集注》頁1291）

若《史記》之言，則以逆行爲正度，日月食爲常；馬續述《漢書・天文志》，反以爲非正行。推其因，乃深受災異說之影響也。說見第四章。

以上論五星之動態，至於以五行配五星，當在秦漢之際，最早亦不過戰國中期，徐復觀氏云：

> 例如以青、赤、黃、白、黑五種顏色，爲木火土金水五行的顏色，分明是由經驗界中五種具體材料的顏色而來。而以金爲白色，這說明了它是以戰國中期前後爲背景，此時對鐵的冶鍊，已到達了很高的程度，經過精鍊後的鐵才是白色，金和銅都不是白色。這是近十多年來在考古上所能肯定的事實。〔註17〕

〔註16〕逆行現象之解說，見赫佛爾等著，唐山譯：《現代太空科學》第三冊，頁228。
〔註17〕見〈呂氏春秋及其對漢代學術與政治的影響〉，《大陸雜誌》，第四十五卷第三

五行與五色之相配既在戰國中期，五星亦因顏色而與五行配合，〔註18〕自然晚於此期。而五星之色，又未必能與五色相配（蓋木星爲白稍青，土星爲白稍黃，皆非正色；而水星實爲白色，非黑色，黑則夜不可見矣），是則以五行配五星，爲勉強而成。蓋陰陽家爲學說之須，取天文之象以爲占卜憑據，強爲湊合，遂令五星具神秘色彩，漢儒深受影響，故以星變論災異也。是以欲觀漢代所論五星之特性，除純天文之觀測外，尤其不可忽略陰陽五行說之影響。

三、異星、雲氣

　　異星之紀錄，史志中極具份量，而一般典籍亦屢見之。以今法理之，可得（一）彗星（二）流星（三）變星。又有因不明現象，以爲異星者，如星雲、星團等是。四類中又以彗星最受矚目，《春秋經》曰：

　　　　星隕如雨。（〈莊公七年〉）

　　　　有星孛入於北斗。（〈文公十四年〉）

　　　　有星孛于大辰。（〈昭公十七年〉）

　　　　有星孛于東方。（〈哀公十三年〉）

皆極簡要，不及妖祥之說，及春秋末期、戰國之時，占星之術勃興，陰陽異說蠭起，此類星象，乃多被以迂怪之釋辭，如《左傳・昭公十年》文：

　　　　有星出於婺女。鄭禆竈言於子產曰：「七月戊子，晉君將死。今茲歲在顓頊之虛，姜氏任氏實守其地，居其維首，而有妖星焉。告邑、姜也。邑姜，晉之姓也。天以七紀戊子，逢公以登，星斯於是乎出，吾是以譏之。」

又《左傳・昭公十七年》：

　　　　冬，有星孛于大辰，西及漢。申須曰：「彗所以除舊布新也。天事恒象，今除於火，火出必布焉。諸侯其有大災乎。」梓慎曰：「往年吾見之，是其徵也。」……鄭禆竈言於子產曰：「宋、衛、陳、鄭將同日火，若我用瓘斝玉瓚，鄭必不火。」子產弗與。

《左傳・文公十四年》云：

　　　　有星孛入于北斗。周內史叔服曰：「不出七年，宋、齊、晉之君皆將

期，1972 年 9 月。
〔註18〕說見第三章五行說之由來。

死亂。」

謂彗星以除舊布新，實「彗」之本意。至於謂將有死亂者，取其除舊之意，進而有災祥降於人君、國家、人民，爲陰陽家所利以說奇怪也。如《左傳·昭公二十六年》：

> 且天之有彗也，以除穢也。君無穢德，又何禳焉，若德之穢，禳之何損。（晏子語）

春秋末期，彗星之儵見，已爲人君所惡，可證陰陽家之勢力漸起；同時，亦因異星而爲之分類，便於說異也。《呂氏春秋·季夏·明理篇》之「有彗星、有天棓、有天欃、有天竹、有天英、有天干、有賊星、有鬪星、有賓星」，正陰陽家整理之遺文。然亦不過爲之命名而已，於其特質與形態，則未明言。《史記·天官書》略爲之釋，惜描述模糊，不能盡識其本原。故沈君山氏曰：

> 上述古籍中的星名，流星當然專指流星。妖星、彗星、掃星、燭星和長星，都是有尾巴的，應該是指彗星。蓬星星形如蓬，十九是指彗星，但是也偶有流星誤入的。瑞星、客星、景星和新星是沒有尾巴的變星，所以可能是超新星或新星，但是也可能是彗星——彗星也有不帶尾巴的。〔註19〕

由漢代至清代，諸如此類異星，常致混淆，又因陰陽五行說之傅會，多作爲占星之用。故《史記·天官書》謂戰國紛爭，兵革數起，饑饉災疫焦苦，臣主憂之，察機祥，候星氣尤急。久之，其占驗凌雜米鹽，蓋末世星占家未能深察天道也。雖然，《史記》猶錄片斷占驗之事，足見太史公猶不能免於迷信，後代天文志或論異星者亦然，此亦災異說之所波及也。

　　觀雲氣者，因遠方之雲形，塵埃之氣色，論其性質與吉凶也。雲氣自有風、土以來並起，古人觀之，實本自然之性。一則賞景，一則觀氣候之變，再而則因經驗而知遠近形勢與遠方人畜動態，皆農牧社會之所需。又其後，積累經驗，遂能因雲氣之初變，而知未來氣候之發展；占卜者亦借以窺吉凶，是以應驗之事自不少。

　　蓋雲之高低、狀態，確能與氣候相應，如颱風前緣，先爲卷雲、卷層雲，次爲高積雲；積雨雲至，則風雨大作焉。故辨認雲之特質，乃可預測氣候之變化。〔註20〕又如塵霾之薄厚，亦與氣候有關：颱風將至之前，能見度有遠

〔註19〕沈君山著《天文新語》。
〔註20〕見薛繼壎《氣象學講話》。

至二十英里以上者（即三十餘公里），而平常不過七、八公里以內。〔註21〕可見觀察雲氣，用以占卜物象者，當有學理根據。觀《呂氏春秋·季夏紀第六》已有觀察之通象：

> 其雲狀有若犬若馬，若白鵠、若眾車。有其狀若人，蒼衣赤首不動，
> 其名曰天衡。有其狀若懸旌而赤，其名曰雲旌。有其狀若眾馬以鬥，
> 其名曰滑馬。有其狀若眾植華以長，黃上白下，其名蚩尤之旗。

此類名詞，多爲《史記》取法，而附有占語，或說以兵，或說州國吉凶，概皆戰國時代占星氣之遺文，《史記》略備一二耳，不以此爲天文學之本流，故曰：

> 所見天變，皆國殊窟穴，家占物怪以合時應，其文圖籍禨祥不法，
> 是以孔子論六經，紀異而說不書。（《史記·天官書》）

此派盛於漢代則有風角、望氣等流，如新垣平以望氣干文帝是也。又演而久之，遂有所謂「觀風水」之流出，至今猶頗爲民間所尚。

四、儀　器

（一）表　竿

此殆至今所傳天文儀器中，最早而最簡之一物，雖不過一竿或數竿而已，而功用至著。表竿長八尺（漢以前或爲十尺，蓋周時度量以十進位），立而垂直地平，〔註22〕因其日影之短長而測之。影極短之日爲夏至，日極北，近天頂也；影極長之日爲多至，日極南，距天頂極遠也。此法施行甚早，可以董作賓氏所考甲骨文「仄」字之意推知；文獻中則《左傳》所載「僖公五年，公於冬至日視朔」一事，可推斷爲測影之措施也。

竿影之短長，各代有異，以夏至竿影言之：《周髀》長一尺六寸，《易通卦驗》作一尺四寸八分，《漢書·律曆志》（劉歆三統曆）作一尺五寸，《漢書·天文志》作一尺五寸八分，後漢袁充得一尺四寸五分，依進化情形言之，勢必愈測愈精。漢代皆以洛陽東南之陽城爲測地，若以三角函數算之，北半球夏至時竿與斜邊之夾角度數，即測者所居之赤緯，則《漢書·天文志》所測之地約爲北緯三十四度又四十七分，此即今陽城之赤緯，可見漢代測量之精確。

表竿尚可測日之距地。《周髀》即于陽城（漢人以爲地之中）立一竿，復以南北千里各立一竿，因其同時之日影較差，測「日高」（即日離地），其用意顯

〔註21〕參見上註。
〔註22〕《周禮·考工記》卷十二已識垂直之必要。

佳，如地表爲平面，則適可合以三角法之推算，惜其不知地表爲圓球面，致與今日精算之結果不符，詳論可見高平子氏撰〈中國人的宇宙觀念〉。又竿影之測定，猶可助於瞭解「黃道斜度」之知識（即黃道與赤道之交角）。戰國石申、甘德之際或已知之，然無明證。《漢書》未予測定，《後漢書》載賈逵法，冬至日至北極百十五度，夏至爲七十七度，其差除以二，得二十四，是爲黃道距赤道最遠之度，乃古度也。換算爲今度，所差幾微，愈見漢人求實之精。〔註23〕

（二）晷 儀

晷即「土圭」，於一圓板中垂直立一針，置圭板與赤道面齊，指針正向北極，即依每日一定漏時所得日影，刻度其上。日後欲使用，視圭板刻度上日影所在，即知時刻，不需水漏之助也。

日晷施行亦甚早，《周禮》卷三云：

> 大司徒之職：以土圭之法，測土深，正日影，以求地中，⋯⋯⋯日
> 至之景，尺有五寸謂之地中。

故日晷當源於此前。《漢書·律曆志》載司馬遷等議改曆事，武帝乃詔博士等共議之（西元前104年），曰：

> 迺定東西，立晷儀，下漏刻，以追二十八宿相距於四方，舉終以定
> 朔晦、分至、躔離、弦望。

則晷儀之用，先以之定時刻，復依此訂曆法。所謂「定朔晦、分至、躔離、弦望」者，皆日月之運動狀態，欲記日月之行，空間則藉天圖，時間則以晷儀爲基準，二者不可或缺。漢代晷儀之詳，可見尹咸《日晷書》三十四卷（《漢志》）、漢銅鏡、武梁祠石刻。

（三）渾天儀

《尚書·堯典》曰：「在璿璣玉衡，以齊七政。」或以此爲渾儀，然無可徵也。自堯至漢武帝約二千餘年，未嘗有作渾儀之文獻，亦無實物遺存，至落下閎始營此具，故疑「璿璣玉衡」爲北斗之屬星也。《史記》謂落下閎「運算轉曆」，〈索隱〉謂「於地中轉渾天」，隱然指其作渾天儀。揚雄《法言》又證之曰：

> 或問渾天。曰：落下閎營之，鮮于妄人度之，耿中丞象之。幾乎！
> 幾乎！莫之能違也。

其贊服若是。揚雄處西漢末，似親見此儀，服其精妙，則落下閎所製渾儀必

〔註23〕詳見李約瑟撰《中國之科學與文明》。

極複雜，然其器不知如何？《晉書‧天文志》述渾天儀之來源與型製曰：

> 儀象之設，其來遠矣。縣代相傳，史官禁密，學者不睹，宣蓋沸騰。
> 暨漢太初，落下閎、鮮于妄人、耿壽昌等造員儀以考歷度。後至和
> 帝時賈逵繫作，又加黃道。至順帝時，張衡又製渾象，具內外規，
> 南北極、黃赤道，列二十四氣，二十八宿，中外星官，及日月五緯，
> 以漏水轉之於殿上室內，星中出沒與天相應。

黃道在劉歆三統曆中始測定，故賈逵增益之。而張衡所製渾象，除員儀，〔註24〕
又製星圖於上，星圖之必備條件亦附之，如此以水力轉動，又適與天轉同度，
可謂極巧。然渾天家以星日與天同高，作爲此具，本有差誤，致千餘年之論天
者，落此彀而不返，良可惜也。

第三節　曆法類略論

一、漢代以前之曆法

（一）古曆之特色

> 所謂曆法者，其要在於順應天行，制爲年月日時配合之規則，以預
> 期天象之回復，節候之來臨，俾人類社會之活動，………一切民生
> 日用之作息皆可納入一定周期之中，凡事有所準備。〔註25〕

此爲高平子先生所下定義，亦中國古代曆法之要義，自《尚書‧堯典》「欽若
昊天，曆象日月星辰，敬授人時」即具此思想，歷代朝廷莫不重視之，並依
天象之變更，時作修改。遞傳至漢，猶存六曆焉：一黃帝曆、二顓頊曆、三
夏曆、四殷曆、五周曆、六魯曆。實際文獻已遭戰國及秦而亡。漢所傳六曆，
率皆僞託爲之者。〔註26〕然亦爲朝廷採用，至武帝太初元年爲止，後漢曾一
度復用之。由漢人所敍述與《開元占經》，古曆可歸以下數原則：

1. 冬至至冬至爲一歲，其日數有三六五又四分之一日（歲實）。
2. 合朔至合朔爲一月，其日數有廿九又九百四十分之四百九十九（朔策）。
3. 一歲之月歲有十二又十九分之七，一年有十二整月，或置一閏。

〔註24〕似指測距角之員圈，二圈皆有刻度，一內一外，互校以知星體之角度與高度
　　　　者。
〔註25〕見高平子〈曆法約說〉，《大陸雜誌》第十卷第八期。
〔註26〕詳見《漢書‧律曆志》。

故十九年須七閏，乃能使月與日調合，此十九年日一章，而冬至與合朔復齊。通其數，一章有整數之月二三五。然日數有餘分，乃以四章爲一蔀，而冬至及合朔復齊於日首，無小餘。故一蔀有整日二七七五九，整月九四〇。此外又有：

4. 一歲平分十二等分，曰「中氣」，又平分之，曰「節氣」。

5. 每日命以干支名，共六十爲一組，即甲子週期也。

6. 起算點稱爲上元或曆元。

7. 正月建於何節氣，各曆不同。

8. 閏月各曆不同（或置於歲終，或置之無中氣月，或無節氣月）。

前五項六曆皆同，後三項則各依所需而變用。然古代測量未精，多以人爲去其餘分，亦不能盡合。是以古法之冬至，四百年而餘三日；合朔則三百零七年後約多一日，一、二百年需修改，此所以二千年中，中國改曆達四十餘次之緣故。〔註27〕高平子氏又曰：

> 如上所述，可見中曆法以「月」爲太陰系統，以「歲」及「中節氣」爲太陽系統，已經是陰陽合曆。但尚有「干支紀日」的一個系統，………不但五經二十四史普徧用之，所有發見今金石骨甲文字亦普徧用之。不但以春秋所載魯隱公三年（西紀前720）以後二十三次日食可證甲子紀日之排列至今無錯（據新城新藏氏）。即據殷代武丁時（西紀前1311）之一次「庚申月有食」亦可證明至今無錯（據董作賓氏）。〔註28〕………此乃干支之大用，而中曆實可稱爲「陰陽干支三合曆」也。

以上所述即中國古曆之特色，各法則皆爲漢曆所取法，推算愈精，曆法合用期則愈長。漢襲秦曆，而秦襲顓頊曆，其軌跡可尋。董作賓氏以此法推之殷曆，若合符節，則以上法則，殆不失古曆要義也。

（二）干支之作用

干支起源之早，已如上述，延用至戰國，乃爲陰陽占星家借以論吉凶，首先興於日者，《墨子・貴義篇》載此曰：

> 子墨子北之齊遇日者，日者曰：帝以今日殺黑龍於北方，而先生之色黑，不可以北。………子墨子曰：………且帝以甲乙殺青龍於東

〔註27〕詳見高平子〈曆法約說〉（上），《大陸雜誌》第十卷第八期。

〔註28〕見董作賓〈中國古曆與世界古曆〉，《大陸雜誌》第二卷第十期。

方，以丙丁殺赤龍於南方；以庚辛殺白龍於西方，以壬癸殺黑龍於
北方，若用子之言，則是禁天下之行者也。（《墨子閒詁》卷十二，
頁10）

所謂日者，必依經驗以某日爲吉或凶，因而推於未來與其同日者爲吉凶（同年之同日、或某季之同日），其日名則借干支代之。漸而爲陰陽家取法，如《管子・五行篇》「日至，睹甲子，木行御。天子出令，命左右士師內御，總別列爵，⋯⋯。」即以干支代日，遇此日則當行何法令，其時氣候萬物必將如何，已爲之規定。戰國之時類皆如此，《呂覽》、《禮記》、《淮南子》有此用法。至太史公則錄有關於天文者，如：

甲乙，四海之外，日月不占；丙丁，江、淮、海、岱。戊己，中州、
河、濟也。庚辛，華山以西。壬癸，恒山以北。（《史記・天官書》）

其所言州域，乃天圖與地理對應之處，於特定之日占之，以卜其地之吉凶。又有以陰陽解之者，《史記・律書》曰：

其於十二子爲亥。亥，該也，言陽氣藏於下，故該也。

此類蓋爲陰陽說之遺文，干支之作用已由記日而具神秘色彩，識者或譏之，荀悅《申鑒・俗嫌篇》云：

故甲子昧爽，殷滅周興，咸陽之地，秦亡漢隆。

以爲同一日而有興有衰，不必謂其有何吉凶也。雖然，世俗浸潤已深，占日之風，至今不衰。

（三）中氣、節氣

一年分十二中氣，二十四節氣，不過欲依寒暑變化，定爲作息節度爾。觀中氣、節氣之名義，即可明其來源。若二至，乃觀察日行之極北、極南以定夏、冬。二分，謂此日晝夜平分，適居春秋之中之謂。驚蟄者，雷始發，驚百蟲也。清明者，天氣清朗也。此正曆家之氣候報告，以指導農事之一般原則，鮮有迷信色彩，而具實際功用。

《逸周書・周月篇》有殘闕之二十四節氣，而〈時訓解〉言之最詳，缺一「白露」耳，疑轉鈔之際遺佚。其內容有：甲、節氣名。乙、風蟲百物之動態。丙、氣象之觀察結果。丁、人民之生活形態。戊、氣候不調之結果等。極爲簡要，亦未與五行調配，應爲陰陽五行說盛行前之曆法，爲繼《尚書・堯典・四仲星》一文發展而成者。至呂不韋著紀，以十二月與五行、明堂相配，稍作增益，二十四氣節已融於其中而稍有殘闕。是必陰陽五行說完成而脫離純粹曆法

之表徵也。漢代以後，續依此類行文，稍作細節觀測，無多發明。

（四）律呂與曆法之關係

律呂，指音樂而言，其器則絲竹管弦之類也。《呂氏春秋・仲夏紀第五・大樂篇》以爲「音律之所由來者遠矣，生於度量，本於太一」。生於度量，謂必有其器，而器必有基準也。故《尚書・舜典》謂舜「協時月、正日，同律度量衡」，即齊一百政，而律呂爲其一。初，律與曆本似無關，然古人本天地人一體之觀念，而以天統萬物。陰陽家者，觀天者也。而論曆法之際，亦括及萬物，萬物莫不有形體，有形體必有其相應之聲，故《呂氏春秋・仲夏紀第五・大樂篇》有曰：

> 形體有處，莫不有聲，聲出於和，和出於適，和適，先王定樂由此生。

形體之聲，未必和適，故先王裁定之，樂乃生焉。樂之生，又必藉氣以鼓勵之，故《呂氏春秋・仲夏紀第五・音律篇》曰：

> 太聖至理之世，天地之氣合而生風，日至則月鐘其風，以生十二律。……天地之風氣正，則十二律定矣。

此論天地之氣，而觀其十二月之概況，以其風之正者定音律，則律曆之關係于此建立。此可謂陰陽家之基本觀念，然而曆重於律，律不過萬物現象之一，《呂氏春秋》、《淮南子》以音律歸爲曆法結構之一項，即此意也。至太史公作〈律書〉，而強爲十二律釋名，實取陰陽說之遺意；律書後所附之律數，則又純基於度數，與曆法不相混淆。《漢書・律曆志》復以律曆雜合，以黃鐘之長自乘爲日法，推曆數又基於日法，遂使曆法迂怪而律呂不爲一般所識也。東漢熹平年間，典律者太子舍人張光依舊藏（蓋劉歆所訂律）制形器，猶不能定弦緩急，史官能辨清濁者遂絕。

二、漢代曆法之沿革

（一）漢初之曆法

秦亡，天下分崩，古籍散失，曆數亦隨而不章。漢興，北平侯張蒼首明律曆事，其詳不可知，而漢武之前猶用顓頊曆。〔註29〕宋劉羲叟作《長曆》乃云：

> 漢初用殷曆，或云用顓頊曆，今兩存之。

清汪曰楨《長術輯要》亦兩存其說，民初陳垣氏爲《二十史朔閏表》亦云：

〔註29〕《漢書・律曆志》張蒼所議用。

今考紀志，多與殷合。

又考之《漢書・律曆志》下云：

元朔六年十一月甲申朔旦冬至，殷曆以爲乙酉，距初元七十六歲。

末條中言與殷曆之對照，則殷曆在漢初爲另一標準曆可知也。故顓頊、殷曆二者，爲漢初所通行，唯不知確爲何曆？如何運用耳？

（二）武帝太初曆與太史公曆

武帝元封七年，大中大夫公孫卿、壺遂，太史令司馬遷等言「曆紀壞廢，宜改正朔」，詔使卿、遂、遷與侍郎尊、大典星射姓等議造漢曆。姓等奏不能爲算，乃又選治曆鄧平及長樂司馬可等凡二十餘人共治之，方士唐都、巴郡落下閎與焉。都分天部、閎運算轉曆。二人與鄧平所治同，乃詔遷用鄧平所造八十一分律曆，曰鄧平曆〔註 30〕又曰太初曆。以元封七年爲太初元年，改正朔，用寅正。《史記・曆書》雖言其事而過略，其「曆術甲子篇」，據高平子氏推斷，以爲乃司馬遷自擬之曆，未被採用，仍備於〈曆書〉中。其法預推一蔀（即冬至合朔齊同於日首之一全週七十六年）中，每年氣朔之大小餘及定閏之則，皆仿古曆而來。雖合於武帝當時，而不能上合所謂「前曆上元泰初」，故姓等奏「不能爲筭」。鄧平遂以音律爲基礎，推爲新曆，雖失之傅會，卻頗合使用，乃用鄧平曆而棄他曆。〔註 31〕

（三）三統曆

元鳳三年，又有張壽王者，言宜更曆，以調陰陽，考校不合後竟下吏，而曆仍用太初，是非堅定（詳見《漢書・律曆志》）。至孝成之世，劉向總六曆，列是非，作《五紀論》。向子歆復作三統曆及譜，推法密要，與太初曆多有異同，其同者四：

1. 同以八十一分之四十三爲朔餘，十九分之七爲閏餘。
2. 朔閏開始之泰初以來積年相同。
3. 歲餘相同。
4. 太初元年之歲皆在子。

其異有三：

〔註30〕詳見《史記・曆書》、《漢書・律曆志》。
〔註31〕詳見高平子〈漢曆因革異同及其完成時期的新研究〉（下），《大陸雜誌》第七卷第五期。

1. 冬至時，太初以「日月在建星」；三統以為「牽牛初冬至」。

2. 太初曆上元在太初元年前四六一七年，三統曆上元在太初元年前一四三一二七年，相差三十個元。

3. 以三統法推太初元年歲星始見之平行度在女宿六度餘（《世經》說與此相符），而依太初曆（《漢書・天文志》）則太歲在子之年，歲星應在建星、牽牛間。

且由三統以前之曆法較之，猶有三點特色：

1. 三統之月食法約在漢初已有之，《史記・天官書》乃殘闕之文。

2. 太史公改曆草案暗用太歲超辰法（改丙子為甲寅），然未有定率以為上溯下推之用；劉歆三統曆乃制為定率，而未改歲序。

3. 五星法雖載於《史記・天官書》，猶有未密，至三統法，乃可以今法按算，三統法之差數最微時集中於王莽時代，此乃三統五星法完成於劉歆而非鄧平輩之客觀證據。〔註32〕

觀以上所述，三統法具漢曆之規模，遺古曆之迹，復完成多項曆法要則，為體系完備之標準曆，亦歷來曆法之楷模。然其中猶有以陰陽五行說曆者，如〈律曆志上〉云：

> 天以一生水，地以二生火，天以三生木，地以四生金，天以五生土。

> 五勝相乘，以生小周，以乘乾坤之策，而成大周。（《漢書》）

此以五星各有其數，并以此數相乘，以為曆法推算之用，是猶不能免於陰陽五行之思想也。

（四）章帝時所用四分曆

自太初曆（《後漢書・律曆志》謂即三統曆。並言：昔太初曆之興也，發謀於元封，啟定於元鳳，積百三十年，是非乃審。）施行百有餘年，而曆稍後天，朔先於曆，朔或在晦，月或朔見。建武中雖微覺有差而未遑考正，至明帝永平中，詔張盛等以四分法與待詔楊岑課，十二年十一月丙子，卒以張盛、景防代岑署弦望月食加時，四分之術，始頗施行。

章帝元和二年，太初失天益遠，詔改行四分，以遵於堯，以順孔聖奉天之文。施行未朞，章帝以編訢、李梵所治曆十一月為大之說有誤，復命賈逵問正，卒以天元始起之月當小。永元中，復令史官以九道法候弦望，驗無有

〔註32〕以上見高平子〈漢曆因革異同及其完成時期的新研究〉（上），《大陸雜誌》第七卷第四期。

差跌，具見《後漢書·律曆志》。

章帝時所考正，要點有：

1. 冬至日應在斗二十一度四分一，他曆皆不合，唯四分曆推算準確（此日至位置乃據太史令及候者所測）。

2. 賈逵以爲曆數不可貫千萬年，其間必更改，太初不能下通於元和，四分又不能上得漢元。一家曆法必在三百年之間。故讖文曰「三百年斗曆改憲」。

3. 古代一向用赤道度日月弦望，猶能合之。永元十五年七月甲辰，詔造大史黃道銅儀。

4. 史官推合朔、弦、望、月食加時，率多不中，在於不知月行遲疾意，乃由月所行有遠近出入所生，率一月移故所疾處三度，九歲九道一復，凡九章，百七十一歲，復十一月合朔旦多至。此法四分曆亦有誤，賈逵議正之。

（五）熹平改曆

安帝延光二年又議改曆，論四分、三統者自持以相訟，太史令忠謂不可任疑從虛，以非易是，遂寢改曆事。

順帝漢安二年，尚書侍郎邊韶又上言四分以術從算，不如太初之密、三統之補闕，宜議曆法。太史令虞恭、治曆宗訢以爲四分立元既正，又多驗於食象；〔註33〕章帝審正曆度，圖儀晷漏，與天相應，不可復尚，宜如甲寅詔書故事。詔可之。

靈帝熹平四年，五官郎中馮光、沛相上計掾陳晃又以曆元不正，上言改曆。靈帝使群臣議，而蔡邕以術無常是，古今自以算追三光之行，而三光遲速非一，故今術不能上通於古，亦猶古術之不能下通於今也。至於晃、光之議則使上違緯書，中不得獲麟之時，下不及命曆序獲麟至漢相去四蔀年數，與奏記譜數不相應。且光、晃曆以〈考靈曜〉爲本，二十八宿度數及多至日所在，與史官甘、石舊文錯異，不可考校；以渾天圖儀檢天文，亦不合於〈考靈曜〉。誠若光、晃能依其術，而徧合諸異處，實宜用之，光、晃卒不能對。乃如元和二年詔用四分曆庚申元事。

太初曆推月食多有所失，四分因其法，和帝永元二年，蒙公乘、宗紺上

〔註33〕渠等課曆之法，以晦朔變弦，月食天驗，昭著莫大焉，語見《後漢書·律曆志》。

書言歷後於天（謂實際月食早於預測）。至期，果如紺言，太史令巡上紺有益官用，除待詔。甲寅詔書以紺法署，行五十六歲至本初元年歷始差，故熹平三年劉洪上七曜術。先是延熹七年，曾用馮恂八元術，至熹平四年又用宗紺、孫誠術。又五年（光和三年）馮恂與宗紺、孫誠三人互議，帝命復校，劉洪等以爲歷法多以追記爲法，術法各異，密合則用。恂、誠并尚切用，惟舊歷有則，誠術循之；今取率由舊章之義，宜行誠術。靈帝遂詔如洪議。

第四節　宇宙論概述

一、先秦之宇宙觀

「宇宙」者，《莊子・庚桑楚篇》釋之曰：

> 有實而无乎處者，宇也。有長而无本剽者，宙也。

莊子所釋，有時空之結合，且有「空間無所定位，時間不知起始而長流」之意，其思想可謂超絕古今，即今之文明亦不得不認同焉！而《尸子》亦云：

> 天地四方曰宇，往古來今曰宙。

《淮南子・齊俗訓》之語，尤其明白：

> 往古來今謂之宙，四方上下謂之宇。

其謂四方上下，自視《尸子》所言爲確切。蓋以今日相對論之空間概念言，四方者二度空間也，上下者第三度空間也，二者互調亦如是。則《淮南子》之釋義，乃能眞得吾人之心者也。

天地四方，古人之所企想讚畏者也，而神靈鬼怪之說，哲學窮思之論蠭起。究其原，不過欲解生命之謎，探宇宙之奧也。後世哲學家所謂之「宇宙論」者，實即古哲之「天學」也，而中國之天文學尤其重視之。古代言天者，非必天文之官，人人得而論之，故其說紛雜，今試理其要：

（一）論宇宙之元素

先秦論宇宙者，多以氣爲其體，而分之以「陰、陽」二氣。《老子》四十二章曰：

> 道生一，一生二，二生三，三生萬物，萬物負陰而抱陽，沖氣以爲和。

馮友蘭氏以「三指陰、陽、和氣」，〔註34〕二指天地，則氣由天地所生，似非

〔註34〕馮友蘭《中國哲學史・老莊之道德》。

元素，《禮記・禮運篇》則曰：

> 禮本於太一，分而爲天地，轉而爲陰陽。

亦不以氣生天地爲說。然《列子・天瑞篇》則曰：

> 昔者聖人因陰陽以統天地，夫有形者皆生於無形，則天地安從生。
> 故曰：有太易、有太初、有太始、有太素。太易者、未見氣也。太
> 初者、氣之始也。太素者，質之始也。氣形質具而未相離也。視之
> 不見，聽之不聞，循之不得，故曰易也。易無形埒，易變而爲一，
> 一變而爲七，七變而爲九，九變者，究也。乃復變而爲一。一者，
> 形變之始也。清輕上爲天，重濁下爲地，故天地含精，萬物化生。

「太易者，未見氣也」，似即老子所謂「道」，乃無形，無象可視，亦無氣之
存在，爲宇宙有元素前之狀態。「太初、太始、太素」，似即《老子》所謂「道
生一」之「一」，馮友蘭氏以「一」即《莊子》所謂之「太一」，蓋得其意。
此時「太一」未變，唯有「氣形質」之特性，寖變則「清輕者爲天，重濁者
爲地」。乃以「氣生天地」矣。而《淮南子》亦主此說。〔註35〕

綜以上二說觀之，天地由氣生成，而天地亦可生「氣」，天地未生之氣未
命之名，天地所生之氣則名之曰「陰陽」二氣，先秦諸哲所論，皆取此概念
也。故《管子・五行篇》曰：

> 通乎陽氣，所以事天也。……通乎陰氣，所以事地也。

《國語・周語》云：

> 幽王二年，西周三川皆震。伯陽公曰：周將亡矣！夫天地之氣，不
> 失其序，……陽伏而不能出，陰迫而不能烝，於是有地震。

《呂氏春秋・仲夏紀・大樂篇》亦曰：

> 太一生兩儀，兩儀生陰陽。

陰陽家有見於此，遂推之於萬物人事，以爲陰陽之氣無所不在，久之，條理
成一說焉。

（二）論宇宙之生成

1. 自然物質生成說

此「自然物質者」，則是氣也。何以氣即是物質，可以《列子・天瑞篇》
「太易者，未見氣也。太初者，氣之始也。太始者，形之始也。太素者，質

〔註35〕見《淮南子・天文訓》。

之始也。氣形質具而未相離也」釋之。「氣形質具而未相離」即三位一體也。氣者必有形，有形知其爲物質，實一物而三名耳。故不可離間之。

先秦思想中，多以宇宙者，本爲虛無，無中又生有，有即太一，即渾沌之氣。由此渾沌之氣，因輕清、重濁而剖判爲天地，天地復相交往，天之陽氣與地之陰氣調合，乃有和氣產生，萬物化生焉。前節《老子》、《禮記》、《列子》、《淮南子》皆主此說，而宇宙之化生爲自然之事，以物質輕、重升降造爲天地，似有引力收聚之思想。西方海因茲・合貝爾氏曾作同式主張，並與老子「變動不居，周流六虛」之義吻合，可謂古今同識。〔註36〕

2. 神靈創造說

此說記載皆較晚，然其思想當在百家爭鳴之際。因「神」爲先民之所最崇敬者，即縝密思考之哲學家，亦不能脫其影響，故莊子多藉神仙以寓言，墨子敬鬼神，而史官說天文之際，未得其解，亦以鬼神應之。其後乃演爲傳說焉！《淮南子・精神訓》存之曰：

> 古未有天地之時，唯象無形，窈窈冥冥，有二神混生，經天、營地，
> 於是乃別陰陽，離爲八極。（高誘注：「二神，陰陽之神。」）

此以陰陽二神經營天地爲說。又有以一神說之者，如《路史・前紀三》注引《遁甲開山圖》：

> 巨靈與元氣齊生，爲九元眞母。

又《文選・西京賦李善注》引同書：

> 有巨靈胡者，偏得坤元之道，能造山川，出江河。

《山海經・海外北經》云：

> 鍾山之神，名曰燭陰，視爲晝，暝爲夜，吹爲冬，呼爲夏，不飲、
> 不食、不息，息爲風。身長千里。其爲物，人面蛇身，赤色，居鍾
> 山之下。

《山海經・大荒北經》有「燭龍」一神，并與《廣博物志》卷九引《五運歷年記》之「盤古」一神，同爲造地上風雨之神。

以上所引，皆神之小者，而獨立造作天地，變化風雨、日夜、陰晴者，祇以「盤古」爲最著。《太平御覽》卷二引《三五歷紀》：

> 天地渾沌如雞子，盤古生其中。萬八千歲，天地開闢，陽清爲天，

〔註36〕見海因茲・合貝爾著《星星、原子、人》——〈行星好比是種仔一節〉，頁
　　　142。

陰濁爲地，盤古在其中，一日九變。神於天，聖於地。天日高一丈，
地日厚一丈，盤古日長一丈。如此萬八千歲，天數極高，地數極深，
盤古極長。故天去地九萬里。

《繹史》卷一引《五運歷年紀》所說「盤古」，又兼有「燭龍、燭陰」之本事。
則盤古者，乃與天地同生，並具神力，作爲萬變，雖非創造宇宙，與天地則
同德焉。

又「天日高」、「地日厚」，似有「宇宙膨脹」之意，與今科學新思潮，有
不謀而合處。〔註37〕唯今論「宇宙膨脹」，將無休止，而上述「天地日長」萬
八千歲而止耳，此正有限無限觀念之異。

（三）宇宙之形態

1. 有限宇宙說

此派所述，以爲宇宙之大小、內外、上下有可測者，則其外圍必有限度，
可謂之曰「小宇宙」。外圍之外爲何乎？此派無說，而解說以爲其外猶有未知
之宇宙者，可謂之「大宇宙」說。亦即「無限宇宙」說也。

有限宇宙說者，又分爲二：《太平御覽》引《三五歷紀》所謂：

天地渾沌如雞子，盤古生其中，萬八千歲，天地開闢，………天日
高一丈，地日厚一丈，盤古日長一丈。如此萬八千歲，天數極高，
地數極深，盤古極長，故天去地九萬里。

「天地渾沌如雞子」，蓋謂外形如雞卵，而內質則渾沌不彰。其後開闢天地，
天、地、盤古日長一丈，萬八千歲則各爲三萬九千四百二十里（一公里約二
華里計），而文中曰「九萬里」，蓋略誇之數也。〔註38〕此其一。

又《楚辭·天問》曰：

曰遂古之初，誰傳道之？……圜則九重，孰營度之？惟茲何功，孰
初作之。

此以天爲九重，當有其界線至極之處，若無極限，則九重從何而分，故此亦
有限宇宙之一說。其後謂宇宙有限者，皆宗二說。如《淮南子·天文訓》云：

天有九野，九千九百九十九隅。去地五億萬里。

分天爲九野，乃一整平面有九區，並謂天去地若干里，故知其爲有限說。然

〔註37〕見英人弗瑞德·荷依雷著，史承繼譯：《宇宙的奧秘》，臺北：廣文書局。
〔註38〕如《莊子·逍遙遊》「鵬之徙於南冥也，水擊三千里，摶扶搖而上者九萬里」，
　　　　似取九爲數之極之意。

所謂天去地之距，較《三五歷紀》所載遠甚。

2. 無限宇宙論

《莊子‧逍遙遊篇》：「天之蒼蒼，其正色邪？其遠而無所至極邪？」已懷疑宇宙之是否無極，故《莊子‧庚桑楚篇》乃爲之闡明曰：

> 有實而无乎處者，宇也，有長而无本剽者，宙也。

此道時空皆無限也。張衡《靈憲》又爲細解曰：

> 太素之前，幽清玄靜，寂寞冥默，不可爲象，厥中惟虛，厥外惟無。……
> 未之或知者，宇宙之謂也；宇之表無極，宙之端無窮。

「厥外惟無」，謂渾天家所知領域之外，無法測知爲何物、何形，故謂此「未之或知者」即宇宙也。而其末二語，則顯然謂宇宙之無垠涯者也。

二、漢代之宇宙觀

漢代承前代學說，依舊說以發展，逐漸合爲三大派，其餘零碎而無體系者，已在前述先秦宇宙觀之範圍內，茲不贅述。東漢靈帝時蔡邕貶朔方上疏表志曰：

> 言天體者有三家，一曰《周髀》，二曰宣夜，三曰渾天。宣夜之學絕
> 無師法。《周髀》術數俱存，考驗天狀多所違失，史官不用。唯渾天
> 者近得其情。今史官所用候臺銅儀，則其法也。〔註39〕

至漢末所傳，只此三家。其中宣夜之說蔡邕以爲已失傳，漢代著述亦無說，至《隋書‧天文志》葛洪乃略述之，可得其概梗。宣夜與渾天同爲無限宇宙論而略異，蓋天說則有限宇宙論之流。

（一）宣夜說

葛洪曰：

> 宣夜之說，絕無師承。郤萌記先師相傳云：天了無質，仰而瞻之，
> 高遠無極。……日夜眾星自然浮生虛空之中，其行其止，皆須積氣
> 焉。是以七曜，或逝或往，或順或逆，伏見無常，進退不同，由乎
> 無所根繫，故各異也。（《隋書‧天文志》）

七曜即五行星與日月，宣夜說以爲七曜與眾星皆浮游之物，無所根繫，則其距地當各自不同，不居同一層面也。又以「天了無質，仰而瞻之，高遠無極」，

〔註39〕劉昭《後漢書補注》，亦見《晉書‧天文志》。

其所承繼，必從莊子之意來，與近代所認知宇宙型態，有相似之處。

　　于宇宙構成之原素，則曰「天了無質」，而謂星體「皆須（積）氣焉」，復與近代思想相通。于星體之誕生，西人弗瑞德・哈福雷論之曰：

　　　　星際間的氣體是星球誕生的源泉，研究星球如何誕生是我們目前的
　　　　工作。天文學家一般都承認銀河系本來是旋轉的平坦氣體圓盤，沒
　　　　有星球存在。〔註40〕

爾後則某部分冷卻，而生壓縮作用，復起重力作用，縮至某種程度，即爲星球。其過程自然非漢代人所能得知，然宣夜謂星球由氣體合成，大可稱賞。

　　宣夜又謂「天了無質，仰而瞻之，高遠無極。眼瞥精絕，故蒼蒼然也。譬之旁望遠道之黃山而皆青，俯察千仞之深谷而窈黑。夫青非眞也，而黑非有體也。」（《隋書・天文志》）其時有如此深邃之思想，可謂先知也。惜當日無實驗經驗，說理多以生活經驗爲據。如謂色青，色黑因空間距離所致，此生活經驗之說；今光學原理則謂此空氣吸收紅色及其餘光源，唯青色可直達人目，致遠山如青。同理，水性吸光，極深之水，則光不能及底，視之如黑色。此光附引於質，而有色澤之變異，古人不知，又以之推於天際，自然錯誤叢出。今知太空中有游離之「氫」，而宣夜說以爲無質，自不可同日而語。然論思想之啓發，宣夜之於今人，蓽路藍縷，功不可沒。

（二）渾天說

　　渾天家多採擇古說，論理圓融，可依法以製器施行，故漢人遵之，亦爲歷來天文家沿用不輟。漢武帝元封七年議造漢曆，「迺定東西，立晷儀，下漏刻，以追二十八宿相距於四方」。儀器猶爲直表「晷儀」。至射姓等奏「不能爲算」，乃由落下閎等營造渾儀，更加精測，漢末蔡邕〈表志〉所言「願寢伏儀下」者當即此儀，或經增修。〔註41〕然則前漢之時，渾天說已具規模，可製器施行矣。唯至張衡始有著述論之曰〈算罔論〉、曰〈靈憲〉、曰〈渾儀〉，又作渾天儀，考其事蹟與論著，渾天說之精要可得焉。〈算罔論〉失傳，〈靈憲〉、〈渾儀〉二篇本傳未錄，幸劉昭補注於〈天文志〉及〈律曆志〉。補注引〈靈憲〉曰：

　　　　太素之前，幽清玄靜，寂寞冥默，不可爲象，厥中惟靈（譜作虛），
　　　　厥外惟無，如是者永久焉，斯爲溟涬，蓋乃道之根也。道根既建，
　　　　自無生有，太素始萌，萌而未兆，並氣同色，渾沌不分。故道志之

〔註40〕見史承繼譯《宇宙的奧秘》，臺北：廣文書局。
〔註41〕見高平子〈中國人的宇宙觀念〉，《大陸雜誌特刊》第一輯。

－31－

言云：「有物渾成，先天地生。」其氣體固未可得而形，其遲速未可得而紀也。

此說從道家出，而與《列子‧天瑞篇》同意。宇宙惡乎生，生於靈（虛是也），靈之外惟無，其意乃分內外二宇宙也。內宇宙者漸萌道根，由無生有，由氣形成，為渾天家宇宙論中可知者，故張衡復曰：

道幹既育，萬物成體，於是元氣剖判，剛柔始分，清濁異位，天成於外，地定於內。（〈靈憲〉）

於是天地各有形域，萬類各有情性，天地亦可度量，此類論說無一不從前人而來，屬有限宇宙之說。然〈靈憲〉復明「厥外惟無」之意曰：

過此而往，未之或知也，未之或知者，宇宙之謂也。宇之表無極，宙之端無窮。

渾天家所認知之界外，猶以為「無極」，雖未之或知，乃揣測應為無限延伸之宇宙。

故渾天說之宇宙觀，應分為大、小宇宙，亦即融合無限、有限宇宙二說，大宇宙者，不可知也，小宇宙者，有形、質，可度量，知邊際者也。〈渾儀〉形容小宇宙曰：

渾天如雞子，天體圓如彈丸，地如雞中黃，孤居於內，天大地小，天表裏有水，天之包地，猶殼之裏黃。天地各乘氣而立，載水而浮。天轉如車轂之運也。周旋無端，其形渾渾，故曰渾天。

適可說明宇宙之狀態。此渾天說宇宙論之大概。

（三）蓋天說

蓋天說多存於《周髀算經》之內，《周髀》一書當為古代蓋天家理論之集說，一部分起自周初，又雜以後人論著，至漢末為止。〔註42〕內容以平面幾何之法，論述天地之度量、形態，其計數皆可以今日幾何覆按；然當時不知以球形幾何為基礎，而基數（尺、寸、里）又無法以今度換算，故所算天體度量皆與今法異甚。

《周髀》下冊述宇宙形態曰：

天象蓋笠，地法覆槃，天離地八萬里，冬至之日，雖在外衡，常出極下地上二萬里。

〔註42〕說見高平子〈中國人的宇宙觀念〉，《大陸雜誌特刊》第一輯。

從此敍述，可知天地之距。天既如「笠」之蓋地，則日月星辰必在同一曲面上，「天離地」即「日離地」也。日離地，日高也。高平子氏精於數理，覆按《周髀》測日高之法，適爲今所知測地半徑之法；即天離地八萬里，實「地半徑」八萬里。漢時一里約今三分之一公里。與今日所測六千三百餘公里，有四倍之差，高平子氏論之曰：

> 大概周地確曾測影，而南北兩地之影或者出於臆測，尤其可能的是這個里數的估計或是人行里程迂迴曲折未全校正，以致所計里數大過四五倍而未覺察。〔註43〕

其測數雖未精確，而所持數理基礎，實中國古代數學之一奇葩。

　　《周髀》以有限宇宙爲根本，欲度量一切天體，所用度量且爲平面幾何，故小者、近者，尚可依法計量。至於天之界限，日星之遠，則可謂失之毫釐而差之千里，非但空間之計量多誤謬；即時間之更動，益使天體之運動與理論之推算乖錯。故蔡邕曰：

> 《周髀》數術俱存，考驗天狀多所違失，史官不用。（《後漢書·蔡邕傳》）

其時已如此，何況今日。要之，其重視數理，本可取法，惜乎後之不傳。

〔註43〕同上註。

第三章　漢代陰陽五行說概述

第一節　陰陽五行說之由來

一、陰陽說之由來

（一）陰陽之意義

欲論陰陽說，首先須明陰陽之義。仌字（陰爲孳乳字），《說文解字》曰：「仌，古文霒省。」又釋「霒」曰：「霒，雲覆日也。從雲，今聲。」考典籍中僅《大戴禮記・文王官人篇》、《素問・五帝正大論》曾用「霒」字，甲骨文中尙無「仌」、「霒」、「陰」諸字。則「仌」、「霒」、「陰」字當遲至周初始有，而「霒」字尤屬後起。《說文》釋「陰」爲「闇」，或因行文之意，推測而得。而霒字恰爲「仌」之本義，本爲極單純之象形字，故「仌」「霒」同爲雲覆日之意也。

陽之本字爲「昜」，𨸏部乃孳乳字。《說文》曰：「昜，開也。從日，一，勿。一曰飛揚；一曰長也；一曰彊者眾皃。」《段注》則直以「昜」即「陽」之正字，殆甚得其原義。林義光曰：

> 雲開日見也。……從日，……一蔽之。……從／，／，引去之象。

葉玉森亦曰：

> 契文以日在𫝀上，象日初昇之形，段說近之。

又甲文作「早」 〔註1〕 金文作「𣇵」（同簋），「𣇵」（昜叔簋）「昜」（安昜刀），與林氏「雲開日見」之義當相合。《說文》所謂「一曰某義」者，蓋引申之義也。

〔註1〕《中國字例》所引《殷虛書契前編》四卷三頁四片。

綜以上所述，「陰、陽」之本義，指「雲覆日」「雲開日見」二義，已有對待之性質。其後逐漸引申，「陰」之因雲覆日，則有「闇」義。山之北，水之南，背陽者也，故以「陰」稱之。又因背陽則幽遠，故「隱秘，不顯」之事物，亦以「陰」稱之。又因其闇，日光不足，乃有寒冷之意，故謂肅殺之氣曰「陰氣」。「陽」字本爲「雲開日見」，其光明亮，乃明顯之意出焉，正面之意定焉。其熱剛強，其氣和暖，故有「陽剛」之意，而有「陽氣」之名。

梁啓超論〈陰陽五行說之來歷〉中，亦曾考「陰陽」之本義，唯「陽」之本義猶依《說文》，以爲：

> 日出地上而建旗焉，氣象極發揚，此其本義。

實未見甲文之失，然所釋引申義者，殆不殊異。並謂：

> 陰陽兩字相連屬成一名辭，表示兩種無形無象之兩種對待的性質，
> 蓋自孔子或老子始。〔註2〕

且舉《詩經》、《書經》、《儀禮》、《易經》所存之陰陽二字，逐一探討，以爲：

> 商周以前所謂陰陽者，不過自然界中一種粗淺微末之現象，絕不含
> 何等深邃之意義。

說甚有據。然梁啓超氏又舉《老子》「萬物負陰而抱陽」之語，謂老子與陰陽說，關係不彰。實以其不明「陰陽說」之內涵與由來也。

（二）陰陽說之內涵

陰陽說之由來，與陰陽一詞之引申義甚切，以陰陽代氣者，蓋由先秦宇宙論之思想中類化而得。先秦哲學之宇宙論謂「氣」乃宇宙之基本元素，氣之輕清者上爲天，即陽氣所聚也；重濁者降而爲地，即陰氣所聚也。〔註3〕而天地亦自發其氣，故謂「通乎陽氣，所以事天也。……通乎陰氣，所以事地也。」（《管子・五行篇》）此時天地之氣乃各含物理性，故：

> 陰陽之專精爲四時，四時之散精爲萬物。積陽之熱氣生火，火氣之
> 精者爲日。積陰之寒氣爲水，水氣之精者爲月，日月之淫爲精者爲
> 星辰。天受日月星辰，地受水潦塵埃。（《淮南子・天文訓》）

陰陽之義又略爲擴大，然猶屬於宇宙哲學中，單純言氣者也。

其後承宇宙哲學「陰氣」、「陽氣」之義（含物理性者），又藉以言人事變化，逐漸發展成人生哲學之一支，而老莊學說取之，儒家並以「陰陽」主易

〔註2〕見梁啓超〈陰陽五行說之來歷〉，《東方雜誌》第二卷第十號。
〔註3〕見第二章第一節「論宇宙之元素」。

學之精神，此階段陰陽說可謂完成矣，然與陰陽家之陰陽說則不可並論。老莊、儒家易學論「陰陽」，是以「陰陽」作爲其哲學之二元，以此二元統攝一切思想理論也，故《老子》曰：

> 萬物負陰而抱陽，沖氣以爲和。

正謂萬物之動靜，實可以「陰陽」消長變化之現象解之。

《易‧繫辭上》曰：

> 一陰一陽之謂道。

《莊子》曰：

> 易以道陰陽。

若從《淮南子‧天文訓》中所論，陰陽生四時，四時生萬物。陽氣之精爲日，陰氣之精爲月，日月之精爲星辰。則「陰陽」者正所以統攝萬物，故《管子‧四時篇》曰：

> 是故陰陽者，天地之大理也，四時者，陰陽之大精也。日掌陽，月
> 掌陰，星掌和。陽爲德，陰爲刑，和爲事。

《易‧繫辭上》云：

> 廣大配天地，變通配四時，陰陽之義配日月。

《墨子‧辭過第六》曰：

> 地壤之情，陰陽之和，莫不有也。……四時也，則曰陰陽。人情也，
> 則曰男女。

《荀子‧天論》云：

> 星隊木鳴，國人皆恐。……是天地之變，陰陽之化，物之罕至者也。

皆從此類二元哲學之觀點論之，尚未爲占者及陰陽曆算家（謂曆算家而好論吉凶者）之說所充斥，可謂原始之陰陽說。

（三）陰陽說之轉變

洎陰陽家傅會以吉凶迂怪之事，陰陽說又爲之一變。「陰陽家者流，蓋出於羲和之官，敬順昊天，歷象日月星辰，敬授民時，此其所長也。及拘者爲之，則牽於禁忌，泥於小數，舍人事而任鬼神。」（《漢書‧藝文志諸子略》）陰陽家本亦掌天文之官之一流，可見陰陽說之所起，必在「拘者」一流之前。至拘者爲之，則陰陽說乃多「牽於禁忌，泥於小數，舍人事而任鬼神」，質言之，即今人所常論之陰陽家，非原本之陰陽家也，故後代之陰陽說亦非原始之陰陽說也。

　　陰陽說之變革，依《左傳》所載，約在魯僖公至魯文公之間，《左傳・僖公十六年》：

> 六鷁退飛過宋都，風也。周內史叔興聘於宋，宋襄公問焉。曰：是何祥也？吉凶焉在？對曰：今茲魯多大喪，明年齊有亂，君將得諸侯而不終。退而告人曰：君失問，是陰陽之事，非吉凶所生也。

《左傳・文公十四年》：

> 秋，……有星孛入北斗。周內史叔服曰：不出七年，宋齊晉之君皆將死亂。

王師夢鷗曰：

> 魯僖公時代的周內史僅能說這類的「陰陽之事」（見上引）而其中沒有五行的複雜作用在。即至魯文公時代的周內史，他已經能把星象當龜策一樣來運用（見上引）〔註4〕

謂「把星象當龜策一樣來運用」，即原有之陰陽說以宇宙哲學（星象）為討論內容；變革後之陰陽說乃以吉凶之占卜預測（龜策）為對象，此其性質之轉變也。至於轉變時間，至少於魯僖公時，已有迹象可察。上所引《左傳・僖公十六年》中，宋襄公問「是何祥也？吉凶焉在？」一語，可證明當時論陰陽者，已有預卜吉凶之風，襄公乃有此問，惟尚未成氣候耳。故叔興猶稱「君失問，是陰陽之事，非吉凶所生也。」似叔興于此派說者，未甚信服也。然《國語・周語》所載以陰陽論吉凶者，則又早甚：

> 幽王二年，西周三川皆震。伯陽父曰：周將亡矣！夫天地之氣，不失其序，………陽伏而不能出，陰迫而不能烝，於是有地震。

陰、陽之不調以致地震，早期陰陽說也；而卜周將亡，則後期之說，豈幽王之時已有此風。無論如何，後期之陰陽說已異原意矣。其後鄒衍不過精擅星曆，復善於陰陽消息，加以發揚耳，非盡出於鄒衍之手也。《漢書・藝文志》錄陰陽家從宋景公時司星子韋始（約西元前516年之後至482年之間），其意可知。

二、五行說之由來

　　可分三說述之：其一為物質起源說。其二為星體起源說。其三為二源融合說。

〔註 4〕《鄒衍遺說考・緒言》頁120。

（一）物質起源說

　　蓋可以梁啓超氏所主張爲代表。此說主五行之本義，不過「將物質區爲五類，言其功用及性質耳，何嘗有絲毫哲學的或術數的意味？」〔註5〕舉五行最初見於經典者，有《尙書・甘誓》：

> 有扈氏威侮五行，怠棄三正。

以爲夏時不應預知有三正，而五行又何以威侮之，故此五行與後世五行說絕不相蒙。又舉《洪範》曰：

> 我聞在昔，鯀陻洪水，汨陳其五行………一五行：一曰水，二曰火，三曰木，四曰金，五曰土。水曰潤下，火曰炎上，木曰曲直，金曰從革，土爰稼穡。潤下作鹹，炎上作苦，曲直作酸，從革作辛，稼穡作甘。

謂〈洪範〉中五行不過一般物質，鯀陻洪水，致一切物質不能供人用耳。「後世愚儒，欲取凡百事物皆納入五行中………以一貫八，而所貫者亦僅一而止，愚儒之心勞日絀，大可憐也。」〔註6〕又舉《墨子・經下》及〈經說下〉云：

> 五行毋常勝。說在宜。
>
> 五合，水土火，火離然。火鑠金，火多也。金靡炭，金多也。合之府水，木離木。

謂此與〈洪範〉所言五行爲同物。「實則勝訓貴，意謂此五種物質無常貴，但適宜應需則爲貴，其說甚平實，不待穿鑿也。」〔註7〕又舉《荀子・非十二子篇》文，謂與後世之五行說，絕不相及。《左傳・昭二十五年》子產所言「用其五行」，亦不能置信爲後世之五行。五行說極怪誕而有組織者，始見《呂氏春秋・十二覽》，其後《小戴禮記》采之（〈月令篇〉），《淮南子》又采之。「如是將宇宙間無量無數之物象事理，皆硬分爲五類，而以納諸所謂五行者之中。」〔註8〕以爲五行本指單純物質，至戰國末期方才發展爲「詭異、怪誕」之說，此梁啓超氏所主張也，可謂爲「物質起源說」。

（二）星體起源說

　　陳元德氏於《中國古代哲學史》一書中曰：

〔註5〕見梁啓超〈陰陽五行說之來歷〉。
〔註6〕仝前。
〔註7〕仝前。
〔註8〕仝前。

陰陽五行，乃天文中之日月與五顆行動之星體，星體運行而有機祥說。且舉《漢書‧藝文志》釋陰陽家一文為證，一般論五行者，多尚此說。王師夢鷗曰：

> 更由於肉眼所能看到的行星，至「五」為止，我們懷疑『五行』的名稱是出自觀星知識進步時代，占星家所起用的術語（飯島忠夫《支那古代史》論陰陽五行說）。〈藝文志〉稱：「五行者，五常之星氣也。」如果他們這論斷不至甚誤，則顯然「五行」之名是起於最常被注意的五個星氣，亦即肉眼所能看到的星光顏色。古老一輩的占星家用其生活經驗來與星氣相比類，其色蒼者謂之木星，……唯此五星，只要肉眼稍稍留意，便能覺察其「伏見有時」，而是行的。這種五行星名，當是較古的名稱，然後又轉用這名稱來作人們生活資料的類名。〔註9〕

此說較物質說為詳，然猶須辨明「五行」一名，與「金木水火土」一詞，當非同時稱定。依上條所述，「金木水火土」之分名，自然與一般物質之取名時間相近。其後見五星之常行，於是先謂五星曰「五行」，又見其色不同，遂令五行括有「金木水火土」五名，即以「物質生活經驗來與星氣相比類」之意。又其後，則擴充「金木水火土」之意義，「轉用這名稱來做人們生活資料的類名」，即梁啟超氏所謂「將宇宙間無量無數之物象事理，皆硬分為五類，而以納諸五行者之中」，至此方成後世所言之五行說。

（三）二源融合說

綜合上二說，一則與星體純無關連，為純物質及語義之擴大，一則謂星體居關鍵地位。然考諸古籍，已無可靠資料，唯秦末漢代之陰陽五行說，可見梗概，而與上二說尚有出入。

因上說，五行之性質又有狹義與廣義之分，不可不論明。狹義者，指單純物質，宇宙之元素是也；廣義者，指包括宇宙之一切物象事理，而有玄哲意義者是也。五星體之納入五行說中，則在五行說意義擴大之後。然溯其源，又與古代祭祀、陰陽（星曆）家之發展，關係至密：

1. 祭祀之影響

先民之大事，在祀與戎，商稱年曰祀，亦曰祠（羅振玉《殷虛書契考釋》），

〔註9〕見王夢鷗《鄒衍遺說考》。

當時重視祭祀，信不虛也。羅振玉謂殷代祭祀：

> 其外祭可考者曰社。……曰五方帝，……曰東、曰西、曰中，疑即
> 五方帝之祀矣。（《殷虛書契考釋》）

殷代已分五方之祀，然於何時祀之，則未詳。郭某見此，遂直謂五行即從此
出，考殷代無以五行之名合稱者。又《尙書‧舜典》曾記四方天地之祭，已
有確切時間：

> 正月上日，受終于文祖，在璿璣玉衡，以齊七政，肆類於上帝，禋
> 于六宗，望於山川，徧于羣神。……歲二月，東巡守，至于岱宗、
> 柴。………五月南巡守，至於南岳，如岱禮。八月西巡守，至於西
> 岳，如初。十有一月，朔巡守，至于北岳，如西禮。

其祀時皆差三月，四祀合一年。更以月份言之，二月屬春，五月屬夏，八月
屬秋，十一月屬冬。皆爲仲月，舜時已建春祀東，夏祀南，秋祀西，冬祀北
之禮。豈殷代因此制復加推演，而有東、西、南、北、中之五方祀乎？以己
所處爲中，合四方爲五，並與天之地位互比，遂認「地數五」（《易‧繫辭上》）
終爲通行思想。祭祀既乃政治舉措之要事，違此大不祥，故謹於其事，除衹
敬其神，並「輯五瑞，既月，乃日觀四岳群牧，班瑞於群后。……協時、月、
正日，同律度量衡，修五禮、五玉、三帛、二生、一死、贄，如五器，卒乃
復。」（《尚書‧舜典》）其所施爲，「瑞」則有五，「禮」亦有五，豈因五方觀
念，而逐事亦以五分之，以配五方之祭。故《尚書》中「五刑、五教、五品、
五服、五流、五宅」之類，不可枚舉，至〈洪範〉「五行」者，或即因此觀念
強分宇宙物質爲五也。然則祭祀其來甚古，而五行乃受此影響而生者。初無
包涵萬事萬物，亦無極濃厚之哲學思想也。

2. 狹義五行說之建立

狹義五行說，指以五行代表宇宙之元素，而述說其特質者也。

〈洪範〉曰：「水曰潤下，火曰炎上，木曰曲直，金曰從革，土爰稼穡。
潤下作鹹，炎上作苦，曲直作酸，從革作辛，稼穡作甘。」前五句所言，確
爲一般物質之外觀現象，當無哲學或數術之意味，然謂後五句亦單純物質，
則有未當。「潤下作鹹」，此豈必水之特質，以科學之水言之，本無何味。即
一般水亦不作鹹，衹海水或少數湖水有之。又如火豈有苦味，必火所焦之物
味苦耳；木未必酸，金未必辛，稼穡未必甘，故後段之言，似已作生活經驗
之連想。先已歸納水之性，復推衍想像水本性屬鹹；先歸納火之炎上，復因

所焦苦，推火當有苦味。………如此言之，〈洪範〉之五行，非但單純物質耳；而已作思想上之推衍，不可謂無「絲毫哲學」意味也。

復考「行」之始意，羅振玉曰：「象四達之衢，人所行也。」（《殷虛書契考釋》）若「五行」用其意，當作「可通其類性於萬物之五物」，亦可謂宇宙之五基本元素，則入於宇宙哲學範圍之內。若依《說文》「行，人之步趨也」言之，五行則爲「五種行動之物」，當指五星而言也。然五行之「金木水火土」，核之古代，至秦代爲止，未曾用以指稱五星。今以「金木水火土」稱五星者，始見於《淮南子‧天文訓》：

> 何謂五星，東方木也。……其神爲歲星。……南方火也，……其神爲熒惑。……中央土也，……其神爲鎮星。……。西方金也，……其神爲太白。……北方水也，……其神爲辰星。

先秦稱此五星則曰「歲星，熒惑、鎮星、太白、辰星」無「金、木、水、火、土」之名，即如《左傳》史官好論天象，亦僅見稱「歲星」一星。（《左傳‧成公二十八年》：「歲在星紀，而淫於玄枵。」《左傳‧襄公二十八年》：「歲棄其次，而旅於明年之次，以害鳥帑，周楚惡之。」）《易經》所謂「金木水火土」爲純粹物質，或物質通性；《管子》所謂「五行」，祇含哲學之意，皆不以「五星」與「五行」配合。故許慎之說（人之步趨也），或爲入漢之後方興。

3. 曆法之融合運用

古代曆法，傳至漢代唯六曆，而詳細資料已散失，堯之時，「朞三百有六旬有六日，以閏月定四時成歲。」（《尚書‧堯典》）爲僅存之語，而〈堯典〉前部所列四時布政之文，似即曆法之一部分，蓋古人視天文、曆法、政治爲一體也。

四時布政，乃四時祭祀之擴充。祭祀之時，所畏懼者，神也。無所不神，故卜於蠢蠢萬物，而「大自然靈威的啓示最顯著的，莫過於天象了。」（白川靜《甲骨文的世界》）。白川氏論神祇之世界，敍述極詳，尤以〈四方風神〉一節，舉證歷歷。風雨天象之占卜既繁，久之亦從中獲取經驗，余曾于「論雲氣」一條舉颱風爲例即是；經驗愈久，則生條理，有此條理，乃可遵以從事，或施政或布農，將得其利而避其害矣。故《尚書‧堯典》曰：

> 乃命羲和，欽若昊天，曆象日月星辰，敬授人時，乃命羲仲，宅嵎夷，曰暘谷；寅賓出日，平秩東作，日中星鳥，以殷仲春，厥民析，鳥獸孳尾。申命羲叔，宅南交，平秩南訛，敬致。日永星火，以正

仲夏，厥民因，鳥獸希革。分命和仲，宅西，曰昧谷，寅餞納日，
平秩西成，宵中星虛，以殷仲秋，厥民夷，鳥獸毛毨。申命和叔，
宅朔方，曰幽都，平在朔易，日短星昴，以正仲冬，厥民隩，鳥獸
氄毛。

此文依四仲時，分宅四方，平秩（化育）其民，並因四時氣候分行農牧之政，
故能「允釐百工，庶績咸熙」（同上引）掌此職者，羲和之官是也，而陰陽家
者，出於此流，故《堯典》此文，可謂早期陰陽家（分早晚之說，見陰陽說
之來源）之遺文。

《尚書·堯典》已論及鳥獸之生長，而萬物之消長生殺，於古代農牧社
會，關係至密，亦可影響人類之生計也。故《詩·豳風·七月》云：

一之日觱發，二之日栗烈，無衣無褐，何以卒歲？三之日于耜，四
之日舉趾。

四月秀葽，五月鳴蜩，八月其穫，十月隕蘀。

以上節錄片斷，皆農業社會生活之已定型者。四時消長，亦有定律，《禮記》
曰：

春作夏長，仁也，秋斂冬藏，義也。

《爾雅·釋天》云：

春爲發生，夏爲長嬴，秋爲政成，冬爲安寧。

《荀子·天論》云：

繁啓蕃長於春夏，畜積收藏於秋冬，是又禹桀之所同也。

春生夏長秋收冬藏，此不變之律。春生者，主草木之初發，故以木象之。夏
生者，主繁盛蒼鬱，以火之炫烈象之。秋收者，萬物嚴殺，有金革之象。冬
藏者，萬物閉斂，寒靜深幽，故以水象之。春祭東方，夏祭南方，秋祭西方，
冬祭北方，此祭祀之法，故陰陽家配合祭法與曆法，乃曰：

東方曰星，其時曰春，其氣曰風，風生木與骨。……南方曰日，其
時曰夏，其氣曰陽，陽生火與氣。……中央曰土，土德實，以風雨
節土益力，土生皮肌膚。其德和平用均，中正無私，實輔四時。春
嬴育，夏養長，秋聚收，冬閉藏，………此謂歲德。……西方曰辰，
其時曰秋，其氣曰陰，陰生舍與甲。……北方曰月，其時曰冬，其
氣曰寒，寒生水與血。（《管子·四時篇》）

此時陰陽家又以「五行」參合「曆法」（籠統之曆法），並說以哲學思想，曰

「德」者是也。言「氣」者，則又從宇宙哲學出，是陰陽說（星曆）亦已融入矣。

至此，五行之說方逐漸發展，既以木配星，則木有生生之德，木屬酸味，木象陽氣之初生，木為青色……等等，春之特質，木之屬性，並無所不包矣。其餘四行亦皆如此。同時由於陰陽家漸趨分化，而時流好論吉凶，又有所謂日者之興，《墨子・貴義篇》載之：

> 子墨子北之齊遇日者，日者曰：帝以今日殺黑龍於北方，而先生之色黑，不可以北。子墨子不聽，遂北至淄水，不遂而反焉。日者曰：我謂先生不可以北。子墨子曰：南之人不得北，北之人不得南。其色有墨者有白者，何故皆不遂也？且帝以甲乙殺青龍於東方，以丙丁殺赤龍於南方。以庚辛殺白龍於西方，以壬癸殺黑龍於北方，若用子之言，則是禁天下之行者也。

日者以四方之色與時日配之，而以人之膚色相合否論吉凶。其實必有中央之黃龍，因缺戊己之日也，則是以五方論吉凶。其用色與日後五行之配色同，實今相命者之濫觴。論吉凶之風，起源本早，恐懼與無知之所致也。然與「五行」融合，至少當在魯文公之後，即陰陽家變質之後。（見陰陽說之轉變一節）

如此由陰陽家、占卜家、哲學家，各據其說，逐次融合，五行說之色彩逐漸豐厚。至戰國末期，鄒衍以精通曆算，深觀陰陽消息，論五德轉移，遂能理五行為一系統學術，而其內容深閎，不為時人所解，故敬之者有之，非之者亦眾，如《荀子・非十二子篇》曰：

> 案往舊造說，謂之五行，甚僻違而無類，幽隱而無說，閉約而無解，
> 案飾其辭而祇敬之曰：此真先君子之言也。子思唱之，孟軻和之，
> 世俗之溝猶瞀儒嚾嚾然不知其所非也，遂受而傳之。

荀子世稍晚於鄒子，謂「案往舊造說，謂之五行」，可見荀子之前，五行說已臻完成，而其從前猶有舊說也。故吾謂鄒子之前當有零雜之五行說。子思、孟軻是否論五行，雖不可知，然荀子之世，或稍早之鄒子，輒傳其說，乃可確知，惜其說不得詳，唯《呂氏春秋》有遺文焉，亦不知備否。

總之，狹義之五行說，至少起於周初，春秋中葉，陰陽家始闡發其說，至戰國，凌雜紛遝者又興；戰國晚期，始由鄒子完成其說。

4. 五星之介入

五星者，「金星、木星、水星、火星、土星」，此漢人之說也，必不能早

於戰國末期。先秦稱此五星則曰「太白、歲星、辰星、熒惑、塡（鎮）星」在殷代前期之前，衹聞四星耳，闕「太白」星也。維立考夫斯基曰：

> 在西元前一千五百年，有一顆彗星變成太陽系的行星，……。（《星球碰撞》）

渠謂即金星也。文中詳述所持證據，舉印度星圖，約西元前三一○二年時，獨缺金星；巴比倫之天文學亦衹爲四星系統，無金星也〔註10〕考之甲文，無五星之名，亦無「五行」、「五星」之通稱詞。觀天爲殷代祭祀、政治之所憑，而「五星」闕如，似當時未命以定名。

〈洪範〉之「五行」，非指星也，其餘如《墨子》、《荀子》、《左傳》、《禮記・禮運》所謂之「五行」，亦非星也。徧考周代，唯左傳以歲星紀年，論吉凶，餘諸子以歲代年，未作星體之稱也。又至《呂氏春秋》，始有「熒惑」星之紀錄（〈明理篇〉）今所見具載「五星」之名者，以《淮南子》、《史記》最早。《淮南子・天文訓》曰：

> 何謂五星？東方木也。其帝太皥，其佐句芒，執規而治春，其神爲
> 歲星。其獸蒼龍，其音角，其日甲乙。南方火也，……其神爲熒惑。……
> 中央土也，……其神爲鎮星。……西方金也，……其神爲太白。……
> 北方水也，……其神爲辰星。

已標明「五星」及其單名，與四方相配，又與五行相配。此文承自《呂氏春秋》，而增列「五星」爲神。察其意，必乃秦以前未有以「五行」稱星者，必觀星進步後，以五星色配合五行之色，故以五行代五星之名也。至於名「歲星、熒惑、塡星、太白、辰星」者，當起自春秋末期，陰陽家占星時所用。

故以「五行」命五星，必在「五星」已有名，復測知色調特性後，方能行之。即在陰陽五行説體系成立後，方有謂五星爲「金、木、水、火、土」者。論其時序，約當漢初。故《史記・天官書》曰「天有五星，地有五行」，以對待觀念配合，非謂「五行因五星而名」也。至班固著〈藝文志〉，深中陰陽五行之思想，謂「五行者，五常之星氣也」，乃是以五行爲五星精氣之表徵，則五行已非宇宙五大元素，而爲五星之動靜所支配。此正占星派之思想也。

以上爲五行説發展之過程，先有五方祭，復以農政配合，事類皆分爲五，以配合祭祀。「五行」不過諸以五爲名之一詞，爲單純物質之分類耳。後復擴大五行之意義，使包容宇宙一切事物，而分爲五，陰陽家之觀測亦在焉。已

〔註10〕詳見維立考夫斯基著《星球碰撞》。

具廣義之五行體系。此時，因星曆之發展，占星之發達，五星之特性亦納於五行中。鄒子妥爲整理，乃蔚爲思想界之奇葩。

三、陰陽說與五行說之調合

（一）陰陽所傳有之消長性質

陰陽本爲對待之辭，其後因引申義而爲構造天地之氣，亦爲天地所發之氣，逐漸代表宇宙之二大勢力；既爲勢力，乃有衝突和合之變化，於是有所謂陰陽消長之義興焉！

二氣之均平者曰「和」，《老子》所謂「沖氣以爲和」是也。然天地萬物莫不因陰陽之不均，而有變化，《易‧繫辭下》曰：

> 天地絪縕，萬物化醇，男女構精，化生萬物。

男女蓋指宇宙二勢力，即「陰陽」也。正因其絪縕不已，乃能紛生萬物。陰陽之消長，先哲論之多矣！《國語‧周語》云：

> 伯陽父曰：周將亡矣！夫天地之氣，不失其序，……陽伏而不能出，
> 陰迫而不能烝，於是有地震。

《左傳‧襄公二十八年》云：

> 春，無冰。梓慎曰：陰不堪陽，蛇乘龍。龍，宋鄭之星也。宋鄭必飢。

《荀子‧天論篇》云：

> 星隊木鳴，國人皆恐。……是天地之變，陰陽之化，物之罕至者也。

論地震之起因，豐飢之所繫，氣候之變異，以爲陰陽之化，自春秋時已然。此類觀測不過就事論事，未成系統。至《呂氏春秋》則較具成果，〈仲夏紀〉曰：

> 是月也，日長至，陰陽爭，死生分。

〈仲夏紀‧大樂篇〉曰：

> 陰陽變化，一上一下，合而成章。渾渾沌沌，離則復合，合則復離，
> 是謂天常。天地車輪，終則復始，極則復反，莫不咸當。

「陰陽爭」，謂相勝也。「終則復始，極則復反」，有再生之意。天地萬物之消長變化，乃以「陰陽」代表之。

（二）陰陽與五行之關係

先民觀氣候，首以顯著者分之，如《易‧繫辭上》曰：「日月運行，一寒一

暑。」寒者，陰氣之表徵；暑者，陽氣之表徵。其後，又依農作之生長收藏，理爲四時之徵象。四時之變化，又非陰陽無以生之。故《墨子·辭過篇》云：

> 四時也，則日陰陽。人情也，則日男女。

《管子·四時篇》亦日：

> 是故陰陽者，天地之大理也。四時者，陰陽之大經也。

四時觀測，以《尚書·堯典》較原始而有系統，然簡易之至。一則以仲星定四時，一則錄其「民性、鳥獸生物狀態」，未嘗有何怪迂之說。

此後觀測愈豐，《管子·四時篇》日：

> 東方曰星，其時曰春，其氣曰風，風生木與骨。其德喜贏，而發出節時。其事號令，修除神位，謹禱弊梗，宗正陽。治隄防，耕芸樹藝，正津梁，修溝瀆，甃屋行水。解怨赦罪，通四方。然則柔風甘雨乃至，百姓乃壽，百蟲乃蕃，此謂星德。星者掌發，發爲風。是故春行冬政則雕，行秋政則霜，行夏政則欲。是故春三月，以甲乙之日發五政。（《管子·四時第四十》頁9）

春氣曰風，風生木與骨者，謂百物之茂盛然。此「木」不過取狹義五行說，稍加擴大，尚未以木主春之一切現象。春宗「正陽」，夏氣亦曰「陽」，管子未分「太陽、少陽」，此陰陽說尚未分化之迹證也。

五行中之「土」，《管子》置之中央，實輔四時入出，其德和平用均。未置「土」於何時，蓋「五行」調配「四時」之初形也。因金木水火各有屬時，而「土」，不知何所措之，於是姑謂「實輔四時」。而使其居「中央」者，或與古代祭祀之「五方祀」有關。至此，陰陽與五行已間接有所關連，陰陽之生剋性質，亦已帶動五行之生剋系統。

然非謂五行之生剋現象，至此方曉也。燧人氏鑽木取火之事，《白虎通義》載之；《繹史》以爲伏羲作火；《太平御覽》引《管子》以爲黃帝鑽燧取火。雖雜遝如此，要之，火之使用，至少于殷代已相當流行〔註11〕以木生火，簡而易行，爲人人所知也。土生金者，礦藏於土之謂也，殷代已知冶銅，知土生金當又更前也。水生木，以水養長木，亦常象也。相剋亦然。水可滅火，火可冶金，金（斧）可剖木，皆可謂相剋之象。故五行生剋，起源甚早，唯戰國以前未成系統耳。

如《尚書·洪範》之「五行」，皆不照生剋系統敍列。《左傳·文公七年》：

〔註11〕見李孝定編述《甲骨文集釋》卷十。

水火金木土穀，謂之六府。

合於相剋系統，而未聞其解說。至《墨子》乃有論相勝之說，以為未必然也，〈經下〉曰：

五行毋常勝，說在宜。（《墨子》卷十，頁10）

〈經說下〉又曰：

五合，水火土，火離然；火鑠金，火多也。金靡炭，金多也。合之
府水，木離木。（《墨子》卷十，頁60）

後數語不可解，然全文反對相勝之意可知，或當時相勝之說已漸成系統，唯學說尚未圓滿，故墨家攻之。

五行相勝或因配合陰陽消長，而漸臻完備。陰陽消長以半年為期。依消長之義，五行既依四時相生，當亦可謂相剋（消）也，而推理則不通。若因「土居中央」之義，置於寒暑之間，則相生系統依序而成，可謂天衣無縫矣。然謂其依序相剋實甚矛盾，反推以為剋，又不合常理；間隔以剋，恰能貼合，遂倡「間相勝」之法（應為間勝而已，相字取其遞相之偏義），與半年一變之思想若合符節，一舉而兩得，五行生勝，於焉成立。此亦由陰陽消長之義所促引者也，故本文謂五行生勝思想取法於陰陽消長思想。

（三）陰陽說與五行說調合時機蠡測

鄒衍之生平，以史記敘之最詳，謂：

是以騶子重於齊。適梁，惠王郊迎執賓主之禮。適趙，平原君側行
襒席。如燕，昭王擁彗先驅。……作主運。[註12]

蓋其術怪，故「王侯大人，初見其術，懼然顧化，其後不能行之」。（同上引）當時可謂極盛，然身滅而術窘，今日幾已不可考見。王師夢鷗曰：

……而鄒衍可能與樂毅同時因「反間」而下獄至死，但他竟無所逃
命，故天下共笑之，諱言其術。我們認為秦漢間人（連及大儒董仲
舒）竊據其遺說而又掩其姓名，完全是出於這種「諱言其術」的風
氣。[註13]

足見鄒衍之術，除史記所謂陰陽消息，終始大聖與大九州等論外，唯有從後代零碎之記載中推測之。梁啟超氏以為陰陽五行說創於燕齊之士，而鄒衍乃其負責人。王師夢鷗以為不然，曰：

〔註12〕見《史記·孟子荀卿列傳》。
〔註13〕同註9。

> 我們認爲鄒衍之最大的創說：是把古已有之「陰陽」與「五行」兩
> 種觀念合而爲一，使它成宇宙諸現象的原動力。在他一生至少寫過
> 兩部書：一是小型的，五行之一年一周的終始；一是大型的，五行
> 之從天地剖判以來一朝一代的終始。前者是王居明堂而行的時令，
> 後者是受命而帝的制度。〔註14〕

且以爲陰陽五行說嗣後傳於燕齊方士，而各自發展。

　　余以爲二者皆有可商榷之處。依本文論五行說與陰陽說之發展，五行說
起源本早，而與陰陽說建立關係亦不能晚於春秋末期；即陰陽與五行，皆與
氣候觀測密不可分，曆法愈進步，而陰陽五行愈融合。初，五行之生勝，不
過在其所宜，不成系統也。至戰國時期，漸有倡「五行相勝」者（如《墨子》
所非），《管子》書中並有類「月令」之調配，然猶未圓融。整理零雜之陰陽
五行說，使之成相生（說月令者）、相勝（論帝德者）二系統，而能令時人信
服者，則鄒衍是也。

　　今欲探明鄒子學說究爲如何，首由《史記》考之：

> 乃深觀陰陽消息，而作怪迂之變，終始大聖之篇，十餘萬言。……
> 稱引天地剖判以來，五德轉移，治各有宜，而符應若茲。……作主
> 運。（《史記·孟子荀卿列傳第十四》，《史記會注考證》頁 920。）

共有三論點：（一）爲終始大聖之篇，與陰陽消息有密切關係。（二）言五德
轉移者。（三）作主運。第一項尚易瞭解，後二項未知所以然。今考《史記·
集解》兩引如淳語曰：

> 今其書有五德終始，五德各以所勝爲行。

> 今其書有主運。五行相次轉用事，隨方面爲服。

則五德終始，即五德轉移與終始大聖之同義詞也。而主運似指明堂月令之事。
如此，前者當指帝德說乎？

　　帝德之轉移又當如何？《淮南子·齊俗訓》高誘註引《鄒子》曰：

> 五德之次，從所不勝，故虞土夏木。

《文選》錄〈沈休文安陸昭王碑文〉李善註引《鄒子》則作：

> 五德從所不勝，虞土、夏木、殷金、周火。

《文選·左思魏都賦》註引《七略》曰：

〔註14〕見《鄒衍遺說考》第四節〈五德始終論的構造〉。

> 鄒子終始五德，從所不勝。土德後，木德繼之，金德次之，水德次
> 之，火德次之。

皆謂《鄒子》論五德，以相勝爲義，而用之於世代更迭。《呂氏春秋》成於鄒
衍之後、始皇之時，所載帝德亦屬相勝說而較詳。《呂氏春秋・有始覽・應同
篇》云：

> 二曰：凡帝王者之將興也，天必先見祥乎下民。黃帝之時，天先見
> 大螾大螻，黃帝曰：土氣勝。土氣勝，故其色尚黃，其事則土。及
> 禹之時，天先見草木秋冬不殺，禹曰：木氣勝。木氣勝，故其色尚
> 青，其事則木。及湯之時，天先見金刃生於水，湯曰：金氣勝。金
> 氣勝，故其色尚白，其事則金。及文王之時，天先見火，赤鳥銜丹
> 書集于周社。文王曰：火氣勝。火氣勝，故其色尚赤，其事則火。
> 代火者，必將水，天且先見水氣勝。水氣勝，故其色尚黑，其事則
> 水，水氣至而不知，數備將徙于土。

此文「某氣勝」，謂五行爲氣，又謂「故其色尚某」，推五行具某色、某事，必
在五行與陰陽融合之後，意義逐漸擴大之現象也。然文中「黃帝曰、禹曰」之
類，不可信爲其人之言，歸之戰國以後之思想可也。且「水氣至而不知，數備
將徙於土」一語，又非秦人所當論，疑漢人所僞入。蓋《史記・封禪書》曰：

> 秦始皇既并天下而帝。或曰：黃帝得土德，黃龍地螾見。夏得木德，
> 青龍止於郊，草木暢茂。殷得金德，銀自山溢。周得火德，有赤鳥
> 之符，今秦變周，水德之時。（《史記會注考證》頁 486）

獨缺「將徙於土」此類語，而漢人有持水德者，有持土德者，僵持不下，乃
疑有人於《呂覽》中僞入「將徙於土」之語也。總之，漢初以前之帝德說，
皆當爲相勝體系者也。

　　五行相生之說，以月令時序終始爲本，所謂小終始是也。《呂氏春秋・十
二月紀》已取五行配合四時與「季夏」，於時序已較確然，此必鄒子經深考之
後，復參以「土以輔四時」、「土居中央」之意，整理而成。其取材底於《尚
書・堯典》四仲之文，又法《周書・周月篇》，並蒐羅歷來論氣候、曆法、陰
陽、五行等雜說，構成如十二月紀之內容。

　　鄒子之術已無留傳，一般論陰陽五行者，鮮謂鄒子作相生說，然《呂覽》、
《淮南子》、《春秋繁露》之相生系統不能憑空捏造，或爲鄒子遺說也，故析
理十二月紀文，以揣測之：

1. 四時解爲十二月，以五行分主之，土則主季夏，居一年之中。
2. 十二月各有星躔與晨昏中天之觀測。
3. 十干分配於十二月，每三月二干一組，季夏別爲一組。
4. 帝號神名亦三月一組，季夏自爲一組。
5. 祭祀逐月有定法。
6. 氣候與萬物之變，已較先秦諸籍爲詳。
7. 帝王生活，逐月安排之。
8. 政令逐月移易，順逆時令皆有休咎。

此分類極大要，而四時終始之概況，可以此管窺之。

第二節　漢代陰陽五行說之演變

一、帝德系統之變遷

（一）前漢所行屬相勝之五行說

《呂氏春秋・有始覽・應同篇》謂「代火者，必將水」，乃揣測之語，火爲周德，則代周者，將得水德。秦統一中國後，遂有倡秦爲水德者，《史記・封禪書》曰：

> 自齊威、宣之時，騶子之徒論著終始五德之運，及秦帝而齊人奏之，故始皇采用之。（《史記會注考證》頁 487）

又曰：

> 秦始皇既并天下而帝。或曰：「黃帝得土德，黃龍地螾見。夏得木德，青龍止於郊，草木暢茂。殷得金德，銀自山溢。周得火德，有赤鳥之符。今秦變周，水德之時。昔秦文公出獵，獲黑龍，此其水德之瑞。」（《史記會注考證》頁 486）

正與《呂覽》之意同，而所採五行說屬相勝系統，亦可證騶衍之五德終始說當與此相去不遠。

漢興，天下初定，不遑詳議帝德之事，《史記・歷書》曰：

> 漢興，高祖曰：『北畤待我而起』，亦自以爲獲水德之瑞。雖明習曆及張蒼等，咸以爲然。是時天下初定，方綱紀大基，高后女主皆未遑，故襲秦正朔服色。（《史記會注考證》頁 446）

既謂北時待高祖而起，又謂襲秦正朔服色；前者似有相代勝之義，後者則有相承之意，本應相矛盾。顧頡剛氏論之曰：

> 這件事可以作兩種解釋：其一，是承認秦爲水德，也承認漢爲水德，兩代的水德不妨並存。其二，承認漢爲水德，但以爲漢是直接繼周的，不承認秦占有五德之運，其理由是秦的年代太短。〔註15〕

除此之外，高祖之不學無術，可略見於史載，而陰陽五行說既經騶衍組織，其內容深奧，自非高祖所能盡知。高祖即以其所知皮毛，自謂「北時待我而起」，既不能瞭解陰陽五行說之義，自然不得不襲秦正朔服色，蓋帝國草創，隨取其便，要亦一因。

總之，漢初襲秦之制，自以爲水德，至文帝初年猶然。賈誼則起異說。《史記·屈原·賈生列傳》曰：

> 賈生以爲漢興至孝文二十餘年，天下和洽而固，當改正朔，易服色，法制度，定官名，興禮樂。乃悉草具其事儀法，色尚黃，數用五，爲官名，悉更秦之法。（《史記會注考證》頁 988）

然絳、灌、東陽侯馮敬等害之，間於文帝，而議遂寢。文帝十四年，公孫臣又推終始傳，繼賈生倡土德之事，而丞相張蒼非之，又罷。文帝十五年，黃龍見成紀，天子復召公孫臣，申明土德事。新垣平又以望氣之術推波，於是始更以十七年爲元年，土德之制已可確立，又以新垣平作亂而廢。

武帝初年，搢紳之屬皆望天子封禪改正度（見〈封禪書〉），而以趙綰、王臧爲首。未幾，又見扼於竇太后。洎高祖自以爲水德，至武帝初年，可見議論皆尊土德，而議者非飽學之儒，即論陰陽之術士。凡此皆各有專長，而能持騶衍之術者，一皆以土德歸於漢。亦可爲鄒衍學說之佐證也。

武帝年間，董仲舒以儒者始推陰陽，所著《蕃（繁）露》，今人集雜文，與之並稱《春秋繁露》。書中申明陰陽五行之事，而史謂：

> 爲江都相，以春秋災異之變，推陰陽所以錯行，故求雨，閉諸陽，縱諸陰。其止雨，反是。行之一國，未嘗不得所欲。（《史記·儒林傳》，《史記會注考證》頁 1259）

可見董氏時，陰陽五行已趨於災異一途，原以星曆之常態爲據，至此，轉而論非常之事。故元封元年，有「報德星」（見《漢書·郊祀志》）之事，指塡星爲德星，正以色黃爲尚，似與倡土德諸議相符。前此，元鼎四年，有「黃

〔註15〕見顧頡剛撰〈五德終始說下的政治和歷史〉。

雲蓋焉」；元鼎五年，有「黃氣上屬天」（均見〈郊祀志〉），土德之說，乃益
盛。

　　異象者，所謂徵候耳，猶不能據以改德。陰陽五行說之所據，實以星曆
爲主，欲改制，乃不得不於星曆求之。武帝元封七年，司馬遷等議造新曆，
改正朔（具見《漢書‧律曆志》，《史記‧曆書》），以元封七年爲太初元年，
年名焉逢攝提格，月名畢聚，日得甲子，夜半朔旦冬至，日月如合璧，五星
如連珠（見同上）。凡此，天象皆合，適於改正朔，《漢書‧武帝紀》曰：

> 太初元年……夏五月，正曆，以正月爲歲首。色上黃，數用五，定
> 官名，協音律。

至此，土德之制乃付諸施行。由《呂覽‧應同篇》、《史記》、《漢書》，乃至《春
秋繁露》，載相勝之系統者，皆確然如一，而論帝德者，莫不遵之，無異說焉。
然則陰陽五行說以星曆爲本者，實正統也。

　　自劉歆三統曆引《世經》文出，帝德系統爲之一變，原爲相勝之帝德，《世
經》易爲相生，而居於五德之帝王名，亦更改或增益。顧頡剛氏謂「此書頗有
亦出於劉歆的可能。話說得寬一點，此書也有出於劉歆的學派的可能。」[註16]
無論其僞作與否，自《世經》出，世人已能接納。至王莽篡位，即以《世經》
爲藍圖。

（二）劉歆、王莽時之帝德系統

據《史記》、《呂覽》之五德終始次序爲：

黃帝	夏	殷	周	秦	漢
土	木	金	火	水	土

而劉歆三統曆引用《世經》系統如下：

帝德／帝號	第一循環	第二循環	第三循環
木	1. 大皥伏羲氏	6. 帝嚳高辛氏	11. 周
閏水	（共工）	（帝摯）	（秦）
火	2. 炎帝神農氏	7. 帝堯陶唐氏	12. 漢
土	3. 黃帝軒轅氏	8. 帝舜有虞氏	（13. 新）
金	4. 少皥金天氏	9. 伯禹夏后氏	
水	5. 顓頊高陽氏	10. 商	

[註16] 仝前註。

此正符於《春秋繁露・五行之義篇》之相生系統：

> 天有五行：………木生火，火生土，土生金，金生水，水生木，此
> 其父子也。

亦即《呂覽・十二月紀》、《禮記・月令》、《淮南子・時則訓》四時終始之序。唯增一「閏水」，并於黃帝之前或後增置數帝，恰可自成一系統。

《世經》雖更造不少史傳，然於黃帝為土德之事實，則不敢更造。更以黃帝為一據點，復配以秦所居之水，〔註17〕而令《呂氏春秋・有始覽・應同篇》之五帝德，大為更動。

由秦漢與先秦諸籍歸結，本當（一）以相勝論帝德，（二）以相生論時令。而《世經》恰與此相悖，近人謂其偽造，或當不免。其偽作之法，即見相勝之說已行於世，而漢武帝又以土德自居，如不予徹底改造，將難以改竄，何不取論時令之相生系統為據，另造史實以組合之，故有《世經》此書之見世。

漢室既衰，王莽乃藉《世經》之義，以為漢為堯後，〔註18〕依《世本》，火德將終，土德繼之。王莽又藉種種符瑞，因而自立為帝，於三統說〔註19〕居於白統，於五德說中居土德。相生之帝德說于此施行。

（三）後漢帝德說之紊亂

《世經》既見信於王莽之時，百姓頗受其影響。光武中興漢室，自以為火德，亦《世經》之思想也。《後漢書・光武帝紀》謂：

> （建武）二年正月……壬子起高廟，建社稷於洛陽，立郊兆于城南，
> 始正火德，色尚赤。

如以正統之陰陽五行說（相勝說）而言，漢當為土德，且武帝已居土德；然相勝說既經王莽、劉歆等造說破壞，相生之帝德論充斥一時，同時又改竄史書，已令天下咸以「漢為堯後，所得赤統」之相生系統為正統思想。光武雖儒者，猶不能不順之以立帝統。

然光武逐鹿中原之同時，又有公孫述者，持金德以王於蜀，《後漢書・隗囂、公孫述列傳第三》公孫述引《讖記》曰：

〔註17〕史料載始皇自居水德，《世經》雖不欲承認其為水德，然不能不認其與水德有關，故特立為閏水。
〔註18〕所據當為眭弘之言，見《漢書・眭弘傳》。
〔註19〕詳見顧頡剛撰〈五德終始說下的政治和歷史〉。

《援神契》曰：西太守乙卯金。謂西太守而乙絕卯金也；五德之運，

黃承赤而白繼黃，金據西方爲白德，而代王氏，得其正序。

以金德代王莽之土德，土生金者，亦相生之體系也。至班彪父子論著《漢書》，亦以漢居火德，《後漢書・班彪列傳》曰：

彪既疾囂言，又傷時方艱，乃著〈王命論〉，以爲漢德承堯，有靈命

之符。

固以爲漢紹堯運，以建帝業。

漢末耿包密白袁紹曰：

赤德衰盡，袁爲黃胤，宜順天意。

袁術自以出於陳爲舜後，亦當以黃代赤。李休謂赤氣久衰，黃家當興，欲使張魯舉號（見《三國志・魏志・曹爽傳》注引《魏略》）。魏之興也，以黃龍見讖爲瑞（見《後漢書・方術傳》及《三國志・魏志・文帝紀》）。群臣勸蜀先主稱尊號，亦曰黃龍見武陽。漢末舉事者，多認定漢爲火德，而從相生之說，以爲火德衰，繼之者必爲土德，故多自居土德。

　　然亦有主相勝之說者，王充倡之（見《論衡・驗符篇》）。沖帝永嘉元年，歷陽賊華孟自稱黑帝（見《後漢書・沖帝本紀》及《滕撫傳》），是自居水德，蓋以水剋火。故帝德終始之論已趨紊亂，漢以後皆以所需，隨時制宜，難以理析也。

二、月令系統之運用

　　言月令者，今可由《呂氏春秋・十二月紀》、《禮記・月令》，《王居明堂禮》、今《月令》、《淮南子・時則訓》、《逸周書・時訓解》、《大戴記・夏小正篇》，互相考見。其中有五行及干支以配合十二月者，唯《呂氏春秋・十二月紀》、《禮記・月令》、《淮南子・時則訓》。然此數篇可歸納其特性爲二：

　　（一）或依四時，或依十二月，分述佈政之舉措，并論順逆氣候與政法
　　　　　之吉凶，可謂乃一國之施政方針。

　　（二）依四時十二月訂定人主之起居作息，此即後世所謂明堂之制也。
　　　　　而陰陽五行說所欲解決者，即此二者，後又因帝王之需求，即取
　　　　　材於史料，而作帝運之篇。其實，可謂皆干祿之具也。

　　有漢初興，百官多以武得貴，文人鮮能見用；而陰陽五行說既經鄒衍倡導，能通曉者，蓋難得焉。故漢初百年，陰陽五行說可謂式微。《史記・儒林

傳》曰：

> 孝惠、呂后時，亦未暇遑庠序之事也，公卿皆武力有功之臣，孝文
> 時頗徵用。然孝文帝本好刑名之言。及至孝景，不任儒者，而竇太
> 后又好黃老之術，故諸博士具官待問，未有進者。及今上即位，趙
> 綰、王臧之屬，明儒學，而上亦鄉之。（《史記會注考證》頁 1254）

武帝既心鄉儒學，又為一世雄主。鄒子之術，亦儒者之言，更以本為王者設
計，不旋踵，陰陽五行之說，乃多為漢儒所引用，《漢書·五行志》曰：

> 漢興，承秦滅學之後，景武之世，董仲舒治公羊春秋，始推陰陽，
> 為儒者宗。

今由《春秋繁露》文中，蓋可考見其思想。又如淮南王亦見信於武帝，所編
《淮南子》一書，亦不乏陰陽五行思想。儒者既多倡陰陽，而明堂、施政之
思想，乃逐漸影響於人心。觀當時論政，屢引災異而說以陰陽，是其證也。
又《史記·儒林列傳》謂武帝時：

> 綰、臧請太子，欲立明堂以朝諸侯，不能就其事，乃言師申公。（《史
> 記會注考證》頁 1256）

申公謂「為政不在多言」，而趙綰、王臧又因事自殺，明堂事暫廢。元封元年，
武帝封禪泰山，欲治明堂，〈封禪書〉曰：

> 濟南人公玉帶上黃帝時明堂圖，明堂圖中有一殿，四面無壁，以茅
> 蓋。通水圜宮垣，為複道。上有樓，從西南入，命曰昆侖。天子從
> 之入，以拜祠上帝焉。於是上令奉高作明堂汶上，如帶圖。（《史記
> 會注考證》頁 502）

二年秋作明堂，至元封五年，乃正式祠太一五帝於明堂上坐。此明堂不過祠
神，與隨方為服，四時佈政之理論，究不相同。至宣帝，魏相采議立四時之
官以佈政，天子亦不居明堂，至蔡邕集《明堂論》，不過學說自學說，實際又
自實際耳。此漢代明堂施行之概況。

　　至於明堂之作用，本非為一人起居而設，如《禮記·外傳》曰：

> 明堂，古者天子布政之宮……黃帝享百神於明廷是也。

已有布政，享神二作用，至鄒衍反拘於王者起居者，亦不過干祿位，合君心
耳。至於蔡邕論明堂之作用，可歸為：

> 一為布政行令之機要處，二為供祀祖先及天神的廟，三為賞功賜爵
> 的禮堂，四為天子賜宴的餐廳，五為幼稚園及小學校，六為接待外

賓的接待室，七爲高等考試的試場。〔註20〕

月令中確實影響漢人，致百世之後猶不滅者，實在於其依氣候、星象以論人事及時政之思想。明堂制度乃作用最少者也。漢代陰陽五行說之發展，可概分爲三途：

（一）政治上之運用。

（二）學術上之運用。

（三）流注於民俗，爲民間信仰之一源。

三、災異說之孳蔓

政治上，漢人好言災異，及以讖緯作爲政爭工具者，殆由陰陽五行說所出。《呂氏春秋》、《淮南子》所載陰陽五行說，蓋可視爲近鄒子思想。鄒子精擅天文，故《月令》中首以星躔定月份，所列皆經常不變之天象，如《呂氏春秋・孟春紀》云：

> 孟春之月，日在營室，昏參中，旦尾中。……東風解凍，蟄蟲始振。
> 魚上冰。獺祭魚，候雁北。

前者可謂星象學，後者可謂博物學。博物學必自觀察自然變化來，能解氣候與生態之關係，即曆家必備條件之一，故《史記》謂鄒子「深觀於陰陽消息」，當不假也。復觀〈孟春紀〉云：

> 孟春行夏令，則風雨不時，草木早槁，國乃有恐。行秋令，則民大
> 疫，疾風暴雨數至，藜莠蓬蒿竝興。行冬令，則水潦爲敗，霜雪大
> 摯，首種不入。

推之十二月皆有此類之文，其實皆陰陽家論農政舉措之辭，已爲災異說之濫觴。而漢代災異說，非祇天象而已，舉凡一切怪異之事，皆以陰陽說解之，一皆歸於時政之良否。讖緯者，託之於經史雜文，以預卜推驗爲能，與鄒氏之以常律推上下古今，乃出發點不同，手法如出一轍，怪迂之處皆足駭人。

災異讖緯於盛世，正足以助人主以矜誇，人臣於變異，亦不得不傅會以爲祥瑞。及衰世，雖盛世之祥瑞，亦可落於災咎。歸其因，盛世所以希求人主，衰世所以戒告人君，皆逐其政治企圖耳。

董仲舒以陰陽說春秋，幾囚死於其書（《史記・儒林傳》），王莽以圖讖自

〔註20〕見《鄒衍遺說考》所分析。

詔，即篡而爲皇帝（《漢書・王莽傳》）。漢丞相之任免，或緣於當時之災異，而君主亦有下詔自責者。〔註21〕其影響人心，至爲深宏。今欲考見其實，《兩漢書・五行志》最詳，而學者亦多論之。張衡論圖讖之虛曰：

> 臣聞聖人，明審律曆，以定吉凶，重之以卜筮，雜之以九宮，經天驗道，本盡於此。或觀星辰逆順，寒燠所由，或察龜策之占，巫覡之言，其所因者，非一術也。立言於前，有徵於後，故智者貴焉，謂之讖書。

於圖讖之來源，解說極詳，而譏之爲「不占之書」，並謂：

> 一卷之書，互異數事，徒采前世成事，至於永建復統，則不能知。
> 又言別有益州，益州之置，在於漢世。

可謂破其表裡。然至今千餘載，世人猶好說之，豈不異哉！

漢代學術，莫不與陰陽五行說結緣，其中以儒家最甚。《漢書・五行志》載之甚明，謂：

> 是以攬仲舒，別向、歆，傳載眭孟、夏侯勝、京房、谷永、李尋之徒所陳行事，訖於王莽，舉十二世，以傳春秋，著於篇。

志中論五行者皆上列儒者之言，故謂述陰陽五行大義者，本於儒家。舉凡經緯書籍，莫不雜入其說。漢代諸子書中，亦偶能得之，如揚雄《太玄》中論二方、九州，蓋本諸鄒衍大九州之說。如《太玄・玄攡》：

> 晝以好之，夜以醜之，一晝一夜，陰陽分索，夜道極陰，晝道極陽………是故日動而東，天動而西，天日錯行，陰陽更巡，死生相樛，萬物乃纏。

蓋本諸主運與終始之義。《論衡・命義篇》謂：「譬猶水火相更也。水盛勝火，火盛勝水。」又如《論衡・物勢篇》謂：「天自當以一行氣生萬物，令之相親愛，不當令五行之氣反使相賊害也。」班固《白虎通・五行篇》與《春秋繁露》之論五行相勝，其五行之義，莫不與陰陽五行說相及。

言醫學者，則《內經》（疑爲漢人所作）、張機之《傷寒論》、《金匱要略》，與《素問・難經》，皆以陰陽五行說五行配五臟之法爲依據，而闡揚發展。今之論中醫者，不可不知陰陽之理。言軍事者，亦因望氣之術與五行之性，論其兵法。言天文者，則漸趨實際，亦可見殘存之跡。漢代學術可依類求之。

民俗之迷信災異者，史書中累牘皆是，尤其以〈五行傳〉最詳。如《漢

〔註21〕見孫廣德撰《先秦兩漢陰陽五行說的政治思想》第五章、災祥與政治責任。

書・五行傳》曰：

> 哀帝正平四年四月，民驚走，持稾或椒一枚，傳相付與，曰行詔籌。
> 道中相過逢多至千數，或被髮徒踐，或夜折關，或踰牆入，或乘車
> 騎奔馳，以置驛傳行，經歷郡國二十六，至京師。其夏，京師郡國
> 民眾會里巷阡陌，設張博具，歌舞祠西王母。又傳書曰：「母告百姓，
> 佩此書者不死。不信我言，視門樞下，當有白髮。」至秋止。

陰陽五行說既本諸觀察天象與氣候，漢人又以之論政治良窳，於是逐漸偏於
以論異象為主。論常象者，則天文學之職責，於無法解釋之現象，乃聽任天
文旁支，所謂陰陽家者，依時義解之。繼而甚至非曆象之怪異，亦為陰陽五
行說之範圍，於是怪說儻起，民間之非政治性事件，亦為論政之資。此風一
盛，民間相為起而傚尤，愈入於迷信之地矣。雖王充之究理斥虛，亦不能免
之。其《論衡・吉驗篇》曰：

> 凡人稟貴命於天，必有吉驗見於地，見於地，故有天命也。驗見非
> 一：或以人物，或以禎祥，或以光氣。………若高祖、光武者，曷
> 嘗無天人神怪光顯之驗乎！

學人猶如此，何況百姓之無知者。復觀《呂氏春秋・有始覽》所謂「陰陽材
物之精，人民禽獸之所安平」，至董仲舒對策所謂「國家將有失道之敗，而天
乃先出災害以譴告之，不知自省，又出怪異以警懼之，尚不知變，而傷敗乃
至。」〔註22〕此言欲令人君懼災異也。又至哀帝建平四年，民祠西王母事，
杜鄴對曰：

> 春秋災異，以指象為言語，籌，所以紀數。民，陰，水類也。（《後
> 漢書・杜鄴傳》）

以民間信仰為災異，上位者論之如此，積久，下民亦鄉風焉。

〔註22〕見《漢書・董仲舒傳》。

第四章　漢代天文學與陰陽五行說之發展與特質

第一節　二者發展過程中之關係

一、漢初之古代天文學胥賴陰陽五行說以傳

　　《後漢書・天文志》謂「秦燔詩書，以愚百姓，六經典籍，殘爲灰炭，星官之書，全而不毀。」則漢初之天文學資料，理應不在少數。而考察武帝之前，曆法散佚，天文理論不彰，儀器除晷儀，其餘皆闕如，唯星圖說明存于《史記・天官書》耳（天圖亦失）。《漢書・律曆志》云：

> 漢興，方綱紀大基，庶事草創，襲秦正朔。以北平侯張蒼言，用顓頊曆，比於六曆，疏闊中最爲微近。然正朔服色，未覩其眞，而朔晦月見，弦望滿虧，多非是。

雖《史記・歷書》謂「張蒼亦習律歷」，《史記・孝文帝紀》亦曰：

> 是時北平侯張蒼爲丞相，方明律歷，……丞相推以爲今水德始明，正十月，上黑事。

然觀上文謂「正朔服色，未覩其眞」，是其所習，未能符實；又蒼以十月建正爲是，亦不符當時節氣。《史記・歷書》謂武帝時落下閎「運算轉歷，然後日辰之度，與夏正同」。夏正者建於寅，迺秦曆建正於亥，必秦正不便於用，而夏正可符新度也。是以司馬遷等言「曆紀壞廢，宜改正朔」，必爲此因也。

　　又《史記・歷書》謂：

> 幽、厲以後，周室微，陪臣執政，史不記時，君不告朔。故疇人子

弟分散，或在諸夏，或在夷狄，是以其機祥廢而不統。……其後戰
國竝爭，在於彊國禽敵，救急解紛而已。(《史記會注考證》頁 445)
可見當時非但曆紀散亂，而習曆之疇人亦無常居，明習曆者，勢將轉寡。秦
初滅六國，亦不暇推明，自以爲水德，建正於十月，所採即五德終始之說也。
至漢高帝亦自以爲獲水德，雖明習曆及張蒼等，咸以爲然（語在《史記・歷
書》）。漢既襲秦正朔，本可謂行陰陽五行之理論，張蒼等以爲然，即認同陰
陽家之曆法也。以此推之，豈張蒼等眞通曆法哉？比經喪亂，復爲陰陽家改
篡，當時流行，必陰陽家色彩極濃之曆法也。故太史公議造新曆，武帝「廣
延宣問，以考星度，未能讎也。」(《漢書・律曆志》)

　　既知所謂明習曆者，不過平庸無術，所習知復爲陰陽家者曆，迄武帝止，
迺未能令律曆得正，星步合度。觀六曆中，唯顓頊曆行於漢初，然史料不存。
《史記》但述六曆更迭，未述曆則；復考於《漢書・律曆志》：

　　　　古曆遭戰國及秦而亡，漢存六曆雖詳於〈五紀論〉，皆秦漢之際假託
　　　　爲之。

劉宋祖沖之〈曆議〉曰：

　　　　周漢之際，疇人喪業，曲技競設，圖緯實繁。或借號帝王以崇其大，
　　　　或假名聖賢以神其說，是以讖記多虛，桓譚知其矯妄，古曆舛雜，
　　　　杜預疑其非眞。……古術之作，皆在漢初周末，理不得遠。〔註1〕

又言「古之六曆，皆同四分」。六曆法則已如二章所論，確與四分無貳，唯「上
元」不同耳，殆可疑爲漢代僞文。

　　且漢初雖行顓頊曆，而正朔不符，如唐僧一行《大衍曆議》曰：

　　　　顓頊上元甲寅歲正月甲寅晨初合朔立春，七曜皆直艮維之首。……
　　　　其後呂不韋得之以爲秦法。〔註2〕

此一行所推，以顓頊曆之立春建正於寅；而秦建正於十月，是建亥也。然則
秦已改顓頊曆而漢初沿用，六曆未知其實，武帝前曆法之缺亂如此。

　　又考《淮南子・天文訓》，率陰陽家語，多裁自《呂覽》，如律呂、九野、
二十八宿等。文中夾有一部分曆法，如一紀爲七十六年，二十紀爲一大終，
日月五星之行度，閏年之原因等。與漢曆相校，雖簡易而已爲漢曆先聲。如
一紀，三統謂之一蔀；十九年七閏，漢曆皆同。凡此，可見編述〈天文訓〉

<hr/>

〔註1〕見《宋書・律曆志》。
〔註2〕見《唐書・律曆志・一行大衍曆議・七日度議》。

者之精於曆法。而其通篇思想，亦以陰陽消息爲重，如：

> 故日距冬至四十六日而立春，陽氣凍解，音比南呂。
>
> 日冬至則斗北中繩。陰氣極，陽氣萌，故曰冬至爲德。(《淮南子・
> 天文訓》)

直與《呂氏春秋・十二月紀》上合，幾可斷言，此必陰陽五行說之一支也。又《淮南子・時則訓》之十二月令，亦不脫此類思想。由此可知《淮南子》所存之天文、曆法資料，賴陰陽說以傳也。

另外，由漢初論曆者之思想言之，皆與陰陽五行有關。如高祖自以爲水德，而明習曆者張蒼等然之。如文帝時魯人公孫臣上言曰：

> 推〈終始傳〉，則漢當土德，土德之應黃龍見，宜改正朔，易服色，
> 色上黃。(《史記・封禪書》，《史記會注考證》頁 491)

所據乃鄒子學說，至於正朔爲何，未明揭之，臆其非眞知曆者，不過據鄒子學說，妄爲曲說耳。張蒼以爲公孫臣之言非，謂「漢乃水德之始，故河決金隄，其符也。」(《史記・封禪書》)，亦據鄒子之術。至文帝再召公孫臣，與諸生草改曆服色事，亦未詳其說，疑諸生亦無通曉正朔律曆者。

初，議改德之事者，起於賈誼，其傳曰：

> 誼以漢興至孝文二十餘年，天下和洽，宜當改正朔、易服色、法制
> 度、定官名、興禮樂。乃悉草具其事儀法，色尚黃、數用五、爲官
> 名，悉更秦之法。(《史記・屈原賈生列傳》，《史記會注考證》頁 988)

賈誼〈鵩鳥賦〉亦曰：

> 水激則旱兮，矢激則遠，萬物廻薄兮，震蕩相轉。……且夫天地爲
> 鑪兮，造化爲工；陰陽爲炭兮，萬物爲銅。合散消息兮，安有常則？
> (見《文選》頁 203)

其所建議改正朔而不詳，草具儀法，又襲五德終始說，思想復承自《呂覽》「陰陽爭，諸生蕩」之義，與鄒子「散消息之分」其意相合。足見賈生亦未必通曆，後亦不見用。

括而論之，漢興至武帝，論改正朔者，或稱明習曆而非也，或大儒而實陰陽家者流也。曆法亦未存於疏論之中，亦無傳於叢籍，故可謂漢初未有眞知曆法者。所行六曆，又多漢人僞託古制之作。《淮南子・天文訓》、〈時則訓〉稍具規模，亦多襲自《呂氏春秋》。故謂「漢初所承古代天文學，端賴陰陽五行說以傳也。」

二、武帝時之天文學因陰陽五行說而興

（一）武帝之敬鬼神與陰陽五行說之泛濫

漢武帝之一生，幾專力於求長生。故《史記》述其一生，雖未睹其終，而史遷已詳神仙之不效，似譏武帝之執迷也。今由〈孝武本紀〉中可見大概：

> 孝武皇帝初即位，尤敬鬼神之祀。（《史記會注考證》頁 204）

後又尊禮李少君，李少君以卻老之方說之曰：

> 祠竈則致物，致物而丹沙可化爲黃金。黃金成，以爲飲食器，則益壽。益壽而海中蓬萊僊者可見，見之以封禪則不死，黃帝是也。（同前引，頁 205）

此類敍述，純爲方士之言。自鄒子主運與終始五德之說出，海上燕齊之士多竊而爲迂怪之論。今李少君所言黃帝不死之事，殆方士間互傳之說，欲令人迷惑而信其道耳，武帝亦頗信其說。及少君死，上以爲化去，故言神仙者乘機興起。人有上書言：

> 古者天子常以春秋解祠，祠黃帝用一梟破鏡，冥羊用羊，……陰陽使者以一牛。（同前引，頁 206）

又祠此「陰陽使者」，陰陽五行說乃成宗教信仰矣。公孫卿亦曰：

> 黃帝得寶鼎神筴。是歲己酉朔旦冬至，得天之紀。終而復始。於是黃帝迎日推筴，後率二十歲，得朔旦冬至，凡二十推，三百八十年，黃帝僊登于天。（同前引，頁 209）

卿引申功之言，推波助瀾，稱引其事曰：

> 黃帝採首山銅，鑄鼎於荊山下。鼎既成，有龍垂胡䫇，下迎黃帝。
> 黃帝上騎，群臣後宮從上龍七十餘人，龍乃上去。餘小臣不得上，
> 乃悉持龍䫇，龍䫇拔，墮黃帝之弓。（同前引，頁 210）

繪影形聲，而武帝羨歎曰：「嗟乎！吾誠得如黃帝，吾視去妻子，如脫躧耳。」析言之，鄒子之五德終始既經秦自居爲水，漢人之習五德者，推終原始，漢當得土德以剋之，已爲一般公認。於是方士更推鄒子黃帝之傳說，渲染爲神仙之人，既符於土德之運，復能發揮燕齊方士之幻想，歷史人物逐漸增加，甚而皆渲染爲神仙。〔註3〕

武帝既欲封禪，又得寶鼎，乃與公卿諸生議封禪，《史記・孝武本紀》曰：

〔註3〕詳情可參考顧頡剛撰〈五德終始說下的政治和歷史之（八）〉。

封禪用希，曠絕莫知其儀禮。而群儒采封禪尚書周官王制之望祀射
牛事。……上於是令諸儒習射牛，草封禪儀數年。（《史記會注考證》
頁211）

初，欲改正朔、封禪，皆儒者所倡，〈孝武本紀〉又曰：

元年，漢興已六十餘歲矣！天下乂安，薦紳之屬，皆望天子封禪改
正度也。而上鄉儒術，招賢良。趙綰、王臧等，以文學爲公卿，欲
議古立明堂城南，以朝諸侯，草巡狩封禪改曆服色事，未就。（同前
引，頁204）

巡狩古有之，儀典或因戰亂而毀散；封禪爲傳說，始皇未就，儒者鮮聞。改
曆又非陰陽五行家知皮毛者所能爲，服色亦陰陽說之禁臠，實非當時儒者之
力所及也，故經久不決。武帝乃絀儒者，離方士。

雖然多不能決，卒登泰山，以祭后土之禮封禪，然正朔未得，殊爲憾事。
反是，望氣、史官之屬則爲改德聲援：

（元鼎元年）十一月辛巳朔旦冬至，昧爽天子始郊，……是夜有美
光，及晝黃氣上屬天。太史公、祠官寬舒等曰：神靈之休，祐福兆
祥。宜因此地光域，立泰畤壇以明應。（《史記・孝武本紀》，《史記
會注考證》頁211）

入海求蓬萊者，言蓬萊不遠而不能至者，殆不見其氣。上乃遣望氣
佐候其氣云。（同上引，頁209）

此皆曉習天文、陰陽之士，猶不能於正朔有一二建樹，曆法之散佚如此其甚。

（二）改正朔之始末

陰陽五行說之充斥如此，帝德又已定論，豈能不定正朔、修曆法，否則
改制不得其實也。夫改正朔者，順時令也。時令順而農事興，而國豐泰，而
政平和，此蓋陰陽家之思想，本於羲和之旨。故太史公以爲：

正不率天，又不由人，則凡事易壞而難成矣！……堯復遂重、黎之後
不忘舊者，使復典之。而立羲和之官，明時正度，則陰陽調，風雨節，
茂氣至，民無夭疫。（《史記・曆書》，《史記會注考證》頁444、445）

立政之基，在於正曆，其此之謂乎！

漢興百二歲，大中大夫公孫卿、壺遂、太史令司馬遷等言「曆紀壞廢，
宜改正朔」。武帝乃詔兒寬與博士共議，寬與博士賜曰「推傳序文，則今夏時

也。臣等聞學褊陋，不能明。」(《漢書‧律曆志》)寬等雖明經，而無疇人之學，奈何能明？然推爲夏時，與議定後之漢曆合，可謂不失舊典。上又詔御史，廣延宣問，令公孫卿、壺遂、司馬遷，與侍郎尊、大典星射姓等，議造新曆，其法爲：

> 定東西，立晷儀，下漏刻，以追二十八宿相距於四方，舉終以定朔晦分至，躔離弦望。乃以前曆上元泰初四千六百一十七歲，至於元封七年，復得閼逢攝提格之歲，中冬十一月甲子朔旦冬至，日月在建星，太歲在子，已得太初本星度新正。(《漢書‧律曆志》，頁 975)

此節可分純天文與陰陽五行說二類論之：

1. 定東西，可用幾何法決定，乃理論之應用，見諸《淮南子‧天文訓》。〔註4〕立晷儀，下漏刻，皆實用儀器，以定時刻也。漏刻乃二斗或數斗，互以小孔通之，以水或沙漏之，定時則有定流量，如此以計時也。方位定矣，時刻可測，乃觀天象而志之，可謂純科學之法也。

2. 至於「以前曆上元泰初四千六百一十七歲，至於元封七年，復得閼逢攝提格之歲」一節，則陰陽家所設。蓋以歲星十二歲周天，而命十二歲以歲陽、歲陰之名。稱「閼逢」者，歲陽之首（于十干爲甲），稱「攝提格」者，歲陰之第三名（于十二支爲寅），故歲爲甲寅歲。歲陽者，歲星之正行；歲陰者，假想中歲星運行之對應點也。以干支紀年，本已簡易實用，以歲陰、歲陽名之者，亦陰陽家占星之術語耳。

曆法出，已見當時天文史官之欲求改進，然大典星射姓等奏不能爲算，欲募治曆者，更造密度，各自增減，以造太初曆。足見：一者以當時典星之史官已不能知天數，二者爲當時士儒莫有明習曆算者，三者爲真解曆算者流落民間久矣。故禮失而求諸野，冀尚能補益也，觀所募者雜矣：

> 乃選治曆鄧平及長樂司馬可、酒泉侯宜君、侍郎尊及與民間治曆者，凡二十餘人，方士唐都、巴郡落下閎與焉！都分天部，而閎運算轉曆。(《漢書‧律曆志》)

天部由方士主持，可謂怪矣！然考於戰國時期，秦漢之際，周之史佚、萇弘，宋之子韋，楚之唐蔑，魯之梓慎，鄭之裨竈，魏之石申夫，齊國甘公，皆掌

〔註4〕《淮南子‧天文訓》曰：「正朝夕，先樹一表東方，操一表卻去前表十步以參望，日始出北廉，日直入。又樹一表於東方，因西方之表以參望。日方入北廉，則定東方。兩表之中，與西方之表，則東西之正也。」(見附圖四)

天官，而好占禍福、論讖言。至海上燕齊之士，莫不據此以言迂怪，以方士典天部，實已爲當然也。

落下閎者，或謂其爲疇人，能作渾儀，揚雄《法言》載此事曰：

> 或問渾天。曰：落下閎營之，鮮于妄人度之，耿中丞象之。幾乎！幾乎！莫之能違也。

桓譚《新論》亦曰：

> 揚子雲好天文，問之於洛下閎以渾天之說。閎曰：我少能作其事，但隨尺寸法度，殊不曉達其意，後稍稍益愈，到今七十，乃甫適知已。又老且死矣。今我兒子愛學作之，亦當復年如我，乃曉知，已又且復死焉！其言可悲可笑也。

是其以製作渾儀爲能，乃知其然而不知其所以然之疇人耳。〈律曆志〉又敍落下閎以律起曆，與鄧平同，所作陰陽曆，即以日月行度調配而成。所謂以律起曆，即：

> 律容一龠，積八十一寸，則一日之分也。與長相終。律長九寸，百七十一分而終復。三復而得甲子。夫律陰陽九六，爻象所從出也。故黃鐘紀元氣之謂律，律、法也，莫不取法焉。（《漢書·律曆志》）

強以律度積爲日分，已是不重天象實測之明證。復以易數配之律呂，當爲陰陽家之一旁流。王師夢鷗論八卦與五行之關係曰：

> 至於八卦符號怎樣會混入五行系統，以現存的文獻考之，實出於易〈說卦〉之文。……至於〈說卦〉之文，乃出於漢宣帝時代。……因爲漢宣帝時魏相奏上《易》陰陽月令時，即已把八卦與五行相配列，顯然是漢初《易》學者的作業了。（《鄒衍遺說考·五》）

又言律呂與五行之關係曰：

> 我們懷疑鄒衍的遺說是只用到五行與干支，五音與十二律。

若律呂先已爲鄒子取作陰陽五行說之一環，則易卦爻之配合五行，又當與律呂發生關係。故落下閎之以律起曆，以爻象論曆，可推知爲陰陽五行說之一支也。

經數次波折，終於啓用鄧平曆，以平爲太史丞。太初元年夏，漢改曆，以正月爲歲首，而色上黃。易官名、更印章爲五字，所施行與《呂氏春秋·十二月紀》、《淮南子·時則訓》相合。

自改正朔之始末與內容言之：先是公孫卿（陰陽家之流）、司馬遷等之倡導最力；次又詔儒者論之而無效；又次爲史官、星官共議，復不能爲算；再

募民間治曆者與方士共參，卒定以鄧平曆爲太初曆。而始終不能脫除陰陽五行之思想，更有甚者，治天文曆數，始終由陰陽五行思想所支配也。

解乎此，核之《太史公書》，其〈歷書〉、〈律書〉、〈封禪書〉者已無論矣！至於純言天官之〈天官書〉，亦滿紙星占之言。雖然，此書亦有貢獻於天文學焉：

1. 〈天官書〉存占星之遺策。
2. 星圖解說爲最早而最全之範本。
3. 此書存日月五星之行度動態，已較《淮南子》又進一層。
4. 此書存望氣之術。
5. 月食殘文引發劉歆三統曆月食法之再進化。
6. 占法爲災異說之一大依據。
7. 〈天官書〉之最大特色乃在存留各期陰陽家之遺說。即占星之語，必司星子韋、梓愼、裨竈之屬，所謂占星陰陽家之遺文也。而五星與五行之調和運用者，則鄒子之後，陰陽五行說之門徒所遺也。

總之，武帝時期天文學之興起，實得力於陰陽五行說之推動也。

三、西漢末造災異說之泛濫（天文異象之再利用）

（一）西漢前期災異說之醞釀

災異之說，多從陰陽家之論天文異象來，春秋之時已流行。〔註5〕當時鮮有歸咎於人者，至《呂氏春秋·十二月紀》，逐月言違月令之休咎，然亦止於國人、氣候之災異。

反之，人君之自咎自懼者，亦早有之，如：

> 宋景公之時，熒惑在心。公懼，召子韋而問焉！……公曰：歲，民之命，歲饑，民必死矣！爲人君而欲殺其民以自活也，其誰以我爲君者乎？是寡人之命固已盡矣！（《淮南子·道應訓》）

漢初，此思想亦影響於文帝，二年十一月晦，日又食之。文帝詔曰：

> 人主不德，布政不均，則天示之以菑，以誡不治。乃十一月晦日有食之，適見於天，菑孰大焉。（《史記·孝文本紀》）

後元年三月，又因水旱疾疫而自咎。此類思想，至宣帝本始年間復盛。在此

〔註 5〕 如《左傳·襄公二十八年、三十年》。《左傳·昭公九年、十年》裨竈以歲星所行次而下預言，其餘不勝枚舉。

期間，董仲舒曾以災異說《公羊春秋》，其弟子呂步舒論其書以爲下愚，幾下獄死，自是不敢復言災異。

（二）西漢後期災異說之勃興

武帝既大肆揮霍，國力疲竭，民人勞怨，而從前不以爲意之天文災異，至武帝崩後，一被釋爲警訊，從宣帝起最爲顯著。本始四年夏四月壬寅，或山崩水出，本爲地文之變，而宣帝詔曰：

> 蓋災異者，天地之戒也。……乃者地震北海、琅邪，壞祖宗廟，朕甚懼焉。（《漢書·宣帝本紀》）

自此以後至漢亡，二十餘詔皆有戒懼之詞，而災異之端非一，如水旱、地震、饑、疫、水災、日食、彗、種種異象，其中日食、星孛佔其半數以上。或謂盛世之災異，以文飾而不書；衰世之災異，乃非災而言災。無論如何，天文之受重視，要亦一因，蓋武帝之前，不遵正曆，食非其時，彗而不聞，或不介意，故史書鮮紀。太初曆定，天象昭著，容有異象，誰何不論。如成帝建始三年冬，日食地震同日俱發，谷永待詔公車，對詔曰：

> 厥咎不遠，宜厚求諸身。意陛下志在閨門，未卹政事，不愼舉錯，屬失中與？內寵大盛，女不遵道，嫉妒專上，妨繼嗣與？（《漢書·谷永傳》）

其規諫切骨，而成帝終未怪之。豈天之降警戒？非也。不過人民藉此以自護其說，即以不可解之事爲據，輾轉運用於政治耳（蓋漢人迄未能明日食之因）。或有因災異而免丞相，或有人臣藉之以傾軋異己者。居職從政者，無所不用其極矣。

復觀當時學者，自武帝後儒者當道，而其本質益以變矣。董仲舒以災異陰陽起，而幾不保。劉向治《穀梁春秋》，數其既福，傳以〈洪範〉，與仲舒錯；劉歆治《左氏傳》，其論《春秋》意亦以乖矣！言五行傳，又自不同。及眭孟、夏侯勝、京房、谷永、李尋等，莫非儒者，而以陰陽治學。究其因，以陰陽災異論政已成風尚，西漢主政者亦皆通經之士，通經而不知陰陽，無以干上，儒者之欲圖執政者，莫不習修之也。故皮錫瑞《經學通論》有「論漢初說《易》皆主義理，切人事，不言陰陽術數」一條，舉證歷歷。而對災異說之興起乃曰：

> 後世君尊臣卑，儒臣不敢正言匡君，於是假借天道進諫。以爲仁義之說，人君之所厭聞，而祥異之占，人君之所敬畏，陳言既效，遂

成一代風氣。〔註6〕

陳言既效，豈非干祿之途乎！《漢書·儒林傳》曰：

> 孟喜好自稱譽，得易家候陰陽災變書，詐言師田生且死時枕喜䣛，
> 獨傳喜，諸儒以此燿之。

可見儒者心理之一斑。

　　且儒者論民間災異，亦以陰陽五行說為解。久之，民風亦爭嚮焉！如哀帝建平四年，民間歌舞祠西王母事（見《漢書·五行傳》）。又：

> 哀帝建平中，豫章有男化為女子，嫁為人婦，生一子，長安陳鳳言
> 此陽變為陰，將亡繼嗣，自相生之象。一曰，嫁為人婦生一子者，
> 將復一世乃絕。（《漢書·五行傳》）

此類陰陽說之推衍，愈衍愈熾，竟致民眾之聚祠西王母，數至千人，傳經郡國二十六，豈能不畏之哉！回溯《呂覽》所具初期形態，則不可同日而語。

（三）三統曆之畸形發展

　　天文學興自武帝正曆，至劉歆典領天部，作為三統曆，已有極大進步，約有以下數點可以稱述者：

1. 五行星度再為考正，順行、逆行、留、伏、見，已較《史記·天官書》精詳。
2. 月食週期為百三十五月，月食法亦已推明，較《史記》亦進化。
3. 曆法之通則已有定制。如統母、統術；紀母、紀術等，欲為宇宙動靜作數理之推測，以為天體運動必有某類規律，甚具求知精神。然其中以《易》、律呂、陰陽配合之處，當別觀之。
4. 測定黃道、赤道上二十八宿度數、二十四節氣、與日所躔宿之分度等。借此以利農事作息，其功不小。
5. 《世經者》，首述遠古帝王傳承，姑不論其史實。就其以上元（宇宙初創之時間）至各帝王年數論之，雖未必然。而欲為各朝代推定時距，有益於史料之整理也。

此三統曆之貢獻。反之，其參合迂怪亦以甚矣，茲述論之：

6. 三統曆首定上元一點，實從陰陽五行說而來，即欲求鄒子所論「天地剖判」究為何時，其法以律呂、《易》數互推而得，蓋失之穿鑿，終無

〔註6〕皮錫瑞《經學通論》「論陰陽災變為易之別傳」一則。

法合用，引致後代無謂之爭論。其實，即今日之科學文明，亦但能作假說而已。

7. 曆法之推算，純由陰陽、《易》數、律呂來。如所有統母（年月日之常數）、紀母（行星循環周期之常數）、統術（統母常數之推展運用）、紀術（紀母常數之推用）等之基礎，乃建築于律呂與《易》數。如以黃鐘之長自乘，即初九自乘，而爲日法八十一，遂分一日爲八十一分〔註7〕，此基礎之一。而引《易經‧繫辭上》曰：「天一地二，天三地四，天五地六，天七地八，天九地十。天數五，地數五，五位相得而各有合。天數二十有五，地數三十，凡天地之數五十有五，此所以成變化而行鬼神也。」此又基準之一。以日法與天地之數相參，乃構成統母、紀母諸常數。故其法以書傳虛設之數，地上已定之物（黃鐘），推天際變易不居之象；非先測定天象再于核算，實有失實證精神。

若此，三統曆之科學精神本自有之，而又舉陰陽《易》數之玄虛強行配合之。科學本不容虛假，而玄虛乃借科學成果以宣說，此曆之天文與陰陽術數乃調和無間。若劉歆者，可不謂之畸儒哉？

四、東漢中期天文學之極盛

（一）章帝之獎倡天文學

自太初曆施行百有餘年，而曆稍後於天，朔先於曆。光武以天下初定，未遑考正。明帝永平十二年，待詔張盛、景防、鮑鄴等以四分曆課歲，所課多中。詔令盛、防署弦望月食加時。四分之術，始頗施行，然尚未能分明曆元。

章帝元和二年，太初失天益遠，日、月宿度相覺浸多，而候者皆知冬至日在斗二十一度，未至牽牛五度。帝知其謬錯，遂詔曰：

> 且三、五步驟，優劣殊軌，況乎頑陋，無以克堪，雖欲從之，末由也已。每見圖書，心中恧焉。閒者以來，政治不得，陰陽不和，災異不息，癘疫之氣，流傷於斗，農本不播。夫庶徵休咎，五事之應，咸在朕躬，信有闕矣，將何以補之？（《後漢書‧律曆志》）

以災異咎己，雖慣例，能復考諸圖籍，自審曆法，唯章帝能爾，詔又云：

> 《春秋保乾圖》曰：『三百年斗曆改曆。』史官用太初鄧平術，有餘

〔註7〕孟康曰：分一日爲八十一分，爲三統之本母也（《漢書‧律曆志》注）。

分一，在三百年之域，行度轉差，浸以謬錯。璇璣不正，文象不稽。
冬至之日，日在斗二十一度，而曆以為牽牛中星，先立春一日，則
四分數之立春日也。（同上引）

論天文本之史官，信任之故也。復不拘於讖緯圖書，其明理如此，好學如此，臣下豈敢不戮力考明之。章帝即據史官之議，改行四分曆，則此詔之主旨也。未幾，復因元首十一月當大或當小，論之不決。章帝考之經讖與實象，以為治曆編訢、李梵之主元首月為大，乃穴見，勅毋拘曆已班，天元始起之月當小。後年曆數遂正。永元中，復令史官以九道法候弦望，驗無有差跌。如上所述，天文曆算之講求，一改玄怪思想，而以實測為準，即章帝亦通曉大意焉。

（二）賈逵通曆之論

賈逵者，以通經著稱於明、章、和帝之際。章帝曾使逵問治曆以改曆事宜，而逵亦自有議焉，今理其論，略見其精要：

1. 論日食或在晦，或在朔，天道參差不齊，必有餘，餘又有長短，不可以等齊。故新舊曆不能互通。引《易》曰：「湯武革命，順乎天而應乎人。」明曆數不可貫千萬歲，一家曆法必在三百年之間。故以改曆為順天，非必如帝德論者所謂德不德，因而改正朔、易服色之類。又非如劉歆所謂三統為元，曆始於元之說也（劉氏所起之元必欲三辰璧合，實無此象）。此曆法觀念之革新也。

2. 論日月弦望應以黃道度之，史官多以赤道度之，弦望至差一日以上，輒奏以為變，至以為日卻縮退行，賈逵以為謬矣。曰：「赤道者為中天，去極俱九十度，非日月道也。而以遙準度日月，失其實行故也。……如言黃道有驗，合天，日無前却，弦望不差一日，比用赤道密近，宜施用。」（《後漢書・律曆志》）

3. 論太史待詔張隆以《易》攴知月行多少為妄。逵謂：「梵、統以史官候注考校，月行當有遲疾，不必在牽牛、東井、婁、角之間，又非所謂朓、側匿，乃由月所行道有遠近出入所生，率一月移故所疾處三度，九歲九道一復，凡九章，百七十一歲，復十一月合朔日冬至，合《春秋》、〈三統〉九道終數，可以知合朔、弦、望、月食加時。」（同上引）

以現代科學論之，地月軌道有所謂遠日點、近日點、遠地點、近地點等現象，因軌道非純圓也；又月退行故所每月約一度五分，近十八點六年復回原位，

乃交點退行之現象。〔註8〕賈逵雖測之不精，原理不明，而觀測仔細，斥退《易》數，實精敏之至。

（三）張衡之精思巧作

張衡生年較逵爲後，星曆測定已有長足進步，衡爲之闡揚發明，論述製作，導致漢代天文學達於顛峯。衡自幼善屬文，亦通五經，詳天文、陰陽、曆算。好揚雄《玄經》，以爲窮極道術。後遷太史令，乃研覈陰陽，妙盡璇璣之正。作〈渾天儀〉、著〈靈憲〉、〈算罔論〉，言甚詳明。順帝陽嘉元年，復造候風地動儀，驗之於隴西地震，時人皆服。

衡雖精陰陽，而退圖讖事，謂：

> 一卷之書，互異數事，聖人之言，孰無若是，殆必虛僞之徒以要世取資。往者侍中賈逵摘讖互異三十餘事，諸言讖者不能說。至於王莽篡位，漢世大禍，八十篇何爲不戒，則知圖讖成於哀平之際也。（《後漢書·張衡傳》）

賈逵已疑於前，張衡復舉於後，以爲讖驗多在事後出，見其僞作之跡。又曰：

> 且律歷、卦候、九宮、風角，數有徵效，世莫肯學，而競稱不占之書。譬猶畫工，惡圖犬馬而好作鬼魅，誠以實事難形，而虛僞不窮也。宜收藏圖讖，一禁絕之。（全上引）

其拒惡如此，若在光武世，且將獲罪身死；而順帝不之罪，當是議者已多，圖讖本又不驗也。至謂「律歷、卦候、九宮、風角」有徵，蓋以循理順天，有象可察也。

論天文，則〈渾天儀〉、〈靈憲〉二篇，可察其思想之迹，與製作之道。〈渾天儀〉之內容在釋製作之法，傳渾天理論，今理之如后：

1. 敍述渾天說之天地結構。天體圓而地居其中，天地皆由水支撐，由氣構造而成。天轉如車轂之運，周旋無端。周天分三百六十五度四分度之一，其半繞地下，半居上。南北極相距一百八十二度八分之五。因此劃定天域，復分赤道、黃道。此類皆較前漢進步者也。

2. 敍日月之運動，與分、至時太陽所在。且謂月有九道，與《漢書·天文志》類，實取陰陽五行說之春青、夏赤、秋白、冬黑四色爲名。日春行青道，夏行赤道……，四季還行黃道（與今黃道異），今知此說不

〔註8〕詳見唐山譯《太陽系》七十七題。又見唐山編譯之《天體運動和力學》頁99。

實。其文有「日與五星行黃道無虧」〔註9〕與「日非有進退」〔註10〕者，今知爲誤。

3. 述製作渾天儀之法。以銅爲黃、赤二道，以竹篾量之，因以定日之進退與赤道之對應度量。渾天儀之作用，即在測量日月五緯之行度，以定節氣，行農事。渾天儀之改進，益使曆法精準，其功不可沒。又如黃道、赤道之交角、張衡測得二十四度，合得今度二十三度三十九分。依近代準確數值推至張衡時代（約西元117年），其交角應得二十三度四十分五十秒。張衡之妙算，可謂精絕。〔註11〕

〈靈憲〉著重於宇宙論之闡述，其結構來源甚雜，有：

1. 宇宙起源論：主要理念出自道家，謂太素以前，幽清玄靜，不可爲象，厥中惟虛，厥外惟無。蓋取諸《老子》「天地萬物生於有，有生於無」之意。其後道根始建，太素始萌，而氣體渾沌。又後道幹乃育，萬物成體，於是元氣剖判，剛柔始分，天成於外，地定於內，萬物乃生。皆傳統思想也。

2. 宇宙之結構：有取自鄒子遺說之大九州者。謂崑崙東南，有赤縣神州，風雨有時，寒暑有節。此土之外，氣候不和，聖王不處。天至地億一千六百一十五萬里，地厚如之，而八極之維倍之。此度量則已較淮南子之天距地十萬里，周髀之八萬里爲渾濶，故稱之曰渾。又曰：「過此而往者，未之或知也。未之或知者，宇宙之謂也。」即無限宇宙論也。（參見第二章宇宙論）

3. 天地之運動：謂陽道九廻、天運左行。天以陽廻，地以陰浮；是故天致其動，地致其靜。天以順動，則四時循生，地以靈靜，四時而後育。

4. 天圖之佈列：法《史記・天官書》而略甚。

5. 日月之度量：謂日月同徑，而當天周（疑爲周天）七百三十六分之一，地廣之二百四十二分之一。測日月之徑，法出於《周髀》：「……候勾（即指表影）六尺，即取竹空徑一寸，長八尺，補影而視之，空正掩日，而日應空之孔。……故曰日暑徑千二百五十。」雖無實際成效，然可與今日月之徑測法一較。今之日徑三十二分，周髀約四十三分，

〔註9〕日與五星不在一軌道，有些許差距。
〔註10〕日實有進退，蓋地近日則速，遠日則緩，引力變化之故。故視日有進退遲速。
〔註11〕見高平子著〈中國人的宇宙觀念〉，《大陸雜誌特刊》第一輯。

靈憲約四十五分或二十八點五分。〔註 12〕以後者近今法，如衡意指周天，則測量已較《周髀》又精。

6. 姮娥奔月之傳說亦稍稍稱述之。

7. 日月明暗、食象之探討：謂月食乃光蔽於地。月之朔乃就日，望爲當日。物理律理漸曉，惜拘於日爲陽精，月必不能掩之思想所蔽，未能推得日食之因。

8. 貫串於全篇者仍爲陰陽五行思想，如：

天體於陽，故圓以動；地體於陰，故平以靜。

日者，陽精之宗，積而成鳥，象鳥而有三趾（或謂即太陽黑子）；陽之類，其數奇。月者，陰精之宗，積而成獸，象兔蛤焉；陰之類，其數偶，其後有馮虛焉者。

五星，五行之精，……一居中央，謂之北斗，動變定占，實司王命，……

日月運行，曆示吉凶，五緯經次，用告禍福，則天心於是見矣。

總之，張衡之貢獻非可以其雜陰陽思想抹煞之：一者提倡曆數之推理化。二者張衡身體力行，著重實際。三者作渾儀、渾象，而曆法不復爲律呂、易數、陰陽所拘，實曠世奇才也。

五、天文學與陰陽五行說之分途

（一）天文學精進而多少有關除玄虛之處

陰陽五行說流傳既久且廣，流派叢出，而流弊尤多。至東漢講究實象之風起，而陰陽五行說已多退而求旁途，莫敢與理數爭鋒。觀天文學之進化，有極可述者數項：

1. 歲星超辰之觀測

戰國時代，以歲星行次紀年，十二歲一周天，一歲之行次曰一辰，爲定法。今日所測則爲十一點八五歲一周，約八十二點六年超行一辰，然古人不知，每八十餘歲乃謂有災異出，或謂史官失職，史記載其餘占曰：

〔註12〕其算法可分爲二：（一）日徑當天周七百三十六分之一，即天徑之二百三十四分之一。今法天徑爲百八十度，以百八十度除以二百三十四，得零點七六度，即約四十五分也。（二）天周若即周天之誤。今法周天三百六十度，以三百六十除以七百三十六，得零點四七五度，即約二十八點五分。並請參見高平子撰〈中國人的宇宙觀念〉，《大陸雜誌特刊》第一輯。

> 以攝提格歲，歲陰左行在寅，歲陽右轉居丑，正月與斗、牽牛晨出
> 東方，名曰監德，色蒼蒼有光。其失次，有應見柳。（《史記・天官
> 書》，《史記會注考證》頁 465。）

非止失次有占，即逆行亦有占（見下條）。可謂動靜皆吉凶。至劉歆推考，乃知非是，《後漢書・律曆志》曰：

> 其後劉歆研幾極深，驗之春秋，參以《易》道，以《河圖帝覽嬉》、
> 《雒書乾曜度》推廣九道，百七十一歲進退六十三分，百四十四歲
> 一超次，與天相應，少有闕謬。

今知八十餘歲超辰，則歆所論有誤，然因失次而占者，其說將稍戡乎！

2. 逆行現象之觀測

戰國之時，多以五星無逆行，若滯於故所久之，必爲之占。如《淮南子・道應訓》曰：

> 宋景公之時熒惑在心，公懼。召子韋而問焉。曰熒惑在心，何也？
> 子韋曰：熒惑，天罰也。心，宋分野，禍且當君。……君有君人之
> 言三，天必有三賞君。今夕，星必徙三舍，君延年二十一歲。……
> 星果三徙舍。

一夜而三徙舍，本無此事。然子韋必通曉星曆，知逆行、順行、伏留等現象，故能預測之。〔註13〕此即盜科學知識以誑人君之例。至史記乃以逆行爲常，尤其詳於其行度。論曰：

> 故甘石曆五星法，唯獨熒惑有反逆行，逆行所守，及他星逆行，日、
> 月薄蝕，皆以爲占。余觀史記行事，百年之中，五星無出而不反逆
> 行。反逆行，嘗盛大而變色。（《史記・天官書》，《史記會注考證》
> 頁 480。）

「百年之中」或指漢初百年，似可斷爲太史公語。至其弗信甘石觀測，以爲必有逆行，眞不拘古者也。然則，以逆行爲常，即不必爲占矣！劉歆考度之，亦詳記順逆，無異說。然《漢書・天文志》以爲五星逆行非正，豈馬續不曉天文之故乎？而《後漢書・律曆志》已以爲常，推逆行之術尤詳。

3. 以實測爲準之覺醒

昭帝元鳳年間，太史令張壽王以爲更曆爲過，詔令與鮮于妄人與諸吏雜

〔註13〕見赫佛爾等著・唐山譯《現代太空科學》第三冊，頁228。

候上林清臺，先課二年，復候一年，壽王卒不服，終以下吏，實測精神，乃臻如此。

至章帝元和二年，太初失天，候者皆知冬至日在斗二十一度，未至牽牛五度；而以爲牽牛中星後天四分日之三，晦朔弦望差一日，宿差五度。章帝既知之，乃詔用四分，而賈逵以爲「四分與行事候注相應」，已見其時不復鈔襲舊制之意。賈逵又以爲日月前却不一，乃史官以赤道度日月，故主造黃道分度。驗而有徵，此又實測之例。

和帝永元十四年，待詔太史霍融論當時漏刻之疏，謂「不與天相應」。是以天爲主，器爲輔也。故太史令舒、承、梵對詔亦言「官漏率九日移一刻，不隨日進退」，於是和帝詔曰：

> 昏明長短，起於日去極遠近，日道周圜，不可以計率分，當據儀度，
> 下參晷景。（《後漢書・律曆志》）

即以爲不可以器定時日，當依晷影爲準也。

至張衡復作渾天儀，則爲實測精神發展之顛峯，甚者因天之無法度量，乃取竹篾度量渾天儀，此寓大於小之法也。然儀器形制既小，若差之毫釐，移於天際，則將失之千里（豈止千里哉！）。然因張衡之細考，如黃赤道之交角，差在五十二分之一度內，[註14]實不可思議也。又如日徑之度量與今科學之度，亦差在九分之一度左右。以當時粗陋儀器，得此結果，豈不可佩哉。至若賈逵謂「月行當有遲疾」，而張衡反謂「日行非有進退」者，不可厚非之也。[註15]《漢書・天文志》之「凡君行急則日行急，君行緩則日行遲」，不過占星家語，不足以爲通曉天文者掛齒也。

4. 曆法之數術與律呂脫離

自《呂覽》與《淮南子》以十二律配十二月，曆法亦間接與律呂互爲子母，京房論律則以度量製器，或以陰陽、《易》數起律呂。至乎劉歆，則變本加厲，非但倡以律呂黃鐘相乘之八十一爲日法，更引《易傳》所論術數入曆法，於是後人多不能通，劉歆之法可謂無稽也。

京房製律，又推爲六十，近人楊蔭瀏氏曰：

> 可惜京房的目的，不是在補救三分損益十二律在旋宮方面的缺陷，

[註14] 見本章之四「東漢天文學之極盛」，張衡一條。
[註15] 此當考慮近日點、遠日點與攝動等之影響，因地球運行速率不一，故所視日行則不一也。具見赫佛爾等著《現代太空科學》第三冊，頁248及頁275。

而是在擁護律曆相通的迷信說法，希望多加了律數，可以更容易地
將律制去附會曆法。〔註16〕

《漢書・眭、兩夏侯、京、翼、李傳》亦謂京房治易：

> （焦延壽）其說長於災變，分六十四卦，更直日用事，以風雨寒溫
> 為候，各有占驗，房用之尤精。（《新校漢書集注》頁3160）

房言律詳於歆，其術施行於官，即《後漢書》所載。熹平六年典律者張光，
應詔製器，而不能辨其清濁，知房律者遂絕。

其實律與曆本無關，房、歆之傅會，至四分施行，已無人尊信。蓋四分
法古，因年餘四分之一日而劃一日為四分，以之推曆法常數，於法有據也。
賈逵退《易》爻之說（見前引），張衡復以渾天儀測二十四氣，陰陽、易數與
律呂，豈能再魚目混珠哉！

（二）天文學所殘存之陰陽五行說

陰陽五行說之影響極深廣，即天文學雖已大精，亦多所不免，如：

1. 占星說之存遺

本文曾謂陰陽五行說之由來，謂占星一派，亦起於羲和之官。後以戰國之
時，兵禍蟲災，君臣亟於占候，占星學乃為顯學。鄒子用此類預知吉凶之思想，
作為學說之一源，與其所擅星曆配合，用之於氣候觀測與預知，頗能應驗，故
「鄒子居之，吹律而溫至，生黍到今，名黍谷焉。」（《太平御覽》八四二引劉
向《別錄》）一言以道破，不過如今日氣象局之預測得當，又能辨土適種耳。

及《呂覽》雜錄陰陽，而占星之文猶尟，或因呂不韋與門客未必為史官
之流也。《史記》謂雜占如米鹽，似不屑其事，而〈天官書〉無不存占星之跡；
《史記》所傳既自以為正統，則戰國時期之星官已視占星為一課題。故漢代
天文現象皆有占，而占人多不具名，唯《漢書・天文志》有「候星」者，或
為專職占星之人。而占星亦有傳書曰《星傳》（見《漢書・天文志》）。因其有
官有書，歷代莫不承之，至晚近始與純粹天文學分途。

2. 災異說之沿用

災異說本於儒家、陰陽家、占筮家之合流，董仲舒其例也。然災異本乎
自然，代代有之，而世世論之。陰陽家既基於災異論說，四時災咎，或歸之
人，或歸之政。至武帝之後獨盛，一時儒士，群相倣效。京房以善《易》論

〔註16〕見楊蔭瀏《中國音樂史》頁153。

陰陽，又精天文，啓運開氣。谷永從其學，而〈谷永傳〉曰：

> 其於天官、京氏《易》最密，故善言災異，前後所上四十餘事，略相反覆，專攻上身與後宮而已。（《新校漢書集注·谷永杜鄴傳》頁3472）

以非天官而論災異者，乃其自以爲擅天文也。

以天官職論災異者，以劉歆最著，如《漢書·五行志》之日食，劉歆推得其時日，並謂所食軫域恰當某州國，災必在其處。此陰陽家占星之典範，亦災異說之典型。張衡亦以太史令而論災異：

> 頃年雨常不足，思求所失，則〈洪範〉所謂『僭恒陽若』者也，懼群臣奢侈，昏踰典式，自下逼上，用速咎徵。……天鑒孔明，雖疎不失。災異示久，前後數矣。（《後漢書·張衡傳》）

漢末蔡邕夙善數術、天文。初平二年六月，地震，卓以問邕，邕對曰：

> 地動者，陰盛侵陽，臣下踰制之所致也。前春郊天，公奉引車駕，乘金華青蓋，爪劃兩轓，遠近以爲非宜。（《後漢書·蔡邕傳》）

卓竟依言改乘皁蓋車，雖未必災異之戒，但懼公議也。然臣僚、史官之論政好言災異，一時風尚如此。

（三）陰陽五行說所殘存之天文資料

陰陽五行說之穿梭百家，漢代學術之特色也，綜合各家陰陽思想，取諸天文學者有二：

1. 氣候學之運用

氣候學可資用者，一爲常象，一爲異象。常象已爲月令、時則之類所收攬，或爲民間樂用，或爲定曆佈政。皆當時通國熟知者，故詩賦、書奏、史論、經子百家，不乏痕迹。如馬融〈廣成頌〉曰：

> 至于陽月，陰慝害作，百草畢落，林衡戒田，焚萊柞木。（見《後漢書》本傳）

蔡邕〈釋誨〉曰：

> 且我聞之，日南至則黃鐘應，融風動而魚上冰，蕤賓統則微陰萌，蒹葭蒼而白露凝。（見《後漢書》本傳）

此類生態氣候，皆經陰陽五行說消化者也。又如王充《論衡·狀留篇》曰：

> 草木之生者濕，濕者重，死者枯，枯而輕者易擧，濕而重者難移也。

> 然元氣所在，在生不在枯。

植物之生，亦以元氣主之，陰陽說之餘緒也。

氣候異象之利用，乃漢代泛濫最烈者。至《漢書》、《後漢書》定〈五行傳〉，是爲成格。其中如大水、水變色、大寒、雹、冬雷、山崩、地震之類，皆漢代初期已發展爲災異之範圍。而後妖、神、疫、五行、怪、變，皆爲災異矣。

2. 天象學之殘存

天象學既包括天圖、五星日月之運動，復有異星、雲氣之奇。星、氣皆可見而不可及，此古人難知不解之事。如雲氣者，以今氣象學尙能歸納說明；至於日月星辰之變動不居，雖今之昌明，猶有不逮，何況數千年前之古人。故今以爲常者，古多以爲異，而學術旁出。

如觀雲氣者，又有「風角之術」，《後漢書·方術列傳》曰：

> 及望雲省氣，推處祥妖，時亦有以效於事也。

是必其合於物理慣性者也，敏者察之，愚者聽之，其勢也。又分旁支，則有「相命」之學，由觀測發源，見其外而推其心，因其質性與物性之通者，推知吉凶動靜，劉邵之《人物志》，其一也。邵謂：

> 是故觀人察質，必先察其平淡，而後求其聰明。聰明者，陰陽之精，陰陽清和，則中叡外明。……氣清而朗者謂之文理，文理也者，禮之本也。（《劉邵·人物志》）

此氣不同於望氣，望氣以遠，視人以近；望氣瞬變，望人有常，而皆以陰陽論之。此由天象而及人事，轉化生息者也。

又如宇宙論之「陰陽二氣論」，本論天地之象。陰陽家以之占卜論吉凶，此初變也。而后百家取之，以論哲理，以言百事，皆陰陽二氣論流波所及。天文學之轉用，類皆如此也。

第二節　二者特質之比較

一、陰陽五行說與天文學相同之處

（一）學說之原始材料相同

本文第三章論陰陽五行說之由來，謂陰陽者取自天文學宇宙論，以「氣」爲基本元素，發展而爲陰、陽二氣，以二氣統攝宇宙一切之動態，其後又藉

陰陽消長，象人事更變，於是陰陽家出。陰陽家本天官，爲察萬物之變，定星曆之度者。值戰國之時，乃有占星派之陰陽家出焉，而後以爲陰陽有吉凶禍福之內質。同時，非但星變有陰陽吉凶，氣候之變亦有吉凶，此即鄒子「乃觀陰陽消息，而作迂怪之變」之所取資。其發展歷程概示如下：

宇宙論之氣 → 陰／陽（氣）→ 初期陰陽說 →

吉凶禍福之陰陽說 → 陰陽五行說之陰陽說／吉凶之星曆陰陽說（占星）

至漢代所發展之陰陽五行說，已成災異、迷信之基本教條。而天官所存者，率皆占星派陰陽家（即戰國所流行之陰陽說）之遺文，《後漢書·天文志》曰：

> 秦燔詩書，以愚百姓，六經典籍，殘爲灰炭，星官之書，全而不毀。

可爲此證。然則漢代占星之術多從先秦來。而陰陽五行說之災異派蠭起，乃復利用占星術，爾後則令占星之法不一，隨意所釋。至欲辨明早期占星術與漢代新術者，無理緒可尋。然其源則同出於宇宙以「氣」爲元素之思想。至於五行說亦取陰陽說「二氣」之意，爲轉出「五氣」之說，觀《漢書·藝文志》謂：「五行者，五常之形氣也」，是其證明。總之，天文學之宇宙論與陰陽五行說之「二氣」、「五氣」思想，是其性質相近，而起源相同之處。

又天文學之本質，端在天體一切運動與特質之探討，高平子氏曰：

> 依現在最常用的名義，天文學是研究天空中星體的運動和其力學的、物理的、化學的、放射的各方面的狀態和性質，其目的在求天體的眞象，以期達到解釋之謎。〔註17〕

漢人之思想則較籠統，亦包括氣象、生物、植物等學科（說見二章），其實，先秦乃至遠古皆如此也。是以觀測外界之一切現象，乃天文學之職責。陰陽家本其一支，發展成陰陽五行說，則是再度吸取天文學之知識，又配之以人事色彩，而其說常虛誕不經者也。故占星術者，天象學之運用也；災異說者，天象與氣候、人事等之運用也。質言之，陰陽五行說者，天文知識之運用也。故張雲氏論占星之本質，適能道盡其奧秘：

> 占星學究竟基於甚麼去樹立它的理論呢？就如上文所說的，一部分套著天文的外表，應用天文學的成果，如已計成的日月和行星運行

〔註17〕見高平子撰〈天文學和星占術〉，《天文通訊》第六十四期，42 年 12 月。

表，一部分配合著一套附會迷信的解說。(《天文學講話》)

災異說云何不然？鄒子之深觀陰陽消息，作迂怪之變者，止此耳。此論天文學與陰陽五行說皆取材於天地萬物也。

（二）學說之建立與發展同基於長久之觀測

上文已言其基本題材，爲天地萬物。天地萬物莫不有變，變之久者，莫不有則。變而有則者，天文與陰陽家同所取擇也；變之怪者，天文家或弗論，或引他說解之，陰陽五行家則曲爲傅會，久之，亦有其規律焉。

如天文學之觀測天象，知「冬至日行遠道，周行四極，命曰玄明，夏至日行近道，乃參於上」(《呂氏春秋‧有始覽》)。至張衡時代，乃知：

> 日最短，經黃道南，在赤道外二十四度，是其表也。日最長，經黃道北，在赤道內二十四度，是其裏也。(張衡〈渾天儀〉)

可見愈測愈精，非一日可發覺也。如《呂氏春秋‧十二月紀》「某月，日在某宿，昏某宿中，旦某宿中」者，亦長期觀測得知。其氣候觀測如「孟春之月，……東風解凍，蟄蟲始振，魚上冰，獺祭魚，候鴈北」，非經數歲，不能歸納也。陰陽五行說之月令，又經曆家作二十四氣之推定，於焉爲上下所同遵行，皆賴長久觀測之功也。

（三）不可解之異象，皆傅會於迷信，或任意解之

天地萬變，不可解者，于古十之七八，于今十之一二，今科學昌明如此，亦有駭異非常者也。尤其天地之大變，有渺遠幽玄者，有瞿然莫之抗衡者，此所以古人畏天也。亦說天者之妙符也。鄒子集其大成，而：

> 其語閎大不經：必先驗小物，推而大之，至於無垠。先序今以上至黃帝，學者所共術，大並世盛衰，因載其機祥度制，推而遠之，至天地未生，窈冥不可考而原也。先列中國名山大川通谷禽獸，水土所殖，物類所珍，因而推之及於海外，人之所不能睹。(《史記‧孟子荀卿列傳》)

其玄虛之處，皆在于推所不知，雖以理推之，而終無其事（或有之，亦無以爲證也），是以「王侯大人，初見其術，懼然顧化，其後不能行之」（同上引）。初如《呂覽‧十二月紀》，違時令而遭災咎者，皆氣候之變，常可推也。乃至於漢人論災異，不能解者，亦強爲之說，導致迷信之風大盛，則陰陽五行說之小變也。要之，皆取迂怪之精神也。

　　至若天文學者，氣候之事姑不論，如天象之幽遠，豈先民日行不過百里，
終身但處中國者，能理解哉？如日月食之不時，天變之最甚者也，先民始則
恐之，然未幾以月食之頻繁，可測知周期，並因不爲害，而不謂月食之可畏，
此情形周初即然。《詩經・小雅・十月之交》曰：

> 十月之交，朔月辛卯，日有食之，亦孔之醜。彼月而微，此日而微，
> 今此下民，亦孔之哀。日月告凶，不用其行；四國無政，不用其良。
>
> 彼月而食，則維其常；此日而食，于何不臧？（《詩經》頁 405、407）

日食之不臧，緣於四國無政，致百姓哀煢困苦，可謂開藉日食論政之先例。
馬續述日月食之占法，謂「其食，食所不利；復生，生所利；不然，食盡爲
主位。以其直及日所躔加日食，用名其國。」（《後漢書・天文志》）雖爲占星
之術，亦有法則矣。其迷信之深如此，雖張衡推究月食爲地影所蔽，〔註18〕
而日食猶不願以同法推理，實拘於日爲陽精，月爲陰精，弱陰無尅盛陽之理，
如此，可不謂之迷信乎！此論解異象皆從傅會而出。

（四）立說之目的相同

　　天文學，言變者也，所以參政也。陰陽五行之始意未嘗非如此。《漢書・
藝文志》曰：

> 天文者，序二十八宿，步五星日月，以紀吉凶之象，聖王所以參政
> 也。《易》曰：『觀乎天文，以察時變。』
>
> 曆譜者，序四時之位，正分至之節，會日月五星之辰，以考寒暑殺
> 生之實，故聖王必正曆數，以定三統服色之制，又以探知五星日月
> 之會。凶阨之患，吉隆之喜，其術皆出焉。（《新校漢書集注》1765、
> 1767 頁）

《漢志》謂「形法、雜占、蓍龜、五行、曆譜、天文」爲數術，皆明堂羲和
史卜之職也。則天文與五行二術所出同源。又觀《漢志》謂「陰陽家者流，
蓋出於羲和之官，敬順昊天，曆象日月星辰，敬授民時，此其所長也。」然
則陰陽亦與六術同流。究其立說之目的，不過於變易之中尋道，進而輔佐政
術耳。如前述天文類所引《易》曰「觀乎天文，以察時變」之語，知天文所
探討者，在變化之間也。其用途則「聖王所以參政也」，正與陰陽五行說立意
同，即「敬授民時」也。故《史記》論鄒子之術曰：

〔註18〕說見第二章〈日月之運動與特質〉。

然要其歸，必止乎仁義節儉，君臣上下，六親之施，始也濫耳。（〈孟子荀卿列傳〉，《史記會注考證》卷七十四，頁920。）

《鹽鐵論》卷二論儒亦曰：

鄒子以儒術干世主，不用，即以變化始終之論，卒以顯名。

是鄒子之始創五德終始，所以干政。天文者，所以參政，與政治蓋不可分矣。其相異者，帝王須自取天文爲政治之輔；而陰陽五行說乃希幸於帝王，帝王可取可不取也。

二、陰陽五行說與天文學相異之處

（一）理論發展不同

天文學初以觀測爲主，其理論基礎本建立於四時之規律，與天象之常行，至於異象，聊記之耳，亦不加以解釋，其本始不以迂怪爲宗也，故春秋中期魯僖公之前，史官說天文，記異耳。其後陰陽家興，方以哲理釋之，而此期之天文學祇可謂之陰陽派天文學，〔註19〕或占星派天文學，正統史官因此衰滅。

自武帝修漢曆，又恢復實證天文之途，史官之類別漸能區分。如賈逵、張衡、蔡邕者，皆實證派史官也。如劉歆、京房、谷永之徒，以陰陽論天官、律曆者也，正陰陽五行說之繼承者。實證派之史官，立晷儀、下漏刻（武帝時）、製黃道分度、渾天儀、地動儀（賈逵、張衡）等，是其職分；論實際天文，亦以實物譬之。

陰陽五行說之繼承者，多好說災異，好引讖緯，尤其好就事發揮，不欲證以實物，故觀其人言論，多圓融而不切實際。例如桓帝延熹八年四月，濟北河水清。九年四月，濟陰、東郡、濟北、平原河水清。襄楷上言：

河者諸侯之象，清者陽明之徵，豈獨諸侯有規京都計邪？（見《後漢書・五行志》）

明年，徵解瀆亭侯爲漢嗣，即位爲靈帝。似爲言而有驗，此其自圓其說之法，俗不云乎：「河清而天下寧」，今河清而易主，天下又未必寧，襄楷之言，一時之計耳，非其實也。

故天文學以求證爲發展途徑；陰陽五行說以自圓其說、隨事而解爲發展途徑。此二者之不同，其一也。

〔註19〕 見第三章第一節之一「陰陽說之轉變」。

（二）起源先後不同

觀測風雨，與生活息息相關，如《殷虛拾掇》第二編（郭若愚撰）有四方風神之甲骨片，與山海經雖字形相異，其意旨蓋相近。又與《尚書·堯典》「分命羲仲，宅嵎夷，曰暘谷。……」一文言四仲曆象者，其風神有相因之勢。白川靜氏曰：

> 經文中記述其事的「析」、「因」、「夷」等，就是上古的神名，因而全數將之動詞化，作爲表示四季中所施之政。而且鳳本就是風，作者連它是風神也不知道了；把鳳視爲鳥，外加獸字而爲「鳥獸」，結果別出心裁改寫成分述四期鳥獸之狀的文字了。〔註20〕

可見曆象學起源之早。又如天象之見於卜辭則有：

> 七月己巳夕𡆥□有新大星並火。（《殷虛書契·後編》）

李孝定氏曰：

> 此記天象之辭也，「新大星」，蓋新發現之大星。「火」亦星名，言二星運行相並也，「丙寮嶽𡗗」（戩·二十一·八）當亦星名也。

〔註21〕

雖不能因此斷定依天象而作息，其觀測則似甚早。又如〈堯典〉以四仲星定季節，已作實際之應用。《詩經·豳風七月》之「七月流火」，作爲作息依據，已甚明顯，可斷言天象學必不能晚於周初。

陰陽說之起源，至少在魯僖公之前（因僖公時，周內史叔興曾言「君失問，是陰陽之事，非吉凶所生也」），則此後必有論吉凶之陰陽家興，至鄒子乃集陰陽、五行爲一說。陰陽五行說之成立既晚於陰陽說，至少應於西元前三、四世紀之時方有體系。視天文學至少始於西元前十二世紀（周初）之前，自當較晚。此天文學與陰陽五行說相異之處，二也。

（三）論災異之手段不同

以天文論災異，皆有實象可見，復有占文可驗證情事之然否。如《史記·天官書》曰：

> 蚩尤之旗，類彗而後曲，象旗。見則王者征伐四方。〔註22〕

〔註20〕見白川靜著，溫天河、蔡哲茂譯《甲骨文的世界》。
〔註21〕見李孝定編著《甲骨文字集釋》卷十，《中央研究院歷史語言研究所專刊》之五十，頁3140。
〔註22〕見《史記·天官書》，《史記會注考證》卷二十七，頁474。

武帝建元六年八月，長星出于東方，長終天，三十日去，占曰：

> 是爲蚩尤旗，見則王者征伐四方。

其後兵誅四夷，連數十年，語在《漢書・五行志下之下》。是天文占語有象、有則可據，類皆以《史記・天官書》、《漢書・天文志》之占語爲定法也。

反觀陰陽五行說之論災異，隨事曲解，人人不同，《漢書・五行志》曾謂：

> 宣、元之後，劉向治《穀梁春秋》，數其旤福，傳以〈洪範〉，與仲舒錯。至向子歆治《左氏傳》，其《春秋》意亦已乖矣；言〈五行傳〉，又頗不同。（《新校漢書集注》頁 1317）

故同一事，而陰陽家之解說常致紛歧，如：

> 桓公元年『秋，大水』。董仲舒、劉向以爲桓弒兄隱公，民臣痛隱而賤桓。後宋督弒其君，諸侯會，將討之，桓受宋賂而歸，又背宋。諸侯由是伐魯，仍交兵結讐，伏尸流血，百姓愈怨，故十三年夏復大水。一曰：夫人驕淫，將弒君，陰氣盛，桓不悟，卒弒死。劉歆以爲桓易許田，不祀周公，廢祭祀之罰也。（同上，頁 1343）

與天文學之說災異而有徵象者，所異亦以甚矣。此其三。

（四）學習者之層面不同

天文學本史官之職，或羲和之官，或馮相氏，或保章氏，此古官也。戰國時則多成史官之職，而製器之疇人多于此時流散，〔註 23〕能通曉天文，精於推測者蓋寡。漢武帝新定太初曆而方士、民間製曆者、史官、朝官，統雜議之，尚能勉強訂定。當時，宦者淳于陵渠復覆日月如合璧，五星如連珠（見《漢書・律曆志》），高平子氏以三統曆及現代五星精密用數上推，五星絕未相會，乃謂「大概他（淳于陵渠）只是摘取瑞應的古語，聊以取媚君主罷了。」高氏又以爲鄧平製曆「造出一套律曆相通之說以緣飾其術，時流多被蒙蔽（包括後來的揚雄、劉歆、班固等輩），皇帝也受其迷惑。」〔註 24〕

由以上推知，前漢人通曆者蓋鮮，至後漢賈逵與史官以天象實際按覆太初、三統曆，皆有誤差，故章帝改行四分；又張衡以製器論天文，乃有較正確之天文學出，可見漢人眞確瞭解天文者蓋寡。

然傅會者眾矣，鄒衍非史官、曆官，而史記稱其深觀陰陽消息，實創造

〔註23〕見《史記・歷書》與本文第四章第一節所論。

〔註24〕以上可參見高平子〈漢曆因革異同及其完成時期的新研究（上）〉，《大陸雜誌》第七卷第四期。

陰陽五行說而擅星曆者，然時人多不通其學，故不能用之，蓋不能天文曆算之故也，其後「怪迂阿諛苟合之徒自此興，不可勝數也」（《史記・封禪書》）。又至漢代，董仲舒善陰陽、說災異，儒者也。京房、劉歆以陰陽推律呂，亦儒者也。班固、張衡亦擅陰陽，太史令也。方士之說陰陽五行，具見〈封禪書〉。臣民論者，《兩漢書》、《史記》，漫篇累牘皆是。總之，學習陰陽之術者，幾無人不可；因陰陽論災異者，亦無人不能也。

　　學習天文而精擅者，百年不得一人。藉天文而說陰陽災異者，乃如過江之鯽，此又二說學習者層面之大異也。此其四。

第五章　結　論

第一節　天文學與陰陽五行說互爲表裏

一、天文學爲陰陽五行說之骨幹

陰陽五行說之結構有二：一爲大終始說，即帝德系統也。一爲小終始說，即月令系統也，而月令又包括明堂制度。

大終始說之取材，多從歷史更迭中歸納之，或自創歷史。〔註1〕其更迭方式乃相代勝之說先出，後又有相生之帝德說，其中以相勝之說近鄒子意。無論相勝、相生，其思想皆由陰陽之消息以啓發之。陰陽之消長，復由長期之測候而得。測候者，星曆家之事也，亦即早期陰陽家之事也。〔註2〕早期陰陽家，出於羲和之官，正後代之太史官也。其職掌乃在「敬順昊天，曆象日月星辰，敬授民時。」（《漢書·藝文志·陰陽家》）。曆者，正今之曆法也；象者，即今之天文學也（天象學），而古以一人兼之，謂之陰陽家。

故陰陽家，非通曉星曆，無足以當之。而月令乃陰陽家觀測曆象之結晶，帝德說不過曆象學理之推衍而已。欲考知陰陽五行說之內涵，勢必由月令篇章中求之。

月令之結構，已見第三章第一節，王師夢鷗亦曾詳析之。〔註3〕要之，除

〔註1〕說見第三章第二節。
〔註2〕見第三章第一節「陰陽五行說之轉變」。
〔註3〕見王師夢鷗著《鄒衍遺說考》頁77。

干支、律呂、服色等名詞之配合外。實以星曆為其主幹。蓋不觀星象，則四時與萬物之變化，無定準也。故月令起首以日在某宿、或斗建、或某宿晨昏中天，為全篇指引。其餘名詞，依序與之配合。每月月令篇中，則有地上人事與萬化之觀測，篇尾則有順逆節氣之休咎。凡此，無一非星曆家長期觀測之成果，而為陰陽家所取材也。

　　陰陽五行說之災異論，起於戰國，或可推前至春秋中葉，而為陰陽家所利用。〔註4〕推災異所論對象，本為星曆中怪異而不可解者，雖主天官者（史官之流），亦多無法解之，甚而為之助說。值陰陽五行說大盛，非但天文災異，即人事妖咎，一切皆以吉凶陰陽之理分析之，原以星曆為主之陰陽五行說，性質亦已大變。而陰陽五行說原為天文學之附庸，唯發展異途耳，則為可見之事實。

二、由天文學可推測陰陽五行說之進展過程

　　深研古代天文學，以之抽剝陰陽五行說，必能得其精髓。因其精髓，隨時推展，分途尋絡，必能得其大義。而陰陽五行說中，所存古代天文學遺跡，亦足供參核。如《呂氏春秋》與《淮南子》之日至，可由漢代測定核其真偽，茲論之於後：

　　（一）《呂氏春秋》　仲冬之月　日在斗，昏東壁中，旦軫中。
　　（二）《淮南子》　仲冬之月　招搖指子，昏壁中，旦軫中。
　　（三）《漢書・律曆志》　冬至　日中牽牛初。
　　（四）賈逵論曆　冬至　日在斗二十一度四分一，未至牽牛中星五度。
　　（五）張衡〈渾天儀〉　冬至　日中斗二十一度。

　　（以上為典籍資料，實際分度則如下表）

書名或論者	應處時代	應躔何處
《呂氏春秋》	約西元前二三九至二三五年	牛宿○・五度
《淮南子》	約西元前一百年	斗二十三・四度
《漢書・律曆志》	約西元前二十年至西元元年	斗二十二・四度
賈逵論曆	約西元八十五年	斗二十一・二度
張衡〈渾天儀〉	約西元一○七至一二五年	斗二十一度

〔註4〕見第三章第一節。

上表乃依今科學標準推算而出，〔註5〕並以張衡所測爲基準，即以張衡〈渾天儀篇〉「日在斗二十一度」爲確定，推而上之。並以古周天三百六十五度四分一，今三百六十度換算之，得以上之結果。

觀上表，賈逵所測尚能相符，劉歆〈三統曆〉、《呂氏春秋》皆失之遠。余之推臆，以爲劉歆未曾自候，但鈔襲秦法，故謂「日中牽牛初」，與當時實象應不符，或如本文曾論劉歆乃陰陽派史官，故無能確知天象也。

而《呂氏春秋》之日至，反而謂「日在斗」，豈非秦人而知漢代天象乎？故余推此，以爲呂氏春秋之日躔多爲漢人所竄，故能與《淮南子》相應。且《呂氏春秋・十二月紀》之文，又較《淮南子・時則訓》爲繁複，料亦多經後人填補。即《呂覽》之陰陽五行說未必成於秦時，或因目錄有〈十二月紀〉，後人乘勢僞增也。由此觀之，漢人對前代所傳陰陽五行說，尚有所發明補充，即本文第四章所論天文學之復興，亦能帶動陰陽五行說之發展也。

第二節　陰陽五行說令天文學滯留

陰陽五行說本爲天文學之旁流，並有愈衍愈乖，性質迥異之勢。雖然，陰陽五行說之泛濫紛雜，竟致反而影響於天文學，茲述其影響如下：

一、陰陽五行說吸收天文學之理論與知識，值天文散亂，乃有保存片斷天文學之功（見第四章第一節）。

二、前漢通曉純天文學者蓋鮮，武帝改正朔，訂曆法，無非陰陽派曆家之傑作，此所以後代天文律曆脫離不了陰陽五行說之原因。

三、律曆相通，本無可據，〔註6〕而漢人信之，此曆法一度滯留原因之一。

四、〈天官書〉、〈天文志〉皆占星之語，而後代沿用之，致無理論性之進一步探討，亦天文學留滯原因之一。〔註7〕

〔註5〕據唐山編譯之《太陽系》頁 39，太陽冬至點每年退行五〇・二秒。故張衡時冬至點（西元 107 至 125 年）在今度冬至點東二十六・二度，即古度斗二十一度。賈逵時冬至點（西元 85 年）在今冬至點東二十六・四度，即古度斗二十一・二度。劉歆時冬至點（西元元年至前二十年）在今冬至點東二十七・六度，即古度斗二十二・四度。〈淮南子〉冬至點（西元前一百年左右）在今冬至點東二十九度，即古度斗二十三・四度。〈呂氏春秋〉冬至點（約西元前兩百餘年）在今冬至點東三十・八度，即古度牛宿〇・五度至〇・九度間。

〔註6〕見第四章第二節「論三統曆之畸形發展」。

〔註7〕見第二章第二節「天圖」；第四章第一節「改正朔」；第四章第二節「論災異

五、史官既爲高級知識份子，亦援陰陽五行說，以論食、彗等之變異（如張衡、劉歆、蔡邕）。即本應求諸實證者，又失之傅會，乃天文學滯留之一因。

六、精通純天文學者少，以陰陽五行論天文者多，眾口鑠金，積非成是，益令天文學不進化也。〔註8〕

七、天文學之理論，或多或少以陰陽五行說爲基礎，如此以發展，天文學多入於迷途而不返也。〔註9〕

之手段不同」

〔註 8〕 見第四章第二節「二說相異之處」——學習者之層面不同一條。

〔註 9〕 見第四章第一節四之（三）「張衡之精思巧作」。

引用及參考文獻

一、經　部

1. 《詩經》，十三經注疏本，藝文印書館。
2. 《尚書》，十三經注疏本，藝文印書館。
3. 《禮記》，十三經注疏本，藝文印書館。
4. 《周易》，十三經注疏本，藝文印書館。
5. 《左傳》，十三經注疏本，藝文印書館。
6. 《孟子》，十三經注疏本，藝文印書館。
7. 《周禮》，十三經注疏本，藝文印書館。
8. 《爾雅》，十三經注疏本，藝文印書館。
9. 《說文解字注》，段玉裁注，蘭臺書局。
10. 《經學通論》，清‧皮錫瑞著，河洛圖書出版社。
11. 《殷虛書契考釋》，羅振玉著，藝文印書館。
12. 《甲骨文字集釋》，李孝定著，《中央研究院歷史語言研究所專刊》之五十。
13. 《甲骨文的世界》，日本白川靜著，溫天河、蔡哲茂譯，巨流圖書公司。

二、史　部

1. 《史記會注考證》，瀧川龜太郎撰，宏業書局。
2. 《秦漢史》，夏德儀校，台灣開明書店。
3. 《新校漢書集注》，唐‧顏師古等注，世界書局。
4. 《新校後漢書注》，唐‧李賢等注，世界書局。
5. 《晉書》，唐‧房玄齡等撰，鼎文書局。
6. 《隋書》，唐‧魏徵、長孫無忌等撰，鼎文書局。
7. 《新唐書》，宋‧歐陽修等撰，鼎文書局。

8. 《國語》，左丘明撰，九思出版社。

9. 《兩漢思想史》，徐復觀著，學生書局。

10. 《中國哲學史》，馮友蘭著，北京人民出版社。

11. 《中國古代哲學史》，陳元德著，台灣中華書局。

12. 《中國哲學史大綱》，胡適著，台灣商務印書館。

13. 《中國音樂史》，楊陰瀏著，學藝出版社。

14. 《史記天官書今註》，高平子著，中華叢書編審委員會。

三、子　部

1. 《管子》，《新編諸子集成》第五冊，世界書局。

2. 《墨子》，《新編諸子集成》第六冊，世界書局。

3. 《莊子》，《新編諸子集成》第四冊，世界書局。

4. 《老子》，《新編諸子集成》第三冊，世界書局。

5. 《荀子》，《新編諸子集成》第二冊，世界書局。

6. 《呂氏春秋》，《新編諸子集成》第七冊，世界書局。

7. 《列子》，《新編諸子集成》第四冊，世界書局。

8. 《淮南子》，《新編諸子集成》第七冊，世界書局。

9. 《尸子》，汪繼培輯，世界書局。

10. 《鹽鐵論》，漢・桓寬撰，台灣中華書局影印《四部叢刊》本。

11. 《春秋繁露》，漢・董仲舒撰，台灣中華書局影印《四部叢刊》本。

12. 《新論》，漢・桓譚撰，台灣中華書局影印《四部叢刊》本。

13. 《太玄》，漢・揚雄撰，台灣中華書局影印《四部叢刊》本。

14. 《法言》，漢・揚雄撰，台灣中華書局影印《四部叢刊》本。

15. 《新書》，漢・賈誼撰，台灣中華書局影印《四部叢刊》本。

16. 《周髀算經》，台灣中華書局影印《四部叢刊》本。

17. 《論衡》，漢・王充撰，《新編諸子集成》第七冊，世界書局。

18. 《白虎通德論》，漢・班固撰，台灣中華書局影印《四部叢刊》本。

19. 《新語》，漢・陸賈撰，《新編諸子集成》第二冊，世界書局。

20. 《申鑒》，漢・荀悅撰，《新編諸子集成》第二冊，世界書局。

21. 《人物志》，漢・劉邵撰，台灣中華書局影印《四部叢刊》本。

22. 《山海經箋疏》，晉・郭璞注，臺灣中華書局。

23. 《荊楚歲時記》，南朝梁・宗懍撰，臺灣中華書局。

24. 《路史》，宋・羅泌撰，臺灣商務印書館。

四、集部、通論及其他著述

1. 《楚辭補注》，宋·洪興祖撰，藝文印書館。
2. 《文選》，梁·蕭統編、唐李善等注，藝文印書館。
3. 《太平御覽》，宋·李昉等撰，新興書局。
4. 《鄒衍遺說考》，王夢鷗著，台灣商務印書館。
5. 《偽書通考》，張心澂著，宏業書局。
6. 《二十史朔閏表》，陳垣著，藝文印書館。
7. 《天文新語》，沈君山著，台灣中華書局。
8. 《星球碰撞》，維立考夫斯基著、傅鶴齡譯，時報出版公司。
9. 《星星、原子、人》，海因茲·合貝爾著，今日出版社。
10. 《中國之科學與文明》，李約瑟著，台灣商務印書館。
11. 《中國天文學起源論》，韓兆岐著，中國天文學會。
12. 《欽定大清會典》，清·崑崗等撰之七十五函，光緒皇帝御製。
13. 《天文學講話》，張雲著，中華文化出版事業委員會。
14. 《氣象學講話》，薛繼塤著，中華文化出版事業委員會。
15. 《宇宙的奧秘》，史承繼譯，廣文書局。
16. 《天體運動和力學》，唐山編譯，廣文書局。
17. 《現代太空科學》，唐山編譯，廣文書局。
18. 《太陽系》，唐山編譯，廣文書局。
19. 《先秦兩漢陰陽五行說的政治思想》，孫廣德著，嘉新水泥公司文化基金會出版第一四七種。

五、期刊論文

1. 〈陰陽五行說之來歷〉，梁啟超著，《東方雜誌》二十卷第十號。
2. 〈五德終始說下的政治和歷史〉，顧頡剛著，《清華學報》六卷一期。
3. 〈中國古曆與世界古曆〉，董作賓著，《大陸雜誌》第二卷第十期。
4. 〈中國古代天文學鳥瞰〉，高平子著，收於《平子著述餘稿》中——金山旅臺同鄉會編印。
5. 〈中國古代天文工作之一瞥〉，高平子著，《中美月刊》第三卷第六期。
6. 〈中國人的宇宙觀念〉，高平子著，《大陸雜誌》特刊第一輯。
7. 〈漢曆因革異同及其完成時期的新研究〉，高平子著，《大陸雜誌》第七卷第四期、第五期。
8. 〈曆法約說〉，高平子著，《大陸雜誌》第十卷第八期。

附　圖

附圖一　五宮二十八宿十二次方位配合圖

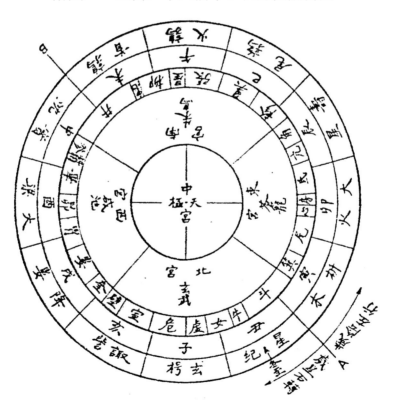

附圖二　南、北天圖

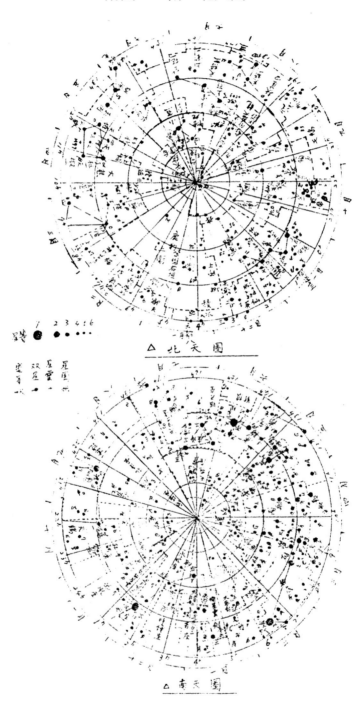

△　北　天　圖

△　南　天　圖

附圖三　赤道南北天圖

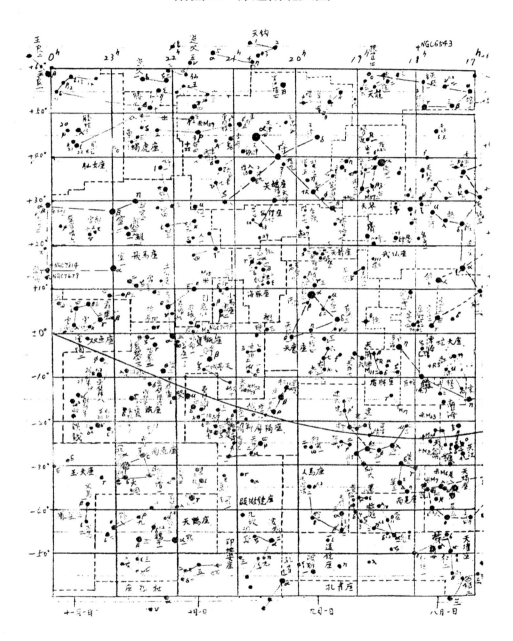

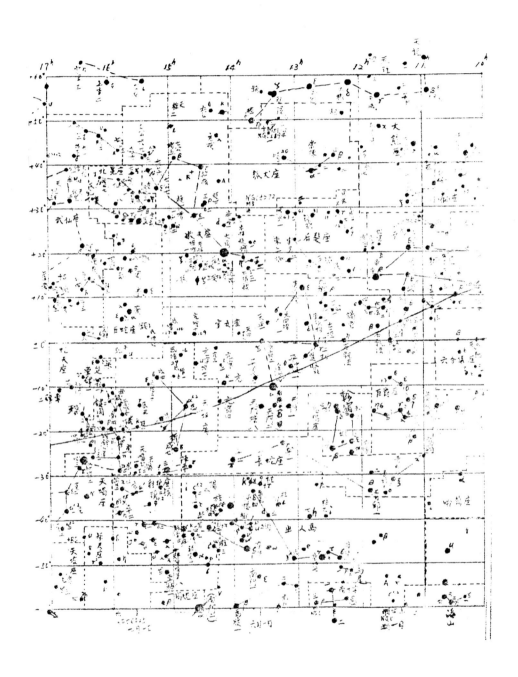

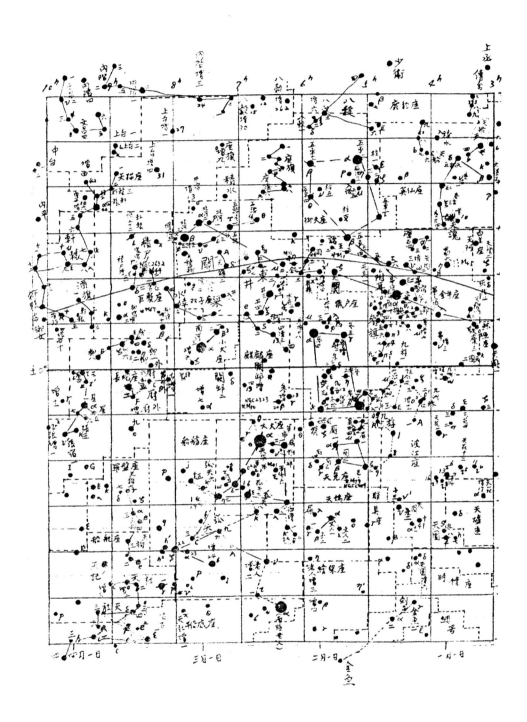

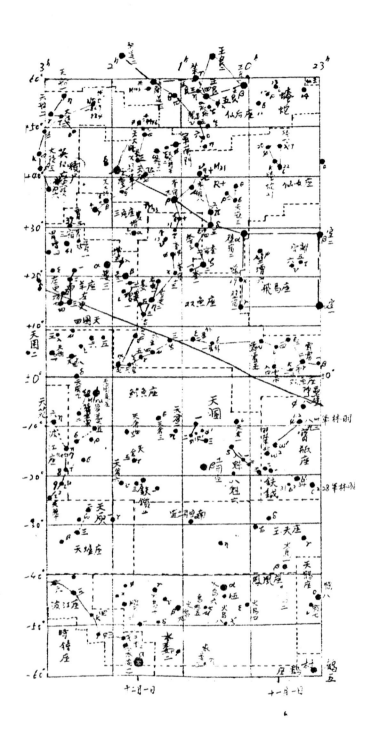

附圖四　定東西示意圖（見第四章註四引《淮南子・天文訓》之法）

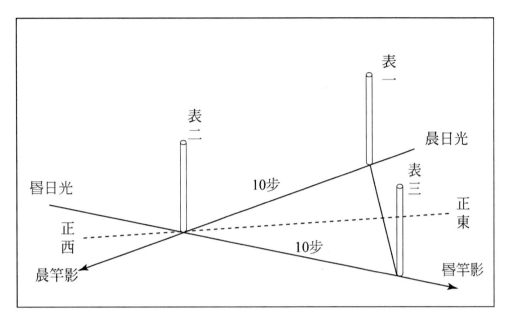

附圖五　行星視覺逆行原理圖

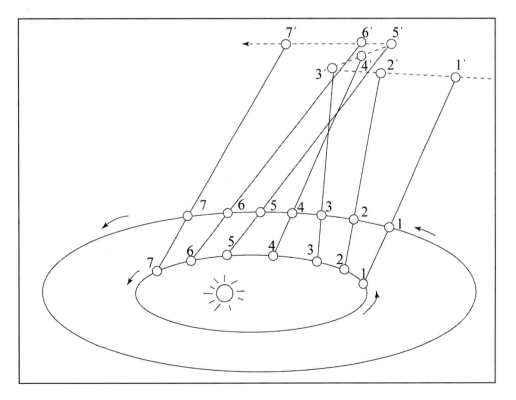

附圖六　日至變動示意圖

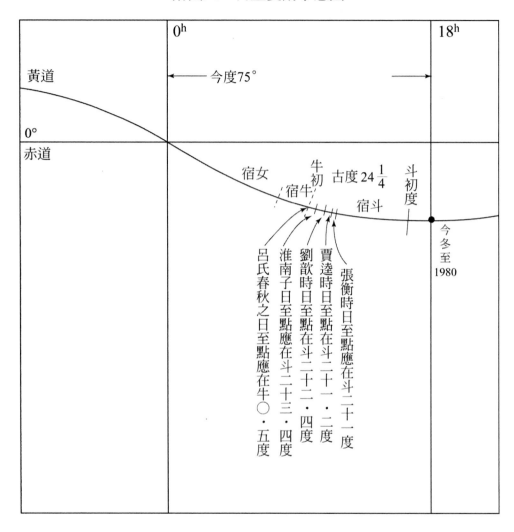

董仲舒天人思想研究

陳禮彰　著

作者簡介

陳禮彰，國立中央大學中國文學系學士，國立台灣師範大學國文研究所碩士、博士，現職為國立澎湖科技大學通識教育中心副教授。除碩士論文《董仲舒天人思想研究》與博士論文《荀子人性論及其實踐研究》外，已發表的論文有〈白虎通義的人性論〉、〈試論《白虎通義》與《黃老帛書》政治思想之異同〉、〈荀子「法後王」說究辨〉，審查中的論文有〈從時間範疇省察荀子思想的義涵〉，正在進行的國科會專題研究計畫為〈荀子「兩」而能「一」的思維方式〉。

提　　要

　　本論文分為五章。第一章除介紹董仲舒的生平與著作外，主要是擬由漢初政治現實與學術潮流的考察，以闡明董仲舒所面臨的時代課題，及其思想所以具有多元特性的緣由。第二章論述先秦天人思想的發展，目的在由天的不同涵義與不同類型的天人關係理論中，追溯董仲舒天人相與理論的思想淵源。第三章析論董仲舒如何結合《春秋》公羊學與陰陽五行學說，而建立其天人思想體系，以展示其理論架構與內涵，及其證成天人相與的方法。第四章探討董仲舒如何以天人相與的理論統攝其政治觀、人性觀、倫理觀、歷史觀，並使之落實而為具體的規範以實踐之。第五章則藉由比較，以彰顯董仲舒天人思想兼具神性義、自然義、道德義的特色，與以儒家思想改造陰陽五行學說、以德治政治轉化法治政治的時代意義。

　　就理論的實踐而言，董仲舒建立天人相與理論的目的，在於藉法天而治的要求，使任德遠刑、尚賢使能的王道教化，成為漢代政治運作的主導原則，以取代漢初以來的法治政治。就理論的建立而言，董仲舒不僅由文辭使用的「常」與「變」來推論《春秋》的微言大義，更融會貫通《春秋》的「辭」而體察微言大義的「指」，於是將《春秋》中災異的記載與陰陽五行學說結合，如此即可先由人道推論天道，再以天道規範人道。唯有如此，方能在災異符命觀念盛行的專制時代，以德治政治轉化法治政治，以儒家思想改造陰陽五行學說，解決其所面對的時代課題。

目

次

第一章　緒　論

第一節　董仲舒的生平與著作

一、生　平〔註1〕

董仲舒，西漢廣川人（今河北省棗強縣），〔註2〕約生於惠帝時。〔註3〕

〔註1〕董仲舒生平，史籍雖有記載，然語焉不詳。本文所述，係以《史記·儒林列傳》、《漢書·董仲舒傳》為依據，參酌近人的考訂而成。

〔註2〕據大陸學者周桂鈿《董學微探》頁27所附〈董仲舒故里圖〉，則廣川治所今隸屬河北省景縣。

〔註3〕關於董仲舒生年問題，約有四說：
1. 蘇輿《春秋繁露義證》卷首所列〈董子年表〉起於文帝元年。
2. 施之勉〈董子年表訂誤〉文中認為「當生於孝惠高后時」。
3. 賴炎元〈董仲舒生平考略〉文中認為「約生於呂后五、六年」。
4. 周桂鈿《董學探微》頁5認為「約生於公元198年，即高祖九年」。
按《漢書·敘傳》云：「抑抑仲舒，再相諸侯，身修國治，致仕懸車，下惟覃思，論道屬書，讜言訪對，為世純儒。」《漢書·韋賢傳》應劭注云：「古者七十縣車致仕」，《白虎通·致仕》亦云：「臣七十縣車致仕」。考董仲舒去膠西相應在元狩二年。以此上溯七十年，則董仲舒約生於惠帝四年。又《漢書·匈奴傳》贊云：「仲舒親見四世之事」，由武帝起上推四世為孝惠高后時。然而周桂鈿據《春秋繁露·楚莊王》云：「春秋分十二世以為三等：有見、有聞、有傳聞……哀、定、昭，君子之所見也……所見六十一年」，推論說：「孔子生於襄公時代，卻只說他『見三世』共六十一年，對孔子十歲以前的少年兒童時期不列入『見世』，認為兒童還不懂世間複雜事。也按此標準，董仲舒十歲時正在惠帝、高后時代，正好可親見四世：惠帝（高后）世、文帝世、景帝世、武帝世。」如此，則董仲舒生年可以為「公元前204年至公元前192

博通五經，尤擅長於《春秋》，《史記·儒林列傳》云：「漢興至於五世之間，唯董仲舒名爲明於《春秋》，其傳公羊氏也。」其年少時即研治《春秋》，景帝時，與胡母生同爲博士，俱傳授公羊學。時間一久，弟子越來越多，於是後來的便直接從先來的輾轉受業，以致未曾見過董仲舒。其治學甚爲專精勤奮，曾經三年「不觀於舍園」；爲人守正不阿，言行舉止，莫不合乎禮節，極受當時的學者所推崇尊仰。

武帝即位後，數度詔舉賢良文學之士，董仲舒於對策時，〔註4〕根據《春秋》大義闡述「天人相與」的道理，提出尙德遠刑、任賢養士、改制更化及獨尊儒術等多項施政原則。由於董仲舒陳述的王道政治理想，頗能契合「內多欲而外

年」。再與桓譚所說「年至六十餘，不窺園中菜」、「懸車致仕」二事結合起來，於是結論爲「折衷一下，約生於公元前198年」。

〔註4〕關於董仲舒對策之年，主要有二說：
1.《漢書·武帝紀》載於元光元年。
2.《資治通鑑》載於建元元年。
按《資治通鑑》繫對策於建元元年的理由爲：《漢書·董仲舒傳》云：「仲舒對策，推明孔氏，抑黜百家，立學校之官，州縣舉茂才孝廉，皆自仲舒發之。」據《漢書·武帝紀》載舉孝廉在元光元年冬十一月，而對策在夏五月，不得云自仲舒發之。（秦用顓頊曆，以冬十月爲歲首，漢初沿用此種曆法，仍以十月爲歲首，所以「冬十一月」在「夏五月」之前。）此或如王先謙《漢書補注》所說，是班固對董仲舒的「溢美之辭」，或如周桂鈿所說：「郡國舉賢良孝廉，雖然早已有之，但董仲舒建議各郡國『歲貢各二人』的定員制度，也屬首創。因此，班固說這些『皆自仲舒發之』，不爲無據，也不爲過譽。」蘇輿亦主建元元年之說，其理由有二：一爲《史記·儒林列傳》云：「今上即位，爲江都相」，所以爲相在建元元年，則對策即在建元元年；二爲「建元六年遼東高廟災，生且下吏，若如武紀在對策前，則名尚未顯，主父偃何自嫉之」。第一個理由誠如徐復觀所說：「按史公上文『即位』一辭乃泛說，並非確指『即位之年』，此不足爲堅證。」第二個理由認爲竊書上奏於建元六年則非。按《漢書·主父偃傳》載：「元光元年迺西入關」，則主父偃不可能於入關前竊董仲舒災異書。且《漢書·董仲舒傳》明云：「先是遼東高廟、長陵高園殿災，仲舒居家推說其意，草稿未上」，可知高廟、高園殿災在前，而董仲舒對策在後。綜上觀之，當從《漢書·武帝紀》將對策繫於元光元年，而主父偃竊書上奏當在元光元年入關，二年爲郎中、太中大夫後。此外，洪邁於《容齋隨筆》所提親耕籍田的問題，與施之勉〈董子年表訂誤〉所提的「建元二年十月，御史大夫趙綰、郎中令王臧以得罪竇太后，皆下獄自殺」事，皆爲董仲舒對策不在建元元年的明證。而《春秋繁露·止雨》有江都易王二十一年八月，江都相仲舒告內史中尉止雨一事，據《史記·漢興以來諸侯年表》江都易王二十一年，爲武帝元光二年。元光二年董仲舒爲江都相，正與本傳所云「對既畢，天子以仲舒爲江都相，事易王」合，此亦董仲舒對策在元光元年的明證。

施仁義」〔註5〕的武帝，滿足其好大喜功的心理，於是任命他爲江都相。江都易王爲武帝兄長，個性向來驕慢，好能逞強。董仲舒常以禮義規諫匡正其疏失，深獲易王敬重。易王曾問越王勾踐的大夫泄庸、文種、范蠡三人是否可稱爲「越之三仁」？董仲舒表示：有仁德的人，應「正其誼不謀其利，明其道不計其功」，五伯先詐力而後仁義，孔子的門人尚且羞於稱述，何況是只知欺詐的人，當然稱不上是「仁」。易王甚表贊許。董仲舒治理江都，用《春秋》記載的災異變化來推求陰陽交錯運行的軌則。認爲遇旱求雨時，便應禁閉諸陽，放縱諸陰；遇澇止雨時，恰好相反。江都易王二十一年（即武帝元光二年），天久陰雨，董仲舒擔心繼續下雨會損傷五穀，於是告訴內史中尉上述止雨的方法。

曾經推論建元六年遼東高廟、長陵高園殿火災的原因，認爲漢承亡秦的積弊，又遭諸侯恣睢的重難，武帝應效法天意，視「親戚貴屬在諸侯遠正最甚者」與「近臣在國中處旁仄及貴而不正者」皆「忍而誅之」。〔註6〕董仲舒深知此議必引起諸侯大臣的反對與不滿，因此擬具草稿後並未上奏，豈料被來訪的主父偃私下看見，心生嫉恨，於是竊取而上奏。武帝召集群儒議論看法，董仲舒的弟子呂步舒不知是自己的老師所寫，認爲荒謬愚妄。董仲舒因而獲致死罪，幸蒙詔赦，得免死罪，而廢爲中大夫。董仲舒自此以後不敢再談論災異之事。

董仲舒爲人清廉正直，公孫弘因嫉恨董仲舒不齒其阿諛諂媚而位至公卿，遂於任宰相後推薦董仲舒擔任膠西相。膠西王也是武帝的兄長，個性十分殘賊暴戾，恣意妄爲，「數害吏二千石」。膠西王知道董仲舒是大儒而善加禮遇，但是董仲舒惟恐久待難免獲罪，於是藉病請辭。

董仲舒前後輔弼兩位驕王，皆能端正己身以爲下屬表率，屢次上奏疏勸諫爭取，使國內能普受教化而安居樂業。卸下職務返回家中後，始終不關心個人產業問題，而致力於鑽研學問及著書。朝廷每遇大事，議而難決時，便派遣使者與廷尉張湯到董仲舒住處來請教，董仲舒皆能依照經術禮法據實詳告。如《春秋繁露・郊事對》所載廷尉張湯以郊事問故膠西相董仲舒，即爲一例。又《漢書・匈奴傳》贊所載的議對匈奴策，《漢書・食貨志》所載的上書議限民名田、鹽鐵歸民等，亦當在歸居以後。約於元鼎元、二年，〔註7〕

〔註5〕 見《史記・汲鄭列傳》，新校標點本，頁3106。
〔註6〕 見《漢書・五行志》，新校標點本，頁1332。
〔註7〕 關於董仲舒卒年問題，約可分爲二組：
　　1. 蘇輿〈董子年表〉止於武帝太初元年；周桂鈿認爲「董仲舒死於元封四年以後，太初元年之前。」

董仲舒年老而壽終於家。

二、著　作

　　董仲舒的著作甚多，《漢書‧藝文志》春秋類有《公羊董仲舒治獄》十六篇，儒家類有《董仲舒百二十三篇》。前者內容係以《春秋》大義斷獄的事例，《後漢書‧應劭傳》所說的董仲舒「於是作《春秋決獄》二百三十二事」，當即此十六篇。《隋書‧經籍志》有董仲舒撰《春秋決事》十卷；《舊唐書‧經籍志》法家類有董仲舒撰《春秋決獄》十卷；《新唐書‧藝文志》法家類有《董仲舒春秋決獄》十卷。《崇文總目》云：「《春秋決事比》十卷，漢董仲舒撰……今頗殘缺，止七十八事。」可見此書唐時猶存，而至北宋已殘缺，但類書往往引用。此書不見錄於陳振孫《直齋書錄解題》，王應麟《漢書藝文志考證》云：「仲舒《春秋決獄》，今不可見」，蓋南宋已亡佚。現有馬國翰《玉函山房輯佚》輯存七條，王謨《漢魏遺書鈔》輯存六條。〔註8〕後者即《漢書‧董仲舒傳》所謂的「明經術之意及上疏條教，凡百二十三篇」。此外，本傳尚有「說《春秋》事得失，〈聞舉〉、〈玉杯〉、〈蕃露〉、〈清明〉、〈竹林〉之屬，復數十篇，十餘萬言」。班固《漢書‧藝文志》本於劉歆《七略》，〔註9〕今〈聞舉〉等篇只見於本傳而〈藝文志〉未錄，其可能情況有二：一為董仲舒於百二十三篇外，確實另外著有〈聞舉〉等數十篇，而劉歆未見焉；一為後者係東漢初人由「明經術之意及上疏條教」中，抽出屬於「說《春秋》事得失」的部

2. 施之勉認為「約在元鼎元、二年」；楊樹達《漢書窺管》認為「當在元狩五、六年及元鼎元年三月間」；賴炎元認為「元鼎二年前，董仲舒卒」。
按《漢書‧食貨志》云：「仲舒死後，功費愈甚，天下虛耗，人復相食。」據〈武帝紀〉與〈五行志〉所載，飢人相食事在元鼎三年，則董仲舒之卒年應在元鼎三年以前。此為第二組論證的主要依據。蘇輿〈董子年表〉太初元年下云：「仲舒著書，皆未改正朔以前事，則其卒於太初前可知。」而元鼎至太初間，僅元封元年下繫有董仲舒上書議「鹽鐵歸民」一事。若如各家考訂，大農管鹽鐵及仲舒議鹽鐵事在元狩五年，則年表可向前縮減至元鼎中。至於周桂鈿則以「和親」、「質子」為線索，比對〈匈奴傳〉贊語及傳文，並參考〈武帝紀〉，認為董仲舒議對匈奴策當於元封四年，以證明「董仲舒可能活到元封四年以後」。而賴炎元考《資治通鑑》載單于從趙信之計，請與漢和親事於元狩四年，復據〈武帝紀〉與〈匈奴傳〉考班固贊論董仲舒和親之議，認為「時董仲舒業已致仕居家，與匈奴和親之議，或於此時所上」。未知誰是？有待進一步考證。

〔註8〕參看徐復觀《兩漢思想史》卷二，頁307，學生書局；賴炎元〈董仲舒生平考略〉，《南洋大學學報》第8及第9期，頁33。

〔註9〕見《漢書‧藝文志》，新校標點本，頁1701。

分，加以整理編輯而成，所以劉歆未能見。《後漢書·后紀》云：「明德馬皇后……尤善《周官》、董仲舒書」，注云：「〈玉杯〉、〈蕃露〉、〈清明〉、〈竹林〉之屬」。則隋唐所見的董仲舒書爲〈聞舉〉、〈玉杯〉等數十篇，而非百二十三篇，所以後人遂以《春秋》冠於〈蕃露〉上，做爲董仲舒書的書名。

《春秋繁露》一書，首見於《隋書·經籍志》，其云：「《春秋繁露》十七卷，漢膠西相董仲舒撰」。據《漢魏叢書》云：「《隋志》因阮氏《七錄》，始以《春秋繁露》及《春秋決事》並入經部，又改蕃露爲繁露」，似乎最早著錄該書的是阮孝緒的《七錄》。〔註10〕又《後漢書·儀禮志》劉昭注補亦有著錄，〔註11〕可見南北朝時該書便已流行。至於最先著錄《春秋繁露》篇數的是《崇文總目》，其云：「《春秋繁露》十七卷，漢膠西相董仲舒撰……其書盡八十二篇，義引宏博，非出近世。然其間篇第已舛，無以是正。又即用〈玉杯〉、〈竹林〉題篇，疑後取而附著云。」又《歐陽文忠公文集》卷七十三〈書《春秋繁露》後〉云：「《漢書·董仲舒傳》仲舒所著書百餘篇，第云〈清明〉、〈竹林〉、〈玉杯〉、〈繁露〉之書，蓋略舉其篇名。今其書纔四十篇，又總名《春秋繁露》者，失其眞也。予在館中校勘群書，見有八十餘篇，然多錯亂重復。又有民間應募獻書者，獻三十餘篇，其間數篇在八十篇外。乃知董生之書，流散而不全矣！」《崇文總目》雖說《春秋繁露》有八十二篇，但據歐陽修所見八十餘篇本，其中篇第頗有錯亂重復者，又有四十篇本及八十篇本外的篇章。可見北宋時《春秋繁露》不僅篇章次第訛誤舛奪，且有不同卷數、篇數的版本。南宋時，經樓大防據所得的里中寫本、京師印本、羅氏蘭臺本與潘景憲藏本詳加考校，增補改定後，爲今日所見的《春秋繁露》奠定了基礎。〔註12〕然而本傳所謂〈聞舉〉、〈玉杯〉等爲「數十篇」，而今本有「八十二篇」，近於百篇，且無〈聞舉〉、〈清明〉二篇。由此看來，百二十三篇中亦有部分篇章被採輯入現有的《春秋繁露》，以致前引《崇文總目》與歐陽修〈書《春秋繁露》後〉即以《春秋繁露》爲《董仲舒百二十三篇》。所不同之處，前者認爲用〈玉杯〉、〈竹林〉題篇，是出於後人的附著，後者認爲〈清明〉等，原本即是董仲舒書的篇名。

〔註10〕參看賀凌虛〈董仲舒的治道和政策〉，《思與言》第十卷第4期，頁62。

〔註11〕見《後漢書·儀禮志》，新校標點本，頁3117。

〔註12〕參看〈四明樓大防跋〉，見蘇輿《春秋繁露義證》卷首〈春秋繁露考證〉，頁25～26，河洛圖書出版社。

綜上所述，《春秋繁露》曾經後人數度整理編定。而書名的訂定，則係《漢書》完成以後至《七略》成書以前的輯佚者，因董仲舒書多為闡明《春秋》旨要，於是取〈蕃露〉篇名，冠上「春秋」二字做為全書名稱。〔註13〕至於〈繁露〉立名的本義，則有以下數說：或著眼於內容，據《博物志》：「牛亨問崔豹：『冕旒以繁露者何？』答曰：『綴玉而下垂如繁露也。』」以為董仲舒書的內容，實為帝王治理國家的方法，因此取冕旒上的「繁露」作為象徵；〔註14〕或著眼於方法，據《逸周書‧王會解》：「天子南面立，絻無繁露。」注云：「繁露，冕之所垂也。」認為《春秋》多採用「屬辭比事」以寄寓微言大義，如「繁露」的聯貫，所以「仲舒立名，或取諸此」；〔註15〕或著眼於功用，據《周禮‧大司樂》賈公彥疏：「前漢董仲舒《春秋繁露》，繁多露潤，為春秋作義，潤益處多。」認為董仲舒書能發揮潤澤政治、社會、人生等多方面作用，所以取「繁多露潤」作為比喻。〔註16〕各執一端，似皆可通，未審孰是？至於此八十二篇的內容，除第三十九篇、第四十篇與第五十篇闕文外，其餘七十九篇的內容大概可以分為四部分：從〈楚莊王〉第一到〈俞序〉第十七，共十七篇，主要在於發揮《春秋》的微言大義，是董仲舒天人思想的基礎部分；從〈離合根〉第十八到〈諸侯〉第三十七，共二十篇，主要在於論述君主治理國家的原則與方法，範圍包括人性、仁義、禮樂、制度等方面，是董仲舒天人思想的實踐部分；從〈五行對〉第三十八到〈五行五事〉第六十四，以及〈天地行〉第七十七到〈天道施〉第八十二，共三十篇，主要在於探究天地陰陽的運行，災異的發生與消除，以闡揚天人相與的道理，是董仲舒天人思想的結構及內涵部分；從〈郊語〉第六十五到〈祭義〉第七十六，共十二篇，是敘述祭祀天地、宗廟與求雨、止雨的儀式及意義，發揮尊天敬祖的道理，可視為是董仲舒天人思想的應用部分。〔註17〕

現在可以見到的董仲舒的言論著作，除《春秋繁露》與上述《春秋決獄》輯佚十三條外，見於《漢書》者有〈董仲舒傳〉的「賢良對策」三策，〈食貨志〉的「使關中民種麥」、「限民名田」二端，〈匈奴傳〉贊的「論禦匈奴」一端，〈五行志〉中董仲舒言災異的七十七事；此外，《藝文類聚》有〈士不遇

〔註13〕同註10。
〔註14〕參看徐復觀《兩漢思想史》卷二，頁311，學生書局。
〔註15〕參看〈南宋館閣書目〉，見蘇輿《春秋繁露義證》卷首考證，頁18～19，河洛圖書出版社。
〔註16〕參看韋政通《董仲舒》，頁4，東大圖書公司。
〔註17〕參看賴炎元《春秋繁露今註今譯》自序，頁4，台灣商務印書館。

賦〉一篇，此亦見於《古文苑》；《古文苑》另有〈雨雹對〉、〈詣丞相公孫弘記室書〉二篇；《後漢書・儀禮志》注所引的〈奏江都王求雨〉；《周禮・宗伯・太祝》注所引的〈救日食祝〉；《抱朴子・論仙》所引的〈李少君家錄〉。這些散見的言論著作，可能包括在本傳所著錄的百二十三篇中，〔註18〕也可能有後人偽託誤傳的作品。〔註19〕

三、《春秋繁露》真偽辨

《春秋繁露》一書，宋代以前，未聞有提出質疑者。首先攻詰《春秋繁露》係偽作而且影響最大的是南宋的程大昌，其〈書秘書省繁露書後〉云：

> 右《繁露》十七卷，紹興間董某所進。臣觀其書，辭意淺薄，間撥取董仲舒策語雜置其中，輒不相倫比，臣固疑非董氏本書。又班固記其說《春秋》凡數十篇，〈玉杯〉、〈繁露〉、〈清明〉、〈竹林〉各爲之名，似非一書。今董某進本，通以〈繁露〉冠書，而〈玉杯〉、〈清明〉、〈竹林〉特各居其篇卷之一，愈益可疑。他日讀《太平寰宇記》及杜佑《通典》，頗見所引《繁露》語言，顧今書皆無之。《寰宇記》曰：「三皇驅車抵谷口」，《通典》曰：「劍之在左，蒼龍之象也；刀之在右，白虎之象也；軾之在前，朱雀之象也；冠之在首，玄武之象也。四者，人之盛飾也。」此數語者，不獨今書所無，且其體致全不相似，臣然後敢言今書之非本眞也。

據上所述，程氏以此書爲偽所持的理由有三：一爲辭意淺薄；二爲以《繁露》爲書名，而〈玉杯〉等僅爲其中一篇；三爲《太平寰宇記》及《通典》二書所引《繁露》語辭，皆程氏見本所無。關於第一點，黃震亦持類似看法，其《黃氏讀書日抄》云：「愚按今書惟對膠西王越大夫之問，辭約義精，而具在本傳。餘多煩猥，至於理不馴者有之。」此實由於對董仲舒思想內涵缺乏全面及深入了解而做的主觀判斷，不足爲憑。證諸同屬對該書表示存疑的《崇文總目》卻認爲「義引宏博」，而《四庫全書總目提要》亦表示「中多根極理要之言」，即

〔註18〕同註14，頁309。

〔註19〕蘇輿〈董子年表〉云：「〈御覽〉七百二十四引《神仙傳》云：李少君與議郎董仲舒相親，見仲舒宿有固疾，體枯氣少云云。仲舒爲議郎，史傳不見。《抱朴子・論仙篇》亦引董仲舒李少君家錄，《漢武內傳》亦有東方朔、董仲舒侍之文，蓋並董仲君之訛。董仲君爲方士，見《廣明弘集》。」可見以〈李少君家錄〉爲董仲舒撰，當屬訛傳。

可明曉。關於第二點，陳振孫看法大致相同，其《直齋書錄解題》云：「其最可疑者，本傳載所著書百餘篇，〈清明〉、〈竹林〉、〈繁露〉、〈玉杯〉之屬。今總名曰《繁露》，而〈玉杯〉、〈竹林〉則皆其篇名，此決非其本眞。」據此而認爲書名僞則可，若認爲書僞則不可。依本傳「〈聞舉〉、〈玉杯〉、〈蕃露〉、〈清明〉、〈竹林〉之屬，復數十篇」看來，〈聞舉〉等應爲篇名而非書名，顏師古注謂「皆其所著書名」，不知何據。《繁露》之由篇名變爲書名，或由於後人輯佚時，〈繁露〉列於第一篇，刊行時遂以全書第一篇篇名作爲書名；〔註20〕或由於輯佚者認爲〈繁露〉一名的意義可以涵蓋全書，遂取以爲書名。因此，蘇輿懷疑〈楚莊王〉異於全書各篇，取篇首三字作爲篇名，係由於該篇「本名〈繁露〉，後人以避總書，改今篇名」。〔註21〕即使如顏注皆爲書名，亦當以《崇文總目》所說的「然其間篇第已舛，無以是正，又即用〈玉杯〉、〈竹林〉題篇，疑後人取而附著云」，較爲允當。至於第三點，雖然程氏認爲是最有力的證據，卻只能證明在宋代《春秋繁露》已出現若干不同的版本，不足以判定其書非本眞。蓋程氏先前所讀的《太平寰宇記》、《通典》及後來又讀的《太平御覽》，三書所引的《繁露》語雖爲其所見今本所無，然而樓大防於嘉定年間刻刊現行本時於跋中即指出：「後見尙書程公跋語，亦以篇名爲疑；又以《通典》、《太平御覽》、《太平寰宇記》所引《繁露》之言，今書皆無之，遂以爲非董氏本書……開禧三年，今編修胡君仲方矦宰萍鄉，得羅氏蘭臺本，刊之縣庠，考證頗備，先程公所引三書之言，皆在書中，則知程公所見者未廣，遂謂爲小說者，非也。然止於三十七篇。」〔註22〕綜上所述，程氏的理由，可謂皆難以成立。

自程大昌以後，懷疑《春秋繁露》者，所持理由大體未超出前述範圍。直至戴君仁，爲了反駁梁啓超〈陰陽五行說之來歷〉，替董仲舒辯誣，才提出「董仲舒不說五行」的新論點。〔註23〕戴氏認爲董仲舒不說五行的主要證據有二：一爲《漢書‧五行志》中董仲舒災異說部分，「內容祇說到陰陽而不及五行」；一爲《漢書‧董仲舒傳》所載〈賢良對策〉三篇，「裡面也祇有陰陽說而無五行說」。戴氏羅列〈五行志〉中有關董仲舒對《春秋》災異的推演，事實上祇能證明其不用五行學說來解釋《春秋》，並不足以證明其絕不談五行

〔註20〕參看梁桂珍〈董仲舒學說與其時代精神〉，《孔孟學報》第51期，頁250。
〔註21〕見蘇輿《春秋繁露義證》，頁1。
〔註22〕同註12。
〔註23〕見〈董仲舒不說五行考〉，原載《中央圖書館館刊》新二卷2期；後輯入《梅園論學集》，頁319，台灣開明書店。

問題。陰陽五行乃秦漢之際盛行的學說，董仲舒也援用陰陽五行來論證其思想理論，但在處理運用上，陰陽與五行各有不同的領域。如《春秋繁露·天地陰陽》云：「天意難見也，其道難理，是故明陰陽入出、實虛之處，所以觀天之志；辨五行之本末、順逆、小大、廣狹，所以觀天道也。天志仁，其道也義。為人主者，予奪生殺，各當其義，若四時；列官置吏，必以其能，若五行；好仁惡戾，任德遠刑，若陰陽。此之謂能配天。」即明白地將量能授官畫分於「五行」的領域，德刑善惡畫分於「陰陽」的領域，由於二者不僅在範圍上有大小的差異，而且在董仲舒的思想中也有輕重的區別，所以在《春秋繁露》中，言陰陽的篇幅遠超過言五行的部分。董仲舒緣災異以見天意，目的在使君主勸善去惡、任德遠刑，所以推演災異衹言及陰陽，不能據此認定「董仲舒不說五行」。〈賢良對策〉與《春秋繁露》在以陰陽推演災異及強調任德遠刑方面，二者是一致的；但是〈賢良對策〉受到策問內容的限制，在論述上與《春秋繁露》有多寡詳略的差別，不能因〈賢良對策〉未論及五行，便認為「《繁露》中關於五行的部分，非仲舒所作」。桓寬《鹽鐵論·論災》云：「文學曰：『始江都相董生推言陰陽，四時相繼。父生之，子養之；母成之，子藏之。』」此處文學所引，義正取自《春秋繁露·五行對》。因此，徐復觀認為「可以說不言五行，便不成其為董仲舒了」；〔註24〕並更進一步由《春秋繁露》中「五行之氣，尚未與陰陽之氣，融合為一體」，從思想演進的角度，衡斷今日所見的《春秋繁露》，「只有殘缺，並無雜偽」。〔註25〕

　　總而言之，今本《春秋繁露》非由董仲舒親自編訂，而是經由後人多次輯佚整理而成，其中難免有舛誤訛奪的地方。不過，考察其內容，實足與《漢書》所載董仲舒的言論著作相互闡發，且符合漢初學術思想的形態，是據以研究董仲舒思想的重要資料。

第二節　漢初的政治思想與學術潮流

一、黃老思想的本質

　　由史書的記載，我們可以看出黃老思想在漢初是政治的指導原則，並且

〔註24〕同註14，頁314。
〔註25〕同註14，頁316。

獲得豐碩的成果。《史記·呂后本紀》云：「孝惠皇帝、高后之時，黎民得離戰國之苦，君臣俱欲休息乎無爲。故惠帝垂拱，高后女主稱制，政不出房戶，而天下晏然，刑罰罕用，罪人是希。民務稼穡，衣食滋殖。」《漢書·景帝紀》云：「周秦之蔽，罔密文峻，而姦軌不勝。漢興，掃除煩苛，與民休息。至於孝文，加之以恭儉。孝景遵業，五、六十載之間，至於移風易俗，黎民醇厚。周云成康，漢言文景，美矣！」由上所述，可知「清靜無爲」、「與民休息」是漢初政治的特色，其目的在於矯正秦法酷厲的缺失。秦亡的教訓一直是西漢知識分子關心的問題，如陸賈《新語·輔政》云：「秦以刑罰爲巢，故有覆巢破卵之患。」賈誼〈治安策〉云：「秦王置天下於法令刑罰，德澤無一有，而怨毒盈於世，下憎惡之如仇讎。禍既及身，子孫誅絕，此天下之所共見也。」補救、矯正秦法弊端的黃老清靜無爲思想適時成爲政治主流，正反映了漢初統治階層對秦法嚴酷的深切反省。

然而，漢初政治除了主張清靜無爲、與民休息以補救秦法的缺失外，另有承襲秦制的一面，《漢書·百官公卿表》云：「秦兼天下，建皇帝之號，立百官之職，漢因循而不革，明簡易隨時宜也。」《漢書·律曆志》云：「漢興，方綱紀大基，庶事草創，襲秦正朔。」由此可知，「漢承秦制」是很明顯的。而秦制是與法家脫離不了關係的，《漢書·刑法志》云：「漢興，高祖初入關，約法三章……其後四夷未附，兵革未息，三章之法不足以御奸。於是蕭何攈摭秦法，取其宜於時者，作律九章。」由此可見，作爲漢法基礎的，並不是高祖初入關時故意示寬的「法三章」，而是蕭何依據秦法取適合時用而制定的「律九章」。清靜無爲的道家性格與沿襲秦制的法家取向所以能並存，所憑藉的正是黃老思想。

以往我們對於黃老思想的了解，只能由漢初採行清靜無爲的政策上，去判定它與道家間的關係；由司馬遷將老、莊、申、韓合傳，並稱「申子之學，本於黃老而主刑名」，及韓非「喜刑名法術之學，而其歸本於黃老」，去推測它與法家間的關係。然而對其內容究竟如何？根本一無所知。直到西元 1973 年長沙馬王堆三號漢墓帛書的出土，才彌補了此一遺憾，揭示了黃老思想的真實面目。根據出土的《黃老帛書》來推斷，我們知道所謂的黃老思想，乃是戰國中期以來假託黃帝名義立說的言論，於戰國秦漢間與老子思想結合而成的新學說。雖然它的理論基礎是道，實際重點卻在於強調刑名法術，可說是道家後學向法家轉化的一派。

　　《黃老帛書》視「道」爲萬物根源的看法，很明顯是受到《老子》的影響。〈十六經·行守〉云：「無刑（形）無名，先天地生，至今未成。」〈道原〉云：「盈四海之內，又包其外。在陰不腐，在陽不焦⋯⋯萬物得之以生，百事得之以成。人皆以之，莫知其名；人皆用之，莫見其刑（形）。一者其號也，虛其舍也，無爲其素也，和其用也。」這些對「道」的永恆性、遍在性及超驗性格的描述，顯然是承自《老子》。但其中亦不乏對「道」有進一步的推演，如〈道原〉中以「濕濕夢夢」來形容「道」，類似《淮南子·原道》中以「混混滑滑、濁而徐清」來形容「道」，似乎略具物質的初態，與「精氣」之類東西相接近了。除了「道」以外，「法」與「刑（形）名」同樣是《黃老帛書》的核心論題，甚至於可說是論「道」的最終目的。換句話說，它們是以「道」爲理論基礎，去闡述「法」與「刑（形）名」的主張。亦即是說，強調自然的天道，只是爲了從中提煉出「名」、「分」、「理」、「度」來，作爲建立政治秩序和人事行爲的準據。

　　「道生法」的觀念是《黃老帛書》結合道法兩家思想的具體表現，〈經法·道法〉云：「道生法。法者，引得失以繩，而明曲直者也。〔故〕執道者生法而弗敢犯也，法立而弗敢廢〔也〕⋯⋯故執道者之觀於天下也，無執也，無處也，無爲也，無私也。」此即是以「道」爲「法」的根源，法由道而來，也就是體現了道，因此「執道者」絕對不敢犯法、廢法，而且循法而行就是任道而治，「執道者」治理天下，必須循法以掌握無執、無處、無爲、無私的原則。《黃老帛書》一方面以「道生法」的觀念結合道法，轉化了《老子》的「道」；一方面又以循「法」而行解釋「無爲」，轉化了「老子」的「無爲」，明顯與《老子》反法的基本立場不同。而「刑（形）名」與「法」一樣，是「道」在人間社會的體現，要讓「道」在政治運作上發揮功用，首要工作是確立「刑（形）名」，〈經法·道法〉云：「天下有事，无不自爲刑（形）名聲號矣。刑（形）名已立，聲號已建，則无所逃跡匿正矣。」此即是以「刑（形）名」做爲規範天下事物的準則；其次要審名察形，〈十六經〉云：「欲知得失請（情），必審名察刑（形）。刑（形）恆自定，是我俞（愈）靜；事恆自㐁（施），是我無爲。」此即謂能循名責實，達於名實一致，就可以完全掌握事物，我清靜無爲而「物自爲正」。因此，檢覈「刑（形）名」即可以「握少以知多」、「操正以正奇」，即將「刑（形）名」視爲「無爲」的根據。《黃老帛書》提倡「刑（形）名」的目的，在於嚴格規定名分，建立尊主卑臣的制度，由〈經法·大分〉中所謂的「六道」、「六順」、「六危」內容看來，黃老思想是站在維護君權的立場來講求職責分明的形名法術的。

〈經法・大分〉云：「爲人主，南面而立。臣敬肅，不敢蔽（蔽）其上；下比順，不敢蔽（蔽）其上。」〈稱〉云：「失其天者死，欺其主者死，翟（敵）其上者危。」都是尊君思想的發揮。《黃老帛書》中雖有相當程度的法家傾向，但並非毫無選擇的照單全收。「法」與「道」的結合，不僅將人君也納入制約範圍中，維護了「法」的公正性、無私性，而且使「法」的制定更爲合理可行；刑德相養、先德後刑的主張與慈惠愛人、毋奪民時的觀念，汲取了儒家德教政治的理念，導正法家嚴刑峻罰、濫用民力的偏失。此外，還吸收了墨家兼愛無私的觀點、陰陽家將事物區分爲陰陽兩類的方法，可見《黃老帛書》雖以道法爲主，仍表現出相當程度的綜合傾向。〔註26〕

　　由上述對黃老思想的說明，我們可知黃老思想之所能在漢初取得主導地位，絕不是單純地因爲它提出了「清靜無爲」的抽象原則，改善了民生狀況；而是道家與法家匯流後，使得它在「君人南面之術」方面發展了一套具體辦法，有助於鞏固大一統的專制政權，因而受到帝王的青睞。〔註27〕至於備受知識分子抨擊的法家，則藉由依附道家思想，得到生存活動的空間，並企圖將之融合轉化，降低了原來的嚴格性與侵略性，在專制政體裡發揮安定政權與維持秩序的作用。

二、融合各家的學術潮流

　　先秦諸子的百家爭鳴，爲中國思想史揭開了燦爛的扉頁，但由於皆屬「各引一端，崇其所善，以此馳說，取合諸侯」。〔註28〕不免囿於主觀見解的限制，無法跳脫窠臼而做全面的觀照，導致蔽於一隅的疏失，誠如《荀子・解蔽》所云：「墨子蔽於用而不知文，宋子蔽於欲而不知得，慎子蔽於法而不知賢，申子蔽於勢而不知知，惠子蔽於辭而不知實，莊子蔽於天而不知人……此數具者，皆道之一隅也。夫道者，體常而盡變，一隅不足以舉之。」《莊子・天下》亦云：「天下大亂，聖賢不明，道德不一，天下多得一察焉以自好。譬如耳目鼻口，皆有所明，不能相通。猶百家眾技也，皆有所長，時有所用。雖然，不該不徧，一曲之士也……悲夫，百家往而不反，必不合矣！後世之學者，不幸不見天地

〔註26〕關於黃老思想部分，主要參考下列三書：(1) 林聰舜《西漢前期思想與法家的關係》，大安出版社；(2) 陳麗桂《戰國時期的黃老思想》，聯經出版事業公司；(3) 任繼愈主編《中國哲學發展史・秦漢》，人民出版社。
〔註27〕參看余英時《歷史與思想》，頁14，聯經出版事業公司。
〔註28〕見《漢書・藝文志》，新校標點本，頁1746。

之純，古人之大體，道術將爲天下裂。」皆是歎惋各家偏執一隅，不能互相溝通交流，導致道術破裂難全，此可視爲思想調和的前奏。學術思想的變遷，往往和政治情勢的演變採取相同的步調，隨著政治結構由封建趨向大一統，「各騁其說，取合諸侯」的客觀環境條件逐漸消失，各家學說在長期的相互攻訐、論辯與對峙後，出現了相互吸收、融合的新趨勢。《呂氏春秋・不二》云：「聽群眾人議以治國，國危無日矣。何以知其然也？老聃貴柔，孔子貴仁，墨翟貴廉，關尹貴清……有金鼓，所以一耳也；必同法令，所以一心也；智者不得巧，愚者不得拙，所以一眾也；勇者不得先，懼者不得後，所以一力也。故一則治，異則亂；一則安，異則危。」正是明白地要求結束先秦的百家爭鳴，以取得思想的統一，而國家的安定也得以維護。司馬談在〈論六家要旨〉中，首先引《易傳・繫辭》的「天下一致而百慮，同歸而殊途」，來肯定陰陽、儒、墨、名、法、道德各家學說在「爲治」上的價值，其後論述道家的特色云：「使人精神專一，動合無形，贍足萬物。其爲術也，因陰陽之大順，采儒墨之善，撮名法之要，與時遷移，應物變化，立俗施事，無所不宜，指約而易操，事少而功多。」〔註29〕此正說明了漢初學術思想混合諸子百家的現象，然司馬談所謂的道家即前文所說的，以道、法爲主吸收各家，而表現出綜合傾向的黃老思想。〔註30〕再就其對各家優缺點的評論，可知其所謂的「因陰陽之大順，采儒墨之善，撮名法之要」是就「爲治」的觀點去從事思想的融合。

在司馬談所提的六家中，墨家由於與儒家思想頗有相合之處，因此漢人每以儒墨並舉；又因墨徒固守師說，不知與世推移，以致韓非時尚爲「顯學」的墨家，至漢初除尚賢兼愛諸要義附儒學流傳外，已漸趨衰頹以至消失。〔註31〕名家則由於其「認知旨趣」的思辯名理，一向被評爲「琦辭怪說」〔註32〕、「苛察繳繞」〔註33〕、巧辯明察卻不實際，以致被以「實踐旨趣」〔註34〕爲歸宿的孔子「正名」思想與韓非「形名」學說所取代。因此，在此思想融合的潮流中，墨名二家祇居於陪襯地位，而以儒、道、法、陰陽四家爲主。其中尤以陰陽思

〔註29〕見《史記・太史公自序》，新校標點本，頁3288。

〔註30〕《史記・太史公自序》謂司馬談「習道論於黃子」，裴駰《史記集解》引徐廣曰：「〈儒林傳〉曰黃生，好黃老之術。」則司馬談所學「道論」即爲黃老思想。

〔註31〕參看蕭公權《中國政治思想史》，頁280，聯經出版事業公司。

〔註32〕見《荀子・非十二子》。

〔註33〕見司馬談〈論六家要旨〉。

〔註34〕關於「認知旨趣」與「實踐旨趣」請參看勞思光《中國哲學史》第一卷，頁343、349，友聯出版社。

想扮演理論架構的角色最爲特殊。

　　陰陽五行學說的盛行，導致氣化宇宙論的形成。此當追溯到戰國時期的陰陽家鄒衍，其以「五德終始」論述人世間「帝運更迭」的歷史法則；以「陰陽消息」說明宇宙間「四時變化」的自然規律。〔註35〕《呂氏春秋》繼承鄒衍陰陽五行思想，以陰陽二氣的離合生成，說明四時與十二月的形成與終始循環；以五行配置四時與方位，構成了時間與空間；再以「精氣」做爲天、地、人相互感通的憑藉，建立起氣化宇宙的模式。《淮南子》在《呂氏春秋》的基礎上，更詳盡地敘述了宇宙時空的起源和演化，展示了客觀世界的多樣性和複雜性，陰陽五行的結構更趨精密與完備。董仲舒繼承《呂氏春秋》與《淮南子》以陰陽五行所構建的宇宙模式，以《春秋》公羊學爲基礎，將儒家的基本理論輸入其中，不僅使自然律則與人事政治緊密結合在一起，更使《易傳》、《中庸》以來儒家所嚮往的「人與天地參」的觀念得到具體的落實。氣化宇宙論是以對自然現象的觀察與生活經驗爲根據，加上夾雜主觀臆想的類推，形成其「天人感應」的理論。以今日的科學知識看來固屬幼稚荒謬，但其用心在於試圖溝通天、地、人，由探索天地自然的運行變化，來建立政治規範與社會制度，其實踐取向的哲學進路，和先秦諸子是一致的。《呂氏春秋・序意》云：「蓋聞古之清世，是法天地。凡十二紀者，所以紀治亂存亡也，所以知亂夭吉凶也。上揆之天，下驗之地，中審之人。若此，則是非可不可，無所遁矣。」《淮南子・要略》云：「夫作爲書論者，所以紀綱道德，經緯人事，上考之天，下揆之地，中通諸理。」儘管同樣以陰陽五行爲理論架構，以溝通天人爲成書宗旨，但是內涵卻不盡相同，《呂氏春秋》是在法家政治的現實基礎上，融合各家思想，而以儒家精神變換法家；《淮南子》則在道家思想的基礎上，以「法」來轉化道家的無爲，並以儒家爲歸結。至董仲舒始以儒家爲主，融合各家而完成其「天人相與」的思想體系。

第三節　董仲舒思想的多元特性

一、以儒家思想爲內涵

　　從史書的記載與《春秋繁露》徵引六經及《論語》的情形看來，董仲舒

〔註35〕參看王夢鷗《鄒衍遺說考》，頁54，台灣商務印書館。

的思想立場爲儒家是無庸置疑的。「仁」、「義」、「禮」是孔子學說的基本理論；
孟子強調主觀心性，在「仁義」方面多所發揮；荀子偏重客觀人文，在「禮
義」方面論述較詳。茲就「仁」、「義」、「禮」三端，探究董仲舒對儒學的繼
承與發展。

　　「愛人」是孔子對「仁」所提示的基本原則，孟子則以「不忍人之心」、
「惻隱之心」來說明「仁之端」，董仲舒加以綜合並詳細闡述，其《春秋繁露·
必仁且智》云：

> 何謂仁？仁者，憯怛愛人，謹翕不爭，好惡敦倫，無傷惡之心，無
> 隱忌之志，無嫉妒之氣，無感愁之欲，無險詖之事，無辟違之行。
> 故其心舒，其志平，其氣和，其欲節，其事易，其行道，故能平易
> 和理而無爭也，如此者，謂之仁。

此不僅就積極與消極兩方面說明仁的內涵，而且還說明其所能達到的效果。
在實踐途徑上，孔子主張「己欲立而立人，己欲達而達人」，孟子擴充爲「親
親而仁民，仁民而愛物」，董仲舒本「仁之法在愛人」加以闡發，其《春秋繁
露·仁義法》云：

> 人不被其愛，雖厚自愛，不予爲仁……質於愛民以下，至於鳥獸昆
> 蟲莫不愛，不愛，奚足謂仁……然則觀物之動而先覺其萌，絕亂塞
> 害於將然而未形之時，《春秋》之志也，其明至矣，非堯舜之智，知
> 禮之本，孰能當此……是以知明先，以仁厚遠。遠而愈賢，近而愈
> 不肖者，愛也。

第一段即孔子「推己及人」之意；第二段即孟子「仁民愛物」之意；第三段
乃進一步闡述愛人的最佳表現在於「思患而豫防之」，此除了仁心之外，還
要具備見微知著、辨本詳始的睿智；第四段說明愛所包含的範圍愈遠大則愈
賢能。由上可知，董仲舒論「仁」可謂悉本於孔孟，其不同於孔孟者，在於
多了一層「天人相與」的比附，如《春秋繁露·王道通三》所謂的「人之受
命於天也，取仁於天而仁也」，即認爲仁是由天而來。此實因其用心在於「如
何使仁政的實踐在專制政體成爲可能」，而非「理論之應然」，所以跳越「根
源問題」而致力於「完成問題」，〔註36〕以致未能在「主體自覺」方面有所

〔註36〕勞思光認爲「董氏立說，實以爲德性問題僅是一『完成問題』，而不知最根本
　　　　處尚有一『根源問題』存在，於是全不能接觸儒學心性論之本義」，與本文看
　　　　法不同。見《中國哲學史》第二卷，頁31，友聯出版社。

繼承與開展，此誠爲董仲舒不足的地方，然不應據此而全盤否定其思想價值。

孔子論「仁」，除包含「愛人」的治人方面，尚包含「克己復禮」的修己方面；董仲舒論「仁」則僅偏於治人方面，修己問題則劃歸於「義」。孔子所說的「義」，皆指「正當」或「道理」而言，如「聞義不能徙，不善不能改」〔註37〕、「見利思義、見危授命」〔註38〕中的「義」皆指正當之理，引申有規範的意思；孟子則以「羞惡之心」爲「義之端」，以「人皆有所不爲，達之於其所爲」〔註39〕做爲「義」的標準；董仲舒本「義之法在我」加以闡發，其《春秋繁露・仁義法》云：

> 我不自正，雖能正人，弗予爲義……夫我無之而求諸人，我有諸而誹諸人，人之所不能受也，其理逆矣，何可謂義！義者，謂宜在我者，而後可以稱義。故言義者，合我與宜以爲一言，以此操之，義之爲言我也。

以行爲合宜去解釋「義」，與孔孟所說相符，而其刻意區分「仁者，人也；義者，我也」，實有鑒於人們不能明辨其分際，往往用「仁」來寬容自己，用「義」去苛責別人，不僅是對象誤倒，而且違背道理，因此導致禍亂。爲求去害遠禍，尤應使專制君主「求仁義之別，以紀人我之間，然後辨乎內外之分，而著於順逆之處也。是故內治反理以正身，據禮以勸福；外治推恩以廣施，寬制以容眾」。〔註40〕此正董仲舒據孔孟本旨，因應時代變革所提出的新闡釋。與「義」關係密切的是「利」，孔子以喻於「義」或喻於「利」來區別君子與小人；孟子曾揭櫫「仁」、「義」以勸梁惠王「何必曰利」；董仲舒亦主張重義輕利，其《春秋繁露・身之養重於義》云：

> 天之生人也，使人生義與利，利以養其體，義以養其心。心不得義，不能樂；體不得利，不能安。義者，心之養也；利者，體之養也。體莫貴於心，故養莫重於義，義之養生人大於利。

雖然重義輕利的說法和孔孟一致，不過就「利以養其體，義以養其心」的句型看來，「義」似乎外在於「心」，接近荀子客觀的「禮義」，不同於孟子「仁義」內在的主張。董仲舒論「仁」、「義」著重於實踐的工夫，每每忽略價值

〔註37〕見《論語・述而》。
〔註38〕見《論語・憲問》。
〔註39〕見《孟子・盡心下》。
〔註40〕見《春秋繁露・仁義法》。

根源的探索，或直接將之投射於天，以致強調心性論的儒者，往往認爲董仲舒缺乏內在心性的自覺。雖然如此，其「正其誼不謀其利，明其道不計其功」〔註41〕的名言，卻爲後世儒者所津津樂道。

　　至於「禮」，就個人而言，孔子曾以「不學禮，無以立」〔註42〕訓勉伯魚；荀子主張「禮者，所以正身也」〔註43〕；董仲舒亦視「禮」爲成就人格、立身行道的憑藉，其《春秋繁露・立元神》云：

> 天生之，地養之，人成之。天生之以孝悌，地養之以衣食，人成之
> 以禮樂。

就社會國家而言，孔子以端正名分，使「君君、臣臣、父父、子子」做爲施政的根本；荀子認爲「禮者，貴賤有等，長幼有差，貧富輕重皆有稱者也」；〔註44〕董仲舒亦視「禮」爲維持社會秩序的制度，其《春秋繁露・奉本》云：

> 禮者，繼天地，體陰陽，而慎主客。序尊卑、貴賤、小大之位，而
> 差外內、遠近、新故之級者也。

儘管政治制度已由封建變爲專制，而孔、荀、董三人以「禮」具有維持社會秩序的功能，看法上並無二致。所不同者，孔子以「仁」爲「禮」的價值根源，「禮」是由內在心性所顯發的「自覺秩序」，不必依傍「天道」或「自然」；〔註45〕而荀子「天生人成」的禮義系統，則落實於客觀制度，強調「人文化成」，〔註46〕即視天地萬物純爲自然現象，而「禮」是人文制度的表現，其根據在於人的性情而不在於自然的規律；至於董仲舒則仍依「天人相與」的模式，把「禮」的根據直接建立在天地陰陽的自然律則上，以強化實踐禮義的要求。雖然因此而未能與孔孟的心性自覺接榫，可是董仲舒仍以「文質」來處理「禮」的內容與形式的問題，其《春秋繁露・竹林》云：

> 禮者，庶於仁，文質而成體者也。

又〈玉杯〉云：

> 志爲質，物爲文，文著於質，質不居文，文安施質？質文兩備，然

〔註41〕見《漢書・董仲舒傳》，《春秋繁露・對膠西王越大夫不得爲仁》作「正其道
　　　　不謀其利，修其理不急其功」。
〔註42〕見《論語・季氏》。
〔註43〕見《荀子・修身》。
〔註44〕見《荀子・富國》。
〔註45〕參看勞思光《中國哲學史》第一卷，頁47，友聯出版社。
〔註46〕參看韋政通《荀子與古代哲學》，頁77，台灣商務印書館。

後其禮成；文質偏行，不得有我爾之名。

此即是將「禮」區分為本於心志的實質與附著於器物的儀文兩部分，實質是擷取於仁心，而儀文是表現實質的形式。「禮」必須透過形式將內容表現出來才算圓滿完善，所以說「質文兩備，然後其禮成」，此即孔子所謂的「文質彬彬，然後君子」。假如內容與形式無法兼顧時，寧可「有質而無文」，雖然不合於禮，猶有可取的地方，此即孔子所謂的「禮，與其奢也，寧儉！喪，與其易也，寧戚！」〔註47〕至於「有文無質」，非但不合於禮，反而令人感到厭惡，此即孔子所謂的「人而不仁，如禮何？人而不仁，如樂何？」〔註48〕由此可知，董仲舒重質輕文的主張，實深契孔子的本旨。

綜上所述，董仲舒的思想可說是源於孔子而折衷於孟、荀，其不同於先秦儒家之處在於多了一層氣化宇宙論的比附，而未能直接回歸內在心性，以豁顯道德主體，以致在闡揚儒學時，多了「一層特殊的轉折」。〔註49〕此非特時代意識使然，政治體制亦有以致之，先秦儒者面對的是封建制度，董仲舒面對的則是專制帝王，時移勢變，不得不援引陰陽五行為理論架構，賦予儒學新的面貌，使王道思想、仁德教化得以傳承與發展。採取這樣的角度去理解董仲舒，較能去除因陰陽五行外貌而產生的蒙蔽，明白其思想的真正內涵及其用心所在，不致盡斥為「邪妄」〔註50〕而抹殺其歷史意義。

二、援陰陽五行以立說

由先秦典籍中有關「陰陽」、「五行」的言論來考察，陰陽學說發端於戰國中葉的末期，五行學說較陰陽學說約早百年。〔註51〕將此二種不同來歷的學說，加以融合的則是鄒衍，〔註52〕據《史記‧孟子荀卿列傳》謂騶衍「乃深觀陰陽消息而作怪迂之變，〈終始〉、〈大聖〉之篇十餘萬言」與「稱引天地剖判以來，五德轉移，治各有宜，而符應若茲」看來，鄒衍是在「陰陽消息」的基礎上，創立其「五德轉移」的新學說。〔註53〕進一步將陰陽、五行、天

〔註47〕見《論語‧八佾》。
〔註48〕同前註。
〔註49〕同註14，頁357。
〔註50〕同註36，頁30。
〔註51〕參看李漢三《先秦兩漢之陰陽五行學說》，頁47，維新書局。
〔註52〕同註35，頁5，台灣商務印書館。
〔註53〕參看徐復觀《中國人性論史》，頁52，台灣商務印書館。

文、律曆、政教等，組織成一完整系統的則是《呂氏春秋・十二紀》。〔註54〕
至董仲舒以儒家思想爲主體，吸收陰陽五行學說完成其天人思想體系，儒家
所嚮往的「人與天地參」的理想境界，才經由天人之間的「數合」、「類感」，
取得「四時」、「災異」等實證。〔註55〕

　　司馬談〈論六家要旨〉云：「夫陰陽四時、八位、十二度、二十四節各有教
令，順之者昌，逆之者不死則亡，未必然也，故曰『使人拘而多畏』。夫春生夏
長，秋收冬藏，此天道之大經也，弗順則無以爲天下綱紀，故曰『四時之大順，
不可失也』。」此即是說，陰陽家的優點在於由四時的生、長、收、藏，制定慶、
賞、罰、刑的原則，使政令有所遵循；其缺點則在於泥於機祥、不知變通，以
致使人拘而多畏。董仲舒以儒家思想爲主導恰可修正此一缺點，使人由畏忌服
從的被動處境，轉而成爲積極主動的地位。首先，他本著「《春秋》者主人」〔註
56〕的精神，極力提昇人的地位，其《春秋繁露・人副天數》云：

　　　天德施，地德化，人德義。天氣上，地氣下，人氣在其間。春生夏
　　　長，百物以興；秋殺冬收，百物以藏。故莫精於氣，莫富於地，莫
　　　神於天，天地之精所以生物者，莫貴於人。

此與其〈賢良對策三〉中引孔子所說的「天地之性人爲貴」意正相符，即認
爲人超出於萬物之上，是天地間最尊貴的，唯有人才能長養萬物，參贊天地
的化育。然而如何證明人是最尊貴的呢？〈人副天數〉又云：

　　　人有三百六十節，偶天之數也；形體骨肉，偶地之厚也；上有耳目
　　　聰明，日月之象也；體有空竅理脈，川谷之象也；心有哀樂喜怒，
　　　神氣之類也；觀人之體，一何高物之甚，而類於天也。

此即是取人的軀體與天地比對，其中若是可以計算的，往往數目相符合；無
法計算的，往往類型相符合。藉由「以類相應」、「以數相中」的論證，不僅
凸顯了人的地位，甚至消除了天人間的距離，達到天人合一的境界。基於「氣
同則會、聲比則應」的原則，其《春秋繁露・同類相動》云：

　　　天有陰陽，人亦有陰陽。天地之陰氣起，而人之陰氣應之而起；人
　　　之陰氣起，天地之陰氣亦宜應之而起，其道一也。

此即是說，在「天人一也」的宇宙模式中，天人間的互動是雙向式的，不僅

〔註54〕同前註，頁575。
〔註55〕同註14，卷二，頁371，學生書局。
〔註56〕見《春秋繁露・三代改制質文》。

天可以影響人，而且人亦可以影響天。尤其在天心是仁的原則下，治亂興衰完全取決於人的努力與否。如此，不僅賦予人積極主動的地位，且有參贊化育的責任。

其次，他運用「《春秋》固有常義，又有應變」的「經」、「權」理論，使取法自然規律的人事制度具有充分的靈活性，不致固執僵化，其《春秋繁露‧如天之爲》云：

> 聖人承之以治，是故春修仁而求善，秋修義而求惡，冬修刑而致清，夏修德而致寬，此所以順天地、體陰陽。然而方求善之時，見惡而不釋；方求惡之時，見善亦立行；方致清之時，見大善亦舉之；方致寬之時，見大惡亦立去之，以效天地之方生之時有殺也，方殺之時有生也。是故志意隨天地，緩急倣陰陽，然而人事之宜行者，無所鬱滯，且恕於人、順於天，天人之道兼舉，此謂執其中。

此即是說，聖人承受天志而治理人群，取法四時的生、長、收、藏，在施政時亦有仁、德、義、刑的區別。但是在此原則下要因應實際狀況靈活運用，應該立刻施行的就立刻施行，應該立刻去除的就立刻去除，守經通權而不鬱積滯塞，否則表面上似乎「有順四時之名」，實際上卻「逆於天地之經」，唯有天道人道並行不悖，才是合乎中道。

綜上所述，董仲舒「天人相與」的理論，雖援引陰陽五行爲理論架構，卻以積極主動、守經通權的儒家精神，矯正了陰陽家「拘而多畏」的弊端。若說董仲舒當負傳播陰陽五行邪說及惑世誣民的罪責，[註57] 實未詳審其內涵，何況董仲舒吸收陰陽五行學說以構建其天人思想的眞正目的，乃企圖藉由「天之任陽不任陰，好德不好刑」的理論來扭轉漢承秦蔽的尙法政治；並藉由「法天」的思想，對「獨制於天下而無所制」的專制君權，加以宗教性的限制，[註58] 此留待後文討論董仲舒天人思想的理論架構時再詳述。

三、兼取道、法、墨、名

（一）道　家

前文曾述及漢初是以黃老思想爲政治指導原則，援道入法的黃老思想，

〔註57〕參看梁啓超〈陰陽五行說之來歷〉，原載《東方雜誌》第二十卷第十號，收入《古史辨》第五冊，頁353，藍燈文化事業公司。

〔註58〕同註16，，頁95，東大圖書公司。

藉「道生法」建立「法」的形上根據，藉「循法而治」轉化道家的「無爲」。
表面上滿足了人民清靜無爲的需求，實際上則以配合專制君主鞏固政權爲目
的，《漢書・藝文志》評論道家爲「君人南面之術」，即是鑒此而發。〔註 59〕
董仲舒思想中關於君道或君術的部分，若摭拾片言隻語「斷章取義」，似類同
道家思想；然貫穿前後則明白曉悟，實是近於黃老學說。但不同的是，黃老
思想雖已取儒家爲緣飾，可是仍以道法爲體用；董仲舒雖吸收道法爲形式，
可是仍以儒家爲內涵，其《春秋繁露・離合根》云：

> 天高其位而下其施，藏其形而見其光。高其位，所以爲尊也；下其施，
> 所以爲仁也；藏其形，所以爲神；見其光，所以爲明。故位尊而施仁，
> 藏神而見光（疑爲明之誤）者，天之行也。故爲人主者，法天之行，
> 是故內深藏，所以爲神；外博觀，所以爲明也；任群賢以受成，乃不
> 自勞於事，所以爲尊也；汎愛群生，不以喜怒賞罰，所以爲仁也。

其中「內深藏」、「不自勞於事」是由道家「虛靜無爲」轉化而來的法家君術
思想，「任群賢」、「汎愛眾生」則是儒墨共有的王道主張。「內深藏」、「外博
觀」指人主的個人修爲而言，「任群賢」、「汎愛群生」指人主的對外施政而言。
天的位置高高在上，然而恩澤普及萬物；隱藏它的形軀，然而顯露它的光輝。
人主「法天之行」，也應處於尊位而施行仁政，隱藏神妙而顯露明智。由此可
知，董仲舒在形式上雖汲取黃老的君術而「貴神尚尊」，但其內容在由「必仁
且智」實踐儒家的王道。

至於《春秋繁露・保位權》的「爲人君者，居無爲之位，行不言之教」，
與《老子》第二章的「是以聖人處無爲之事，行不言之教」如出一轍；又《春
秋繁露・離合根》的「故爲人主者，以無爲爲道，以不私爲寶」，與《老子》
第七章的「是以聖人後其身而身先，外其身而身存，非以其無私邪，故能成
其私」義甚近似。字面上看來僅是老子的「聖人」，董仲舒皆易爲「人君」、「人
主」，差異甚微，但仔細尋繹，實有根本區別。蓋老子所謂的「聖人」，是指
將自我的精神生命，由現實世界超拔出來，而能上接於「道」的理想人格；
董仲舒的「人主」、「人君」則是現實世界中的帝王。因此，老子的「無爲」
乃是主體自覺的境界形態，非如董仲舒的「任賢」而「無爲」或法家的「任

〔註 59〕漢人心目中的道家即爲黃老思想，《史記・魏其武安侯列傳》載：「竇太后好
　　　　黃老之言，而魏其、武安、趙綰、王臧等務隆推儒術，貶道家言，是以竇太
　　　　后滋不說魏其等。」即以「道家言」爲「黃老之言」。

法」而「無為」，係落實於客觀經驗的存有形態。

（二）法　家

董仲舒思想中最具法家傾向的，有尊君卑臣的專制理論與循名責實的考核辦法兩方面。董仲舒是根據天地陰陽的主從關係來論證君臣關係的，其《春秋繁露・基義》云：

> 君臣、父子、夫婦之義，皆取諸陰陽之道。君為陽，臣為陰；父為陽，子為陰；夫為陽，妻為陰。陰道無所獨行，其始也不得專起，其終也不得分功，有所兼之義。是故臣兼功於君，子兼功於父，妻兼功於夫，陰兼功於陽，地兼功於天。

在先秦儒家的觀念中，君臣關係基本上是相對的、各盡義務的。《論語・八佾》中孔子明白地表示，君臣之間應是「君使臣以禮，臣事君以忠」的互動關係，雖然其間亦有主從的分別，但是保有相當程度的尊重。董仲舒將君臣關係納入「陽尊陰卑」的公式，於是將君臣關係由相對推向絕對，其《春秋繁露・陽尊陰卑》云：

> 是故《春秋》君不名惡，臣不名善，善皆歸於君，惡皆歸於臣。臣之義比於地，故為人臣者，視地之事天也。

此即認為，臣下事奉君上應取法地事奉天，有善譽則歸功於君主，有惡名則歸咎於自己。這些說法，實源自《韓非・主道》的「有功則君有其賢，有過則臣任其罪」，余英時即以此為儒學法家化的例證。〔註60〕雖然董仲舒強調君尊臣卑，是基於對專制政體的維護，但實未如法家極端尊君，在君主之上仍有「天」的監督，一旦國君胡作非為，「天」便會降下「災害」、「怪異」來譴告、驚駭；並將仁德歸於天，以要求君主「法天」而行仁政德治。此外，更發揮儒家民本理論，肯定堯舜禪讓與湯武革命，其《春秋繁露・堯舜不擅移湯武不專殺》所謂的「且天之生民，非為王也；而天立王，以為民也。故其德足以安樂民者，天予之；其惡足以賊害民者，天奪之」，正是繼承孔子著《春秋》「貶天子，退諸侯，討大夫」〔註61〕的批判精神。由此可知，董仲舒的尊君是有條件的，是依於天道而非倚於君勢。

官吏的良窳，對於專制政體的運作影響甚鉅。因此，必須對官吏施以考核，《春秋繁露・考功名》云：

〔註60〕同註27，頁39。
〔註61〕此為司馬遷引董仲舒語，見《史記・太史公自序》，新校標點本，頁3297。

> 考績紬陟，計事除廢，有益者謂之公，無益者謂之煩，擎名責實，
> 不得虛言。有功者賞，有罪者罰，功盛者賞顯，罪多者罰重。不能
> 致功，雖有賢名，不予之賞；官職不廢，雖有愚名，不加之罰。賞
> 罰用於實，不用於名；賢愚在於質，不在於文。是故是非不能混，
> 喜怒不能傾，姦軌不能弄，萬物各得其真，則百官勸職，爭進其功。

此即是以「循名責實」做爲考核官吏，決定升降任免的依據。而考核的目的在
於按照實際功過的多寡施予賞罰，使是非分明，圖謀不軌的人無機可乘，如此
則百官克盡其職，競相建立功勞。賞、罰是法家維持人主權勢的「二柄」，據《韓
非子‧主道》所謂的「故群臣陳其言，君以其言授其事，以其事責其功。功當
其事，事當其言，則賞；功不當其事，事不當其言，則罰」可知，董仲舒在「循
名責實」的考核辦法上，確實吸收了法家的理論。基於保障官僚組織的正常運
作，以確實發揮其功能，考核績效而施行賞罰，無論在專制或民主政體，皆有
其必要性。何況董仲舒雖贊同其辦法，卻非如法家視賞罰爲君主鞏固權位的手
段，而強調嚴刑重罰，反而主張以「任德遠刑」，來矯正法家過於嚴酷的缺失。

　　法家原本就是爲專制政體催生的意識形態，它的思想自然與專制政體契
合無間，除非能完全放棄專制政體，否則就無法擺脫法家思想。〔註62〕《朱
子語類》卷一三九載「黃仁卿問：『自秦始皇變法之後，後世人君皆不能易之，
何也？』曰：『秦之法盡是尊君卑臣之事，所以後世不肯變。且如三皇稱皇，
五帝稱帝，三王稱王，秦則兼皇帝之號。只此一事，後世如何肯變？』」「不
肯變」一語已道盡法家思想與專制政體密不可分的關係，董仲舒處於大一統
的專制時代，不得不對法家思想有所汲取，以扮演好安定政治體制與維持社
會秩序的角色。不過董仲舒在吸收法家思想時，並非照單全收，而是依照儒
家王道思想爲標準，加以權衡取捨。

（三）墨　家

　　董仲舒思想中具有墨家傾向的，除了與儒家相通的「任賢」、「汎愛群生」
外，主要在於「法天」。其《春秋繁露‧王道通三》云：

> 察於天之意，無窮極之仁也。人之受命於天也，取仁於天而仁也……
> 天常以愛利爲意，以養長爲事，春秋冬夏皆其用也；王者亦常以愛
> 利天下爲意，以安樂一世爲事，好惡喜怒皆其用也。

〔註62〕參看林聰舜《西漢前期思想與法家的關係》，頁254，大安出版社。

此即認爲「天志仁」，所以能化育長養萬物，人主「法天之行」，亦當以愛利安樂天下爲職志。《墨子‧天志中》所謂的「且吾所以知天之愛民之厚者，不止此而已矣。曰愛人利人，順天之意，得天之賞者有之；憎人賊人，反天之意，得天之罰者亦有矣……今天下之王公大人士君子，中實將欲遵道利民，本察仁義之本，天之意不可不順也。順天之意者，義之法也」，亦以「順天之意」而愛人利人，爲施政教化的法則。據此可知，董仲舒的「法天」當源自墨子的「順天」，然而二者語意略有差異，前者趨於主動地效法，後者則屬被動地順從。此外，墨子認爲天既然兼愛天下，人也應該回報上天，否則不仁不祥，如《墨子‧天志中》所謂的「且夫天下蓋有不仁不祥者，曰當若子之不事父，弟之不事兄，臣之不事君也。故天下之君子，與謂之不祥者。今夫天兼天下而愛之，撽遂萬物以利之，若豪之末，〔無〕非天之所爲也，而民得而利之，則可謂否（厚）矣。然獨無報夫天，而不知其爲不仁不祥也」，即是此意。董仲舒亦認爲，王者既然「受命於天」，則應行子禮以事奉上天，其《春秋繁露‧郊祭》云：

> 天子號天之子也，奈何受爲天子之號，而無天子之禮，天子不可不祭天也，無異人之不可以不食父。爲人子而不事父者，天下莫能以爲可，今爲天之子而不事天，何以異是？

二人皆以「子之事父」比況「人之事天」，則董仲舒的「事天」當源於墨子的「報天」。不過，墨子的「天」僅停留在人格神的意義上；董仲舒的「天」則既包含自然現象（陰陽、四時、五行）的意義，又包含人格神（天志、天意）的意義，前者具有客觀規律的科學成分，後者具有神秘主宰的宗教成分，而天志、天意是藉由陰陽、四時、五行來呈顯表現的。〔註 63〕綜上所述，董仲舒「法天」的觀念，雖受墨子「天志」的影響，然非單純淵源於墨子，而是儒、墨、陰陽三家的混同調合。〔註 64〕

（四）名　家

嚴格說來，董仲舒的思想並未受到先秦名家的影響，其關於名實的理論，主要是來自孔子、荀子的影響。《春秋繁露‧深察名號》云：

> 治天下之端，在審辨大；辨大之端，在深察名號。名者，大理之首章也，錄其首章之意，以窺其中之事，則是非可知，順逆自著，其

〔註63〕參看李澤厚《中國古代思想史論》，頁 169，風雲時代出版公司。
〔註64〕同註 16，頁 31。

幾通於天地矣。

由此可見，董仲舒深察名號的用心，在於分辨等第差異，使是非順逆明白顯著，以便於治理天下。此與孔子「君君、臣臣、父父、子子」的正名主張，及荀子「上以明貴賤，下以別同異」〔註65〕的說法是一致的。至於邏輯思辨的名理，董仲舒認為是「不急之言」，為君子所不取。其理論中唯「名」「號」的區別涉及邏輯問題，然亦承自荀子。《春秋繁露‧深察名號》云：

> 古之聖人，謞而效天地謂之號，鳴而施命謂之名……號凡而略，名
> 詳而目。目者，徧辨其事也；凡者，獨舉其大也。

其所謂「號」，即荀子所謂「共名」；其所謂「名」，即荀子所謂「別名」。二人對於名實的看法頗為近似，唯對於名號由來的見解不一。荀子認為名號是「約定俗成」的，董仲舒則認為名號是「聖人所發之天意」；荀子主張「名無固宜」，董仲舒則主張「名生於真，非其真弗以為名」。二人之中，荀子對於名號由來的解釋是屬於人文的，是合理的；而董仲舒卻以天為名號的形上根據，不免失之穿鑿，以致予人「咒語」〔註66〕之譏。

　　總而言之，董仲舒以儒家思想為內涵、援陰陽五行以立說、兼融道法墨名的思想特性，不僅汲取了各家的優點，而且改善了司馬談〈論六家要旨〉所謂的「儒者博而寡要，勞而少功，是以其事難盡從」的缺失，強化了儒學的現實性，使得董仲舒所提倡的新儒學更能滿足現實政治的需要。道家言清靜無為固然有助於休養生息，但是缺乏積極建設性，無法擔負構築體制與解決實際問題的任務；法家言尊君卑臣固然能鞏固君權，但是嚴刑重罰，刻薄寡恩，無法提供教化人民與維持長治久安的資源；董仲舒取其精華，棄其糟粕，從禮樂德刑、改制更化、任賢養士、經濟措施等各方面，提供鞏固統治權力與穩定社會秩序的策略。因此，經歷漢初七十年的休養生息，隨著經濟漸趨富裕，以及封建勢力逐步被削弱，當統治者不再滿足於清靜無為的指導原則時，經董仲舒改造過的儒家思想，便取代黃老思想成為學術思想的主流。從董仲舒思想的兼容特性看來，其所推尊的「六藝之科，孔子之術」，實已包含各家思想的長處，其欲「皆絕其道，勿使並進」的「邪辟之說」，乃指未被吸收的各家弊病而言。因此，雖然董仲舒在〈賢良對策〉所提議的「獨尊儒術」，與李斯的焚書建議，皆出於統一思想的要求，但是就內容本質而言實相

〔註65〕見《荀子‧正名》，本段關於荀子者皆出於此篇。

〔註66〕同註14，頁367。

去甚遠，不宜相提並論。至於出現「儒學法家化」的傾向，乃迫於現實政治壓力，爲使儒學在專制政體中繼續生存發展，難以避免的趨勢。儘管如此，董仲舒努力的目標始終是如何限制君權及扭轉法治爲德治，並未背離儒家的王道思想。

第二章　先秦天人思想的發展

第一節　天的涵義

　　許慎《說文解字・一上・一部》云：「天，顛也，至高無上；从一大。」王國維《觀堂集林》卷六〈釋天〉云：「古文天字，本象人形。殷虛卜辭或作 𣠡，孟鼎大豐敦作 𣅧……是天本謂人顛頂，故象人形。卜辭孟鼎之 𣠡𣅧 二字，所以獨墳其首者，正特著其所象之處也。殷虛卜辭及齊侯壺又作 𤇍，則別以一畫記其所象之處。」〔註1〕據此可知，「天」原本指人頭頂，後來範圍擴大，用來指稱人們頭頂上的一片天空。爾後，在文化發展的過程中，又賦予它豐富多樣的內容。馮友蘭說：

> 在中國文字中，所謂天有五義：曰物質之天，即與地相對之天。曰主宰之天，即所謂皇天上帝，有人格的天、帝。曰運命之天，乃指人生中吾人所無奈何者，如孟子所謂「若夫成功則天也」之天是也。曰自然之天，乃指自然之運行，如《荀子・天論篇》所說之天是也。曰義理之天，乃謂宇宙之最高原理，如《中庸》所說「天命之爲性」之天是也。《詩》《書》《左傳》《國語》中所謂之天，除指物質之天外，似皆指主宰之天。《論語》中孔子所說之天亦皆主宰之天也。〔註2〕

按古人所謂的「天」或純粹指與地面相對的天空而言，或總括天地間的自然

〔註1〕見《定本觀堂集林》，頁282，世界書局。
〔註2〕見《中國哲學史（附補編）》，頁55，藍燈文化事業公司。又其《中國哲學史新編》（藍燈版）第一冊，頁97，對此五種意義的天亦有解說，可參看。

萬物而言。前者即馮氏所謂的「物質之天」，後者即馮氏所謂的「自然之天」，二者僅範圍有廣狹的差別而已，實可以後者賅括前者。茲根據《詩經》、《書經》、《左傳》、《國語》，分別就主宰的天、義理的天、自然的天、命運的天，略加說明如下：

一、主宰的天

此一意義的天係由原始信仰的宗教意識演變而來，爲一有意志、擬人化的至上神，又可稱爲「人格天」。周初承襲殷商的宗教精神，結合表示遍覆的「天」與象徵主宰的「帝」，〔註3〕以「天帝」爲眾神中的至上神，掌控人事的吉凶禍福與國家的治亂興衰。如《詩・大雅・雲漢》的「昊天上帝，則不我遺」、《書・召誥》的「皇天上帝，改厥元子」、《詩・大雅・皇矣》的「帝遷明德，串夷載路，天立厥配，受命既固」、《書・君奭》的「我亦不敢寧於上帝命，弗永遠念天威」，或「天帝」合稱，或「天」、「帝」並舉，皆是指此一至高無上的人格天。〔註4〕此外，亦經常單獨以「天」或「帝」來稱呼此一至上神，衹是若按《詩》、《書》內文統計，則「天」出現的次數遠勝於「帝」，似乎有取而代之的趨勢。〔註5〕

然而周初的天帝具有那些特性呢？根據《詩》、《書》的記載，主要有下列三端：首先，天帝能予奪天命、降禍致福，如《詩・大雅・大明》的「有命自天，命此文王」、《書・湯誓》的「有夏多罪，天命殛之」，此即是說主宰的天擁有賞善罰惡的權力；因此，王者必須「小心翼翼，昭事上帝」，〔註6〕以求天命永不失墜。其次，天帝是愛民的，如《詩・大雅・皇矣》的「皇矣上帝，臨下有赫；監觀四方，求民之莫（瘼）」、《書・召誥》的「天亦哀于四方民，其眷命用懋」，此即是說主宰的天是恤憐四方、溥愛萬民的；因此，王者必須「無於水監，當於民監」，〔註7〕意謂由民意去體察天意，以人民的需求作爲施政的參考。復次，天帝基於愛民，必然授命於有德的人，如《詩・大雅・大明》的「維此文王……聿懷多福，厥德不回，以受方國」、《書・康誥》的「克明德愼罰，不敢侮鰥寡……聞于上帝，帝休，天乃大命文王」，此

〔註3〕參看李杜《中西哲學思想中的天道與上帝》，頁5，聯經出版事業公司。
〔註4〕同前註，頁15～20。
〔註5〕參看傅佩榮《儒道天論發微》，頁10～14，學生書局。
〔註6〕見《詩・大雅・大明》。
〔註7〕見《書・酒誥》。

即是說主宰的天因文王有德，才授命他治理天下；因此，王者必須勤修明德，才能獲享天命、永保社稷，所謂「至治馨香，感於神明；黍稷非馨，明德惟馨」，〔註8〕意指天帝雖歆享天子的祭祀，但著重的不是物質的供奉，而是王者的修德。雖然周初的天帝至上神仍未擺脫宗教色彩，可是已漸趨轉化。由明德與否作為天命的依據，使天對於人僅居於監察的地位；而人由敬德維繫天命，使人取得某種程度的自主地位。〔註9〕由天的溥愛萬民，以致王者必須以民意為依歸，視民意為天意，提昇了人民存在的價值，使人民得到某種程度的生存保障。〔註10〕

二、義理的天

　　此一意義的天係由周初敬德的人文精神發展而來，為一具有道德意識的社會規範。春秋時期接續西周末期天、帝權威墜落的趨勢，原有宗教性的天，在人文精神激盪之下，發展成為道德規範義的天，無復有人格神的性質。不過，天帝原來具有的仁愛德性，仍保存在與「道」結合的「天」中。「天道」一詞，除了可以表示後文將述及的自然的律則外，尚可表示天帝的意志或社會的規範，如《左傳·昭公十八年》的「天道遠，人道邇」、《國語·周語中》的「天道賞善而罰淫」，便是指天帝的意志而言；如《左傳·文公十五年》的「禮以順天，天之道也」、《國語·越語下》的「蚤晏無失，必順天道」，便是指社會的規範而言。周初以來，以「無念爾祖，聿修厥德，永言配命，自求多福」〔註11〕自我惕勵的敬德觀念，將天的內涵由宗教性轉向人文化發展。由「小心翼翼，昭事上帝」的事天，落實為遵守道德規範的行禮以順天。於是乎天道即為人道，克盡人道便是克盡天道。

　　禮是春秋時期社會規範的依歸，許多道德觀念，幾乎都是由禮加以統攝。〔註12〕如《左傳·隱公十一年》的「禮，經國家、定社稷、序民人、利後嗣者也」、《國語·晉語四》的「禮以紀政，國之常也」，即是視禮為經國治民、施政行教的準據；如《左傳·昭公二十六年》的「君令臣共、父慈子孝、兄愛弟敬、夫和妻柔、姑慈婦聽，禮也」、《國語·周語上》的「且禮，所以觀

〔註8〕見《書·君陳》。
〔註9〕參看徐復觀《中國人性論史》（先秦篇），頁24，台灣商務印書館。
〔註10〕同前註，頁30。
〔註11〕見《詩·大雅·文王》。
〔註12〕同註9，頁48。

忠、信、仁、義也」，即是將所有的人倫道德，皆歸納於禮的範圍中。而這些
人倫道德同時是天道的內涵，如《左傳・襄公二十年》的「君人執信，臣人
執恭，忠信篤敬，上下同之，天之道也」，即是說君臣若能遵守各自應有的道
德規範，達到上下和同的境界，便是天道。又《左傳・昭公二十六年》的「禮，
上下之紀，天地之經緯也，民之所以生也」，即指禮為人倫的綱紀，天地的經
緯，民眾生活的準則。由此可知，禮的內涵等於天道的內涵，而天道為人道
的形上根據，所以說「禮以順天，天之道也」。雖然如此建立的社會規範，賦
有強烈的道德意識，但是其價值根源乃是外在的天道，與孔、孟由理性的自
覺所建立，而價值根源內在於心性的天人合德思想，仍有一段距離。

三、自然的天

《詩》、《書》中除了神性義的天外，亦有自然義的天，如《詩・大雅・旱
麓》的「鳶飛戾天、魚躍於淵」、《書・金縢》的「天乃雨，反風」，其中的「天」
字皆是指遍覆在我們頭頂上的穹蒼，與厚載我們的大地相對，即馮友蘭所謂的
「物質之天」。特此自然義的天既是蒼茫高遠，變化莫測，而且普施雨露，潤澤
萬物，先民不免對其有所敬畏，不純然視其為客觀存在，而認為其中存有生養
萬物、主宰宇宙的神靈。因此，《詩》、《書》中的「天」雖有不同的涵義，但各
涵義實彼此相互關連，並未截然清楚地劃分。此一神性義與自然義混合的觀念，
至《左傳》、《國語》所記述的時期才有初步的分辨。〔註13〕

中國古代宗教，一開始便和政治結合在一起，於是一般人常常通過政治領
導者的行為來察看神的意志。因此，政治領導者的不德，同時成為神的信用的
失墜。〔註14〕西周末期厲幽時代，由於政教衰頹，王室隳壞，「變雅」怨天詩作
紛紛出籠，周初的宗教精神衰退，天的神性義不受重視，而自然義得以發展。
此自然義的天，或即與地、氣、陰陽、五行等觀念結合，而形成氣化的自然宇
宙觀；或即與象徵規律、法則意義的「道」結合，而形成超經驗的形而上的天
道。前者如《左傳・昭公元年》的「天有六氣……六氣曰陰、陽、風、雨、晦、
明也」、《左傳・昭公二十五年》的「夫禮，天之經也，地之義也，民之行也。
天地之經而民實則之，則天之明，因地之性，生其六氣，用其五行」、《國語・
周語上》的「夫天地之氣，不失其序，若過其序，民亂之也。陽伏而不能出，

〔註13〕同註3，頁34、45。
〔註14〕同註9，頁40。

陰迫而不能烝，於是有地震」、《國語‧周語下》的「天六地五，數之常也」〔註15〕等，先是以「陰、陽、風、雨、晦、明」釋六氣，以「六氣」說天，以「五行」論地，再總括以氣說天地而云「天地之氣」，已爲氣化宇宙論開導先河；並由天地萬物的變化律則，尋繹出天地的「經」、「義」與氣的「序」，自然的天遂發展爲雜有形上色彩的氣化宇宙觀。後者如《左傳‧莊公四年》的「盈而蕩，天之道也」、《左傳‧昭公三十二年》的「盈必毀，天之道也」、《國語‧越語下》的「天道盈而不溢，盛而不驕，勞而不矜其功」等，皆是純就自然律則說天道，已爲道家自然主義的形上天道觀創立先聲；「形上天」的觀念在《詩》中已出現，如〈大雅‧文王〉的「上天之載，無聲無臭，儀刑文王，萬邦作孚」，以「無聲無臭」來描述「形上天」的特性，以區別有意志的「人格天」，「天意」必有所作爲，「天道」則默然運行。此一自然律則的天道，經過《左傳》、《國語》時期的發展，爲老、莊的自然主義奠定了基礎。

四、命運的天

此一意義的天與主宰的天，雖然皆可與「命」結合而稱爲「天命」，但是內容卻有根本的差異。因爲主宰的天含有仁愛道德的特性，而命運的天則缺乏公理正義的內涵。前者予人積極、有所作爲的感受，後者予人消極、莫可奈何的感受。可以這麼說，天一旦喪失人格神的公正性格，便成爲人們怨嗟的蒼天或命運。「命」字《說文解字‧二上‧口部》謂「使也，從口令」，則其本義當爲令使，後引申爲限定。與主宰的天結合的爲「命令義」的命，與命運的天結合的爲「命定義」的命。如《詩‧商頌‧殷武》的「天命降監，下民有嚴，不僭不濫，不敢怠遑」、《書‧無逸》的「嚴恭寅畏，天命自度，治民祗懼，不敢荒寧」，二者的天命皆出自有意志的人格天，所以俱含謹愼戒懼、不敢怠惰荒廢的敬德精神。而《左傳‧宣公三年》的「天祚明德，有所底止。成王定鼎於郟鄏，卜世三十，卜年七百，天所命也。周德雖衰，天命未改，鼎之輕重，未可問也」，其中的天命便屬「命定義」。因此，周祚的長短乃由客觀條件所決定，而不受主觀價值的影響。於是周德雖衰落而天命仍未更改，與「天命靡常」的敬德思想截然不同，此正是主宰的天與命運的天差別所在。

命的「命定義」雖屬後起，但在《詩經》國風部分已出現，如〈召南‧

〔註15〕韋昭注云：「天有六氣，謂陰陽風雨晦明也；地有五行，金木水火土也。」

小星〉的「肅肅宵征，夙夜在公，寔命不同」與「肅肅宵征，抱衾與裯，寔命不猶」、〈鄘風‧蝃蝀〉的「乃如之人也，懷昏姻也，大無信也，不知命也」，皆爲嗟歎感傷的歌詠，其命字正指「命定」的客觀條件而言。徐復觀歸納《詩經》中的命字認爲：殷代稱「帝令」即「帝命」；周初則多稱天命；厲王時代，便多稱天而絕少稱天命；西周之末，或東周之初，始出現命運的命。〔註 16〕由「命令義」轉變爲「命定義」，「人格天」的意志消失，「命」只存在「客觀限定」的問題，而不存在主觀價值問題。亦即是說，「命定義」的「命」只能涉及外在的環境條件，卻不能涉及內在的自覺意志；「命」固然可以決定成敗得失，卻不能判定道德價值。〔註 17〕孔子知命對生死興廢的限制，而致力於求仁行道；孟子知命乃「莫之致而至者」，〔註18〕而致力於存心養性。二人皆能知命而不爲其所限，因此能由道德心性的主體自覺，建立及開展儒學人文精神的價值系統。

第二節　天人思想的型類

　　天人思想可說是中國哲學的中心觀念，在思想文化的發展上有著源遠流長的歷史，諸如「天人合德」、「天人不二」、「天人無間」、「天人相與」、「天人一貫」、「天人合策」、「天人之際」、「天人不相勝」、「天人一氣」等語彙，在中國古籍中俯拾即得。這些觀念所傳達的思想同屬「天人合一」的思想模式，唐君毅說：「這一觀念直接支配中國哲學之發展，間接支配中國之一切社會政治文化的理想。」〔註19〕儘管模式相同，然而對應於不同的時代背景、社會環境，所發展出來的思想內涵，其意義卻是多方面的。在先秦天人思想的演變中，由於「天」的涵義的差異，所產生的天人合一理論亦有不同型類，對政治社會、倫理道德、文學藝術也分別發生了不同的影響。茲根據《論語》、《孟子》、《墨子》、《老子》、《莊子》、《荀子》、《中庸》、《易傳》的天人思想，歸納其型類如下：

一、天人感應

　　此由天的神性義發展而成。民神雜糅爲原始的宗教形態，天人感應的思

〔註16〕同註9，頁39。
〔註17〕參看勞思光《中國哲學史》第一卷，頁25～27，友聯出版社。
〔註18〕見《孟子‧萬章上》。
〔註19〕見唐君毅《中西哲學思想之比較論文集》，頁128，學生書局。

想當即濫觴於此，〔註20〕而以天子與天帝至上神爲感應的主要對象，則始於
周初。〔註21〕感應途徑爲天帝授命天子，治理人間；天子取法天帝的仁愛，
長養萬民；天帝依天子的表現，施予賞罰；天子謹愼敬德，以維繫天命。周
初，此一居於主宰地位的天帝，只對天子行使賞罰的權力；春秋時期，隨王
室封建統治勢力的崩潰，天人感應的對象擴展至諸侯卿大夫；至於天普遍至
與所有人發生感應，則已是戰國時的事了。〔註22〕其後墨子直接繼承周初天
爲有意志的人格神的天命觀，又恢復了天與天子的關係，而主張天子效法天
志以治理天下。周初的天人相感、德命相感的思想，主要是企圖解消統治權
轉移的問題；而墨子主張效法天志所關心的焦點也在於政治。由此可見，天
人感應型的天人思想在政治上有其影響力。

　　《詩》、《書》中天的涵義主要爲有意志的人格神，而其天人關係是由天
帝愛民展開，完成於天子敬德以應天命，此於上文論述主宰的天已有說明，
茲不贅敘。以下僅就《墨子》中天的涵義及天人關係略加舉例說明。

　　墨子思想中的天係直承周初的天帝觀而來，以天爲有意志的人格神。《墨
子·天志上》云：

> 順天意者，兼相愛、交相利，必得賞；反天意者，別相惡、交相賊，
> 必得罰。

此即謂天有賞善罰惡的特性，爲《詩》、《書》以來的傳統觀念。《墨子·天志
中》云：

> 且吾所以知天之愛民之厚者有矣。曰：以磨（歷）爲日月星辰，以
> 昭道之；制爲四時春秋冬夏，以紀綱之；雷（實）降雪霜雨露，以
> 長遂五穀麻絲，使民得而財利之；列爲山川谿谷，播賦百事，以臨
> 司民之善否；爲王公侯伯，使之賞賢而罰暴；賊（賦）金木鳥獸，
> 從事乎五穀麻絲，以爲民衣食之財。自古及今未嘗不有此也。

此即由列舉天文、四時、雨露、地理、人事、鳥獸等六方面來證明「天之愛
民之厚」，亦與《詩》、《書》中天帝愛民的特性一致。《墨子·天志上》云：

> 故昔三代聖王，禹湯文武，欲以天之爲政於天子，明說天下百姓，故
> 莫不犓牛羊，豢犬彘，潔爲粢盛酒醴，以祭祀上帝鬼神，而求祈福於

〔註20〕參看戴君仁《梅園論學集》，頁366，台灣開明書店。
〔註21〕同註3，頁12～15。
〔註22〕同註3，頁39、61。

天。我未嘗聞天之祈福於天子也。我所以知天之爲政於天子者也。

此即以天子祈福於天，說明天高於天子之上，要以天去正天子的施政。視天爲至上神，爲施政的依據，亦與《詩》、《書》的觀念相符。雖然墨子的天與周初的天帝具有相同的特性，然而其「天志」實只是行義政的工具，也就是說，只是爲達兼愛必須的設定，缺乏宗教的主宰意志。〔註23〕《墨子‧天志中》云：

> 墨子之有天志，辟之無以異乎輪人之有規，匠人之有矩也。今夫輪人操其規，將以量度天下之圓與不圓也……匠人亦操其矩，將以量度天下之方與不方也……故子墨子之有天志也，上將以度天下之王公大人爲刑政也，下將以量天下之萬民。

即將天志比擬爲輪匠所使用的規矩，視天志爲衡量事物合理與否的法儀。因此，天志純然爲其功利主義的價值規範，而非基於宗教信仰的需求。

墨子思想中的天人關係是以兼愛爲中心而開展的，天「兼天下而愛之」，〔註24〕故「欲義而惡不義」；〔註25〕人上同於天，則依循天志，兼愛而非攻。《墨子‧天志中》云：

> 今夫天兼天下而愛之，撽遂萬物以利之，若毫之末，無非天之所爲。

此即是說，天兼愛天下，所以成就萬物來便利人民。《墨子‧天志中》又云：

> 子墨子曰：今天下之君子之欲爲仁義者，則不可不察義之所從出……
> 然則義何從出？子墨子曰：義不從愚且賤者出，必自貴且知者出……
> 然則，孰爲貴？孰爲知？曰：天爲貴，天知而已矣。然則，義果自天出矣。

此即明言義出於既貴且知的天，所以天子應總天下之義而上同於天。《墨子‧天志上》云：

> 然則天亦何欲何惡？天欲義而惡不義。然則率天下之百姓，以從事於義，則我乃爲天之所欲也。我爲天之所欲，天亦爲我所欲。

此即是說，爲義乃是上同於天志。然由末二句看來，實視天人關係爲功利主義的互惠關係。因此，墨子的天人思想看似以天爲主，實是以人爲主；與其說是宗教性的，不如說是社會性、政治性的。〔註26〕所以行天志、順天意的

〔註23〕 參看唐端正《先秦諸子論叢》，頁 75，東大圖書公司。
〔註24〕 見《墨子‧天志中》。
〔註25〕 見《墨子‧天志上》。
〔註26〕 同註23，頁 83。

結果仍是兼愛，《墨子・天志上》云：

> 曰：順天之意何若？曰：兼愛天下之人。

如此，則天人關係即於兼愛、天志、上同中完成，融合為一。其中必須分辨的是，墨子摩頂放踵汲汲努力的目標在於「興天下之利」，其主張兼愛，係由治亂問題的實效觀點所提出，而非一道德意義的理論，故其價值根源直接歸於法儀意義的天志，而非訴諸於道德理性。其效法天志的天人思想，經由西漢董仲舒的發展，與孔、孟的德治理想結合為一，始對後世的政治產生深遠的影響。〔註27〕

二、天人合德

此由天的道德義發展而成。周初由於對夏商滅亡的反省，產生了「天命靡常」、「聿修厥德」的敬德思想。儘管德命相應的天人關係中，帶有宗教性的色彩，但天所歆享的並非黍稷的供奉，而是王者的明德。天人合德思想的確立，主要是依賴儒家人本精神的發展：孔子首先在道德自我的實踐中開出天人合德的境界，孟子進一步為這個境界揭示一套心性上的修養工夫，《中庸》再藉由「誠」的概念進一步推展而貫通天人，《易傳》則依據「生生之德」使宇宙秩序與道德秩序合而為一。雖然天人合德是由德命相應的天人關係演變而來，但是在天人感應的思想中，係以神性義的天居主宰地位，所謂天道與人道只是外在的牽合；而在天人合德的思想中，重心已轉移到對仁性能有充分自覺的人心，一切外顯的德行莫不發自內在的仁性，所謂的道德義的天，乃是內在仁性的終極表現。於是，天人合德不僅開出一條道德形上學的思路，且對倫理文化產生既深復遠的影響。

（一）孔　子

周初對天的觀念是神性義與自然義兼而有之，但偏重神性義；春秋時天的自然義獲得發展，但天帝神性的本質依然存在；孔子對天的看法，非如前引馮氏所謂「皆主宰之天」，而是自然義與神性義並備的。《論語》全書出現帝字的只有〈堯曰〉引述商湯的話一處，出現天字的則有十五處，其中九處是孔子所說，其它六處則為記錄別人的話。〔註28〕屬神性義的如〈述而〉的

「子曰：天生德於予，桓魋其如予何？」、〈憲問〉的「子曰：不怨天，不尤人；下學而上達，知我者，其天乎。」因為是有意志的人格天，所以能「知」孔子，能「生德於」孔子；屬自然義的如〈泰伯〉的「子曰：大哉，堯之為君也。巍巍乎，唯天為大，唯堯則之。」、〈陽貨〉的「子曰：天何言哉？四時行焉，百物生焉。天何言哉？」因為是遍覆浩瀚的蒼天，所以可以用「巍巍」去形容它，可以包容「四時」、「百物」於其中。

　　孔子如何轉化傳統的宗教以確立人文精神，可由其對鬼神與命運的態度去探究。關於鬼神祭祀，孔子採取不拒不迎的態度，〈雍也〉云：

　　　　樊遲問知，子曰：務民之義，敬鬼神而遠之，可謂知矣！

由此可知，孔子並不反對祭祀鬼神，蓋風俗信仰的存在，必是基於社會大眾的需求。其所謂「敬鬼神而遠之」，乃是希望人民能在祭祀活動中培養誠敬的精神，不過須與鬼神保持適當距離，以免依賴鬼神流於迷信而忽略自我人格的修養。所謂「祭如在，祭神如神在」〔註29〕表現的正是誠敬的精神，而「慎終追遠，民德歸厚」〔註30〕正說明希望藉由祭祀活動以達到移風易俗的目的。又〈先進〉云：

　　　　季路問事鬼神，子曰：未能事人，焉能事鬼。問死，曰：未知生，
　　　　焉知死。

此明白顯示孔子肯定人文世界及對鬼神存在弗論的態度。蓋「鬼」與「死」皆渺茫難知，若不能致力於人事，那裡談得上祭祀？不知修養德行，祈求鬼神有何幫助？對於命運，孔子則採取「義命分立」的態度，〔註31〕〈雍也〉云：

　　　　伯牛有疾，子問之，自牖執其手曰：亡之，命矣夫！斯人也，而有
　　　　斯疾也！斯人也，而有斯疾也。

冉伯牛以德行名列孔門十哲之一，卻遭遇重病，孔子歎而歸之於命；顯然孔子明白代表「客觀限制」的命與代表「主體自覺」的義，是分立而非合一的。對此莫可奈何的客觀限制，我們所能做的只是回歸主體自覺而為所應為，此即是「知命以盡義」。〈述而〉云：

　　　　子曰：富而可求也，雖執鞭之士，吾亦為之；如不可求，從吾所好。

知不可求而不強求，是「知命」；從吾所好而為所應為，是「盡義」。孔子栖

〔註29〕見《論語・八佾》。
〔註30〕見《論語・學而》。
〔註31〕同註17，頁67。

栖皇皇周遊列國，明知「道之不行」〔註32〕而仍「知其不可而爲之」〔註33〕，正是由於其明辨「義命之分」，於是以「知命以盡義」的態度面對人生、承擔人生。〈堯曰〉中的「不知命，無以爲君子也」，即是說假如不知命的客觀限制，便不能自覺地爲所應爲而成爲君子。由於孔子明辨義命二者的分際，不僅確立了儒學人文精神的方向，而且決定了儒家處理宗教問題的態度。〔註34〕

欲明瞭孔子的天人關係思想，可由其對「天命」的態度著手探究。〈爲政〉中「五十而知」的「天命」、〈季氏〉中「君子有三畏」的「天命」，即是前引〈述而〉中「知」孔子的「天」、〈憲問〉中「生德於」孔子的「天」所命。對此已內在化而與德性合一的「天命」，除了明辨、敬畏，更應盡性以至命，即由踐仁知天來達成「義命合一」的境界。〔註35〕踐仁知天的理論內容及實踐途徑如何？〈衛靈公〉云：

　　子曰：君子義以爲質，禮以行之，孫以出之，信以成之，君子哉。

此即是說，「禮」雖爲君子所遵循的生活規範，而其本質實出於「義」。易言之，一切禮儀、習俗、傳統，皆只是「禮」外化的形式，唯有要求合理、正當的自覺意識，才是「禮」內在的本質。〈雍也〉云：

　　夫仁者，己欲立而立人，己欲達而達人。能近取譬，可謂仁之方也已。

此即是說，實踐仁德須經由合乎義理的途徑，而「由義」的目的爲「居仁」。易言之，「仁」是「義」的基礎，「義」是「仁」的顯現；「義」是自覺的發用，「仁」是自覺的境界。禮以義爲本質，義又以仁爲基礎，此是理論程序。就理論程序而言，「義」的地位甚爲明顯；就實踐過程而言，則直接由「仁」貫通「禮」。〈顏淵〉的「克己復禮爲仁」，即說明踐「仁」當循「禮」；〈八佾〉的「人而不仁，如禮何」，即說明行「禮」須本「仁」。前文曾述及，「禮」不僅是人倫的規範，而且是天道的法則。因此，本仁以行禮即可由人的心性自覺而上達天命，此之謂「盡性以至命」。由「知命以盡義」與「盡性以至命」所顯示的天人關係，即爲「天人相知，有往有來」的關係。〔註36〕「天生德於予」是天來於人，「下學而上達」是人往向天；「五十而知天命」是人知天，「知我者其天乎」是天知人。綜合上述，可謂孔子藉由「仁」、「義」、「禮」

〔註32〕見《論語・微子》。
〔註33〕見《論語・憲問》。
〔註34〕同註17，頁70。
〔註35〕參看蔡仁厚《孔孟荀哲學》，頁130，學生書局。
〔註36〕同前註，頁133。

的理論結構，在道德自我的實踐中，開創出「天人合德」的理想境界。

（二）孟　子

　　孟子的天人思想是依孔子由仁德開創的人文精神方向繼續向前推進的，將原先孔子由下學而上達、由盡性以至命所驗證的性與天道合一的境界，通過心性的概念發展出客觀化的理論，使天人合德的理想，除了可在實際工夫中去體證外，同時可由概念上去把握。〔註37〕孟子的天人關係理論是由盡心知性以知天，使心性天通而為一，〈盡心上〉云：

　　　　盡其心者，知其性也；知其性，則知天矣。存其心，養其性，所以
　　　　事天也。夭壽不貳，修身以俟之，所以立命也。

孟子即心言性，以心善言性善，「心」、「性」二字向無分別，此處心性分言，旨在強調心的「自覺」。謂若能將惻隱、羞惡、恭敬（辭讓）、是非之心擴充至極，即能覺知仁、義、禮、智之性內在於人，所以說「盡其心者，知其性也」。天為萬事萬物本然的理則，而「萬物皆備於我」，則內在於我的心性即為萬理之源。於是覺察心性即可證知天理，所以說「知其性，則知天矣」。盡心乃是道德實踐的活動，故知性知天的知不是認知活動的理解辨知，而是實踐活動的自覺證知。因此，盡心知性以知天，乃是指由主體自覺的道德實踐，使心性天通而為一。心性與天既然無異，則經由存養心性的實踐工夫，即可達到事天的作用，此即是「存其心，養其性，所以事天也」。如此便將事天收攝於存心養性之中，轉化消鎔事天的宗教性於德性的擴充，使人文精神得以顯揚。然而由人不由天的心性存放問題，與由天不由人的年壽長短問題，畢竟屬於不同範疇。若能明辨義命之分，則不致因壽命的長短而心生疑惑、志不專一，而當致力於修身成德以順應壽命的自然終結。能超脫生死問題的困擾，方能積極從事心性的存養，挺立生命的價值，此即是「夭壽不貳，修身以俟之，所以立命也」。

　　儒家的心性之學，由孔子的「仁」開啟端緒，至孟子發明性善，提出「盡心知性以知天」的義理規模，始完成儒家內聖之學的基本形態。然歷來對孟子性善說多所詰難，此實由於未能明察孟子「性」字的內涵與限定而致。〈盡心下〉云：

　　　　口之於味也，目之於色也，耳之於聲也，鼻之於臭也，四肢之於安

〔註37〕同註27，頁69。

> 佚也，性也，有命焉，君子不謂性也。仁之於父子也，義之於君臣
> 也，禮之於賓主也，智之於賢者也，聖人之於天道也，命也，有性
> 焉，君子不謂命。

此即是由「性」、「命」對揚，說明其賦於性字的義涵及限定。味、色、聲、臭、安佚等生理欲求，以生而即有的觀點，固然可以稱為「性」，但是當其實現時，卻必須求之於外，受到客觀條件的限制；所以祇由客觀限制的觀點稱之為「命」，而以其不足以顯現人的特性、真性，遂不稱之為「性」。至於仁、義、禮、智、天道等倫理規範，以「莫之致而致」〔註38〕的觀點，固然可以稱為「命」，但是當其實現時，卻必須反求諸己，其決定權操之在己；所以由主體自覺的觀點稱之為「性」，而不因其每受客觀限制而未能全盡遂稱之為「命」。由孟子對於性與命的劃分，不僅把仁義之性與耳目之欲，從當時一般人混淆的觀念中加以釐清；而且使性善之說及自覺心的主宰性得以確立。〔註39〕於是天人合德的理想，便可由盡心知性以知天的途徑去證知，由存心養性以事天的工夫去證成。

（三）《中庸》

《中庸》的天人思想乃是傳承孔孟的心性論與道德學，而在形上學層面加以發展。〔註40〕雖然其天人關係亦屬天人合德型，但與孔孟的進路並不相同，孔子的「踐仁以知天」與孟子的「盡心知性以知天」是從心性論上透存有界，《中庸》的「至誠盡性以參天」是從宇宙論落實於心性論。《中庸》首章云：

> 天命之謂性，率性之謂道，修道之謂教。

先秦儒家論性分為兩條進路，一是由內在的自覺心性出發，此即以孟子的性善論為代表；一是由形上的道德法則出發，此即以《中庸》的「天命之謂性」為代表，《詩經》的「維天之命，於穆不已」與《易傳》的「繼善成性」皆是其類。所謂「天命之謂性」，即是說內在於人的本性乃天所賦予。就超越一切存有而言，天道具有超越性；就為萬物存在根據而內在地為萬物的法則而言，天道具有內在性。為此一既超越又內在的「天」所命的「性」，遂成為道德實踐的超越根據，而且具有普遍性。換句話說，天道之於人，是超越而為其體，又內在而為其性的。所謂「率性之謂道」，即是指人若能自覺此性的存在，通

〔註38〕 見《孟子·萬章上》。
〔註39〕 同註9，頁168。
〔註40〕 參看高柏園《中庸形上思想》，頁89，東大圖書公司。

過實踐的工夫，即能與天道契合。因此，人循性而爲所表現出的事理，其實即爲天道的體現。換句話說，天道是通過人的率性而實現其具體內容。然而，人在現實世界中，往往由於氣質欲望的蒙蔽而不知自覺或疏於自省，致使人性闇而不顯。因此，必須透過修治的工夫以去除障蔽，恢復本然之性。所謂「修道之謂教」，即是說使人能依其本性而行，使道能不斷實現，便稱爲教化。換句話說，教化的作用首先在於以修治的工夫去除欲望的蒙蔽，以恢復人靈明的本性；再由心性的自覺循道而行。

然此「率性」與「修道」的實踐工夫，皆是由「誠」而展開的，《中庸》第二十章云：

> 誠者，天之道也；誠之者，人之道也。誠者，不勉而中，不思而得，
>
> 從容中道，聖人也；誠之者，擇善而固執之者也。

此即指出「誠」是天道的內涵，「誠之」是人道的內涵，二者的區別爲天道雖內在於人性，但人必須經由實踐工夫，才能具體實現此天道。聖人稟性純正，可以「不勉而中，不思而得，從容中道」，即所謂的「率性之謂道」、「自誠明，謂之性」；常人雖有氣質欲望，只要「擇善而固執之」，亦可體現天道，即所謂的「修道之謂教」、「自明誠，謂之教」。〔註41〕又《中庸》第二十二章云：

> 唯天下至誠，爲能盡其性。能盡其性，則能盡人之性；能盡人之性，
>
> 則能盡物之性；能盡物之性，則可以參贊化育；可以參贊化育，則
>
> 可以與天地參矣。

此明白表示誠即性，經由實踐工夫達成的「至誠」即能盡性。盡其性，是成己；盡人之性，是成人；盡物之性，是成物；贊天地之化育，是天地位、萬物育。人性本是天所賦予，經由人在實踐工夫上的努力，由至誠盡性而上與天地參，此時人道即與天道貫道爲一。綜上所述，《中庸》的進路雖與孟子不同，然其天道乃是在人性的道德實踐中體現，仍是以道德主體爲中心的思想，實爲孔孟天人合德思想的發展與擴充。

（四）《易傳》

《易經》本是卜筮的記錄，其內容係由卦爻排列來判斷吉凶休咎。《易傳》雖爲解釋《易經》的著作，卻基於儒家人文精神的需要，將卜筮的宗教性轉化爲道德性的合理解釋。〈繫辭傳〉下傳第二章所謂的「仰則觀象於天，

〔註41〕見《中庸二十章》。

俯則觀法於地……近取諸身，遠取諸物，於是始作八卦，以通神明之德，以類萬物之情」，則認為聖人觀象設卦，乃是取法天地的變化，此實企圖以形而上的天道做為吉凶悔吝的根據；又「乾以易知，坤以簡能。易則易知，簡則易從；易知則有親，易從則有功；有親則可久，有功則可大；可久則賢人之德，可大則賢人之業。易簡而天下之理得矣，天下之理得而成位乎其中矣」，即認為天地變化的規律，可以做為人事行為的法則，此實企圖合天道於人道。例如，「元亨利貞」本應解釋為「大享利占」〔註42〕或「在始祭時占之則利」。〔註43〕而〈乾・彖辭〉云：

> 大哉乾元，萬物資始，乃統天。雲行雨施，品物流行。大明終始，
> 六位時成，時乘六龍以御天。乾道變化，各正性命，保合大和，乃
> 利貞。首出庶物，萬國咸寧。

此即以天道的創生萬物釋「元」字，以天道的周流不息釋「亨」字，以人稟天道而端正性命，使行為合乎普遍和諧的天道釋「利貞」二字。此處主宰宇宙的不是宗教性的天帝，而是具有生化功能的天道。因此，吉凶悔吝的根據完全在於天道。至於〈乾・文言〉則云：

> 元者，善之長也；亨者，嘉之會也；利者，義之和也；貞者，事之
> 幹也。君子體仁足以長人，嘉會足以合禮，利物足以和義，貞固足
> 以幹事。君子行此四德，故曰：乾、元亨利貞。

此即以永遠創生、奮發為善的精神釋「元」字，以知天達命、善於處世的智慧釋「亨」字，以大利為利、利益萬物的行為釋「利」字，以堅守原則、忠貞不屈的節操釋「貞」字。將「元亨利貞」由占卜的術語轉變為君子所履行的四種德行。如此，「元亨利貞」不僅上據天道，而且可以下施人事，天道與人道遂可通而為一。

《易傳》與《中庸》對天道性命的看法，同樣是採由上而下的宇宙論進路。〈繫辭傳〉上傳第五章云：

> 一陰一陽之謂道，繼之者善也，成之者性也。仁者見之謂之仁，知
> 者見之謂之知，百姓日用而不知，故君子之道鮮矣。

所謂「一陰一陽之謂道」，即是說由陰陽變化消長中，顯現生生不息的天道，

〔註42〕見高亨《周易古經通說》第五篇，頁89，華正書局。
〔註43〕見勞思光《中國哲學史》第二卷，頁85，友聯出版社。

此語相當於《中庸》的「率性之謂道」；〔註44〕所謂「繼之者善也」，即是說承繼天道而發展的，乃是「生」的至善大德，此語相當於《中庸》的「修道之謂教」；所謂「成之者性也」，即是說生生之德的完成，就在人性的建立，此語相當於《中庸》的「天命之謂性」；所謂「仁者見之謂之仁，知者見之謂之知」，如視仁、知為平等的兩種德行，即是說仁者、知者各得道之一偏，若依《論語・里仁》的「仁者安仁，智者利仁」而分主輔，則「仁者」等於《中庸》「不勉而中，不思而得，從容中道」的聖人，「智者」等於《中庸》「擇善而固執之者」；所謂「百姓日用而不知，故君子之道鮮矣」，即是說百姓雖亦為此普遍流行的天道所覆育，但由於缺乏自覺，對於君子所追求的天道能體會的人實在很少。〈說卦傳〉第一章云：

> 昔者聖人之作《易》也，幽贊於神明而生蓍，參天兩地而倚數，觀變於陰陽而立卦，發揮於剛柔而生爻，和順於道德而理於義，窮理盡性以至於命。

又第二章云：

> 昔者聖人之作《易》也，將以順性命之理。是以立天之道曰陰與陽，立地之道曰柔與剛，立人之道曰仁與義。兼三才而兩之，故《易》六畫而成卦。分陰分陽，迭用柔剛，故《易》六位而成章。

此二章以「窮理盡性以至於命」一語最重要，它是「和順於道德而理於義」的實踐工夫，也就是「順性命之理」的實踐工夫。其所窮之理，就是「性命之理」，而性命之理須由天道的陰陽、地道的柔剛、人道的仁義來印證。經由仁義，可以體證具體且內在於人的性命之理；經由陰陽柔剛，可以了悟超越且遍在於萬物的性命之理。亦即是，人必須在「和順於道德而理於義」的實踐中，才能證悟性命之理具體而普遍、超越而內在的特性。〔註45〕理涵攝於性，窮理即所以盡性；性源自於命，盡性即可至於命。人由窮理、盡性以至於命的實踐工夫，所達到的正是「與天地合其德」〔註46〕的境界。《易傳》將儒學討論的興趣從心性論導引至天道論，使宇宙秩序與道德秩序通而為一，講道德有其形而上的根據，而形上學以道德為依歸，孔孟思想所蘊含的道德形上學因此得到圓滿的完成。

〔註44〕參看黃師慶萱《周易讀本》，頁4，三民書局。
〔註45〕參看戴師璉璋《易傳之形成及其思想》，頁178～179，文津出版社。
〔註46〕見〈乾九五・文言〉。

三、因任自然

此由天的自然義發展而成。於西周後期至東周所產生的「變雅」怨天詩中，周初德命相應的理想已失落，「天道遠，人道邇」的信念代之興起，自然義的天得到發展的機會。《詩》、《書》所見的天地自然，只是對事物現象的具體描述；《左傳》、《國語》則已發展至用「陰、陽、風、雨、晦、明」六氣來說天，用「金、木、水、火、土」五行來說地。不過，中國人的思想始終沒有停留在經驗層次的認知，而是藉由天地自然的變化去尋繹其不變的秩序與律則，來做為人類生活所依循的規範。所以始終未能完成一純粹的自然宇宙觀，而摻雜著神秘玄思的形上色彩。此因任自然思想的成熟，則須在道家精神境界的超越中完成。老子主張由「致虛守靜」的無為，以成就萬物的自然表現；莊子更經由「心齋坐忘」的虛靜工夫，來追求與天地萬物冥合的精神境界，在無待的超越中將自然精神化，於是「天地與我並生，而萬物與我為一」。此一精神境界的自然，對中國的文學藝術影響甚為鉅大。

（一）老　子

自然義的天，在春秋時代已有發展，老子則進一步為其生成、創造提供了有系統的解釋，構成形上學的宇宙論。但老子的動機與目的，並不在於宇宙論的建立，而是希望在周文疲弊的劇烈轉變中，能找到一個不變的常道，以作為生命依循的軌則，使個人與社會皆能安定長久。〔註47〕《老子・二十三章》云：

> 飄風不終朝，驟雨不終日，孰為此者？天地。天地尚不能久，而況
> 於人乎。

由此可見，老子思想實出於觀「變」而思「常」，是從自然現象的變化中體悟出可久可長的「道」。《老子・二十五章》云：

> 有物混成，先天地生，寂兮寥兮，獨立而不改，周行而不殆，可以
> 為天下母；吾不知其名，字之曰道，強為之名曰大，大曰逝，逝曰
> 遠，遠曰反。

據此可知，老子所謂的「道」即指獨立不改、周行不殆的自然規律。此一終始循環、相反相成的規律，由於非經驗世界的認知對象，所以說「不知其名」；由於超越天地萬物之上，所以說「先天地生」、「可以為天下母」。《老子・一

〔註47〕同註9，頁325、327。

章》云：

> 無，名天地之始；有，名萬物之母。故常無，欲以觀其妙；常有，
> 欲以觀其徼。此兩者，同出而異名，同謂之玄。玄之又玄，眾妙之
> 門。

此即以「有」與「無」來論述「道」的涵義。由於道是「視之不見，聽之不聞，搏之不得」〔註48〕，非現象界存在的具體事物，所以可稱爲「無」；由於道是「有象、有物、有精」〔註49〕，能夠化生天地萬物，所以又可稱爲「有」。「無」爲「道之體」，「有」爲「道之用」。常處於無，以觀照道體的奧妙莫測，常處於有，以觀照道用的廣大無邊。二者似二實一，僅有體用之別，所以說「同出而異名，同謂之玄」。〈四十章〉所謂的「天下萬物生於有，有生於無」，復自「道」化生「萬物」的過程，說明了「無」、「有」的體用關係及「道」超越而內在的特性。《老子・四十二章》云：

> 道生一，一生二，二生三，三生萬物。

此即是說，萬物是由於道的發用，得以在天地交感的和諧環境中完成生長。此所謂「生」，是即體顯用的生，是以其實現原理化成萬物的生。〔註50〕人處於天地間，雖貴爲萬物之靈，亦須依循此一律則。《老子・二十五章》又云：

> 故道大，天大，地大，人亦大。域中有四大，而人居其一焉。人法
> 地，地法天，天法道，道法自然。

超越的道體，以其實現原理內在於天地萬物，亦內在於人類生命之中，所以人與道、天、地並列爲宇宙中的四大。但由於心知的定執與感官的欲求，導致人與道的乖違。因此，人必須取法天地與道，藉因任自然的實踐工夫，去除障蔽，直接與道契合。《老子・十六章》云：

> 致虛極，守靜篤。萬物並作，吾以觀復。夫物芸芸，各復歸其根。
> 歸根曰靜，是謂復命。復命曰常，知常曰明。

所謂「致虛極，守靜篤」，即是指在「致虛守靜」的修養工夫中，去除心知的定執與感官的欲求，以保持自覺心的清明，所以在萬物流轉變化中，能超乎其上而觀照出循環反復的律則。儘管萬物繁複眾多，終究要歸返共通的根源；歸返根源於虛靜之中，這便是回復本然的性命。性命的根源本得自常道，能

〔註48〕見《老子・十四章》。
〔註49〕見《老子・二十一章》。
〔註50〕參看王邦雄《老子的哲學》，頁99，東大圖書公司。

以虛靜心的觀照，體悟常道，朗現天地萬物的眞相，才可稱爲眞知。由此可知，老子的形上哲學，乃由致虛守靜的主體修證而開顯，將有限的生命，透過主體的修養，打開即有限而通向無限的實踐進路。《老子‧四十八章》云：

> 爲學日益，爲道日損，損之又損，以至於無爲，無爲而無不爲。

此即是說，經由主體「損之又損，以至於無爲」的修證工夫，即可由「無爲」之體，開出「無不爲」之用。可見其形上結構，非僅由概念思辨、理性推求而得，實以主體修證爲其基礎。〔註51〕此一主體修證的進路，實不同於儒家。儒家的仁是一道德創造的實體，它既可承擔主體生命，亦可開發客觀的文化理想；而老子的心乃是一無所定執的虛靈，它不能有積極性的創建，僅能以其虛靜靈明而朗現萬象，呈顯沖虛的境界。

（二）莊　子

莊子之於道家，猶如孟子之於儒家。孟子繼承孔子仁義的學說，落實在道德心性上加以發展及證成；莊子繼承老子有無的理論，亦落實在內在主體上加以發展及證成。莊子同老子一樣，認爲道是萬物超越而內在的根源。〈大宗師〉云：

> 夫道，有情有信，無爲無形；可傳而不可受，可得而不可見；自本自根，未有天地，自古以固存；神鬼神帝，生天生地；在太極先而不爲高，在六極之下而不爲深；先天地生而不爲久，長於上古而不爲老。

此即是說，道是宇宙一切事物的本源，是超乎時空而存在的實體；道雖「無爲無形」而無法看見，卻「有情有信」而可以體會。所以當東郭子問及「道烏乎在」時，〔註52〕莊子答以「無所不在」，不僅存在於有生命的螻蟻、稊稗中，甚至存在於無生命的瓦甓、屎溺中。儘管莊子繼承老子，以形上道體做爲價值根源，但是未就形上系統與政治哲學方面有進一步的闡揚。反而著眼於如何在現實世界中安頓個體生命，透過對生命價值的深切反省，提煉出一套修養工夫。首先，莊子由破除生死問題來解脫形軀的束縛。〈大宗師〉云：

> 死生，命也；其有夜旦之常，天也。人之有所不得與，皆物之情也。

此即是說，人的生死就像天的晝夜遞相變化一樣，這些人所不能干預且無法改變的現象，都是萬物本然的事實。所謂「生死」正如白天黑夜一樣，屬終

〔註51〕同前註，頁 128。
〔註52〕見《莊子‧知北遊》。

始循環的自然現象。人生之前本是無，死了以後也是無，生死不過是由無至有還歸於無的歷程，生死存亡實爲一體。〔註53〕因此，生有何喜，死有何悲。〈養生主〉云：

> 老聃死，秦失弔之，三號而出。弟子曰，非夫子之友耶？曰，然。然則弔焉若此，可乎？曰，然……適來，夫子時也，適去，夫子順也。安時而處順，哀樂不能入也。古者謂是帝之懸解。

其中「來」與「去」即指「生」與「死」而言，「時」指偶然的機緣，「順」指此一歷程的必然方向。所謂「安時而處順，哀樂不能入」，即指自我能超脫形軀的執著，安其偶然之生，任其必然之死，則不會因此而產生悲哀喜樂的情緒。既由虛靜觀照中領悟形軀本爲自我生命的束縛，那麼，形軀的消滅無異是束縛的解除，所以稱之爲「懸解」。〔註54〕〈人間世〉與〈德充符〉所謂的「知其不可奈何而安之若命」，正是指由虛靜觀照的修養工夫，超越生死存亡的限制而安時處順，使自我精神生命得以充分發揮。所以是「德之至也」，是「唯有德者能之」。其次，莊子由泯除是非對立來消解認知的執著。〈齊物論〉云：

> 道惡乎隱而有眞僞？言惡乎隱而有是非？道惡乎往而不存？言惡乎存而不可？道隱於小成，言隱於榮華。故有儒墨之是非，以是其所非而非其所是。欲是其所非而非其所是，則莫若以明。

由「道惡乎往而不存」與「言惡乎存而不可」的詰問，可知莊子認爲一切理論之肯定與否，皆無絕對性。亦即是說，是非皆屬成見。道所以有眞僞之別，是受到一隅之見的隱蔽；言所以有是非之分，是受到巧辯僞飾的隱蔽。儒墨皆各自執著其成見，以致互相攻訐非議。欲去除彼等成見，唯有以虛靜心觀照，才能朗現萬有的本然實相。〈齊物論〉續云：

> 物無非彼，物無非是。自彼則不見，自知則知之。故曰彼出於是，是亦因彼，彼是方生之說也。雖然，方生方死，方死方生；方可方不可，方不可方可；因是因非，因非因是。是以聖人不由，而照之於天，亦因是也。

此即是說，事物往往由於理論的分判彼此而限於一隅，以致不能見知整體。然此對立的彼此雙方，既是相反相成的存在，亦是互爲消長的存在。所以，

〔註53〕參看黃師錦鋐《新譯莊子讀本》，頁35～36，三民書局。
〔註54〕同註17，頁200。

聖人不陷溺於理論的是非中，而以虛靜心化除成見，由事物的本然情況去觀照萬有。〈齊物論〉續云：

> 是亦彼也，彼亦是也。彼亦一是非，此亦一是非。果且有彼是乎哉？
> 果且無彼是乎哉？彼是莫得其偶，謂之道樞。樞始得其環中，以應
> 無窮。

彼此既然皆不能全盡事物的眞理而各有是非，何必強分彼此而拘執其中。唯有超越彼此的對立，方可見事物的本然實相，這就是「道樞」。得到了樞機，便能掌握循環變化的「環中」，因應無窮的變化流轉。

無論是解脫由形軀而產生的桎梏，或消除由認知而導致的障蔽，莊子的終極目標在於達到與天地精神相往來的人生境界，而此一精神境界必須在修養工夫中完成。〈人間世〉云：

> 若一志，無聽之以耳，而聽之以心；無聽之以心，而聽之以氣。聽
> 止於耳，心止於符。氣也者，虛而待物者也。唯道集虛，虛者，心
> 齋也。

人與外物接觸，每由耳目產生感受，由心知產生判斷。若執著於形軀感受，將使精神生命受到羈絆，所以說「無聽之以耳」；若執著於心知成見，將使道德眞理受到曲解，所以說「無聽之以心」。然氣卻是空虛而能夠容納萬有的，就像明鏡般「不將不迎，應而不藏」〔註55〕。所謂「聽之以氣」，即指在虛靜如鏡的明照下，不施以任何主觀的判斷，讓萬物得以自然呈顯其眞相。下文的「徇耳目內通而外於心知」與〈德充符〉的「且不知耳目之所宜，而遊心乎德之和」，正是「聽之以氣」的表現。而虛以待物正是來自「心齋」的修養工夫。〈大宗師〉云：

> 墮枝體，黜聰明，離形去知，同於大通，此謂坐忘。

「墮枝體」，即是離形，即爲不執著於生死；「黜聰明」，即是去知，即爲不執著於是非。「離形去知」，即是〈逍遙遊〉的「無己」、〈齊物論〉的「喪我」。達於「無己」、「喪我」即爲物我同體、「道通爲一」〔註56〕的境界，所以說「同於大通」。綜上所述，莊子安頓個體生命的實踐進程，係由虛靜工夫的心齋、坐忘，完成離形去知的無己、喪我，以達於「勝物而不傷」〔註57〕、「天與人

〔註55〕見《莊子‧應帝王》。
〔註56〕見《莊子‧齊物論》。
〔註57〕見《莊子‧應帝王》。

不相勝」〔註58〕的至人、眞人境界。眞人、至人生命人格的體現，即爲天人合一最高理境的開顯。於是，天道的形上性格，完全落實且消融在生命主體的精神涵養中。〔註59〕在致虛守靜、歸根復命的理論要求下，道家的自然主義必因修養工夫導致自然的精神化。此老子固已啓其端緒，但「天地與我並生，而萬物與我爲一」〔註60〕的境界形態，必須至莊子強調精神生命的逍遙自適，才充分透顯出來。此心靈主體的觀照智慧，雖在道德文化的建立上缺乏積極性，然對文學藝術卻貢獻獨多。

四、天生人成

　　以上三種型類都屬於天人合一的思想形態，而荀子的明於天人之分可說是先秦天人思想中的一個例外。「天行有常」是荀子論天的基本觀念，其涵義係指天體運行有一定的準則，天地萬物一切現象的遞變，無不遵循此一永恆不變的準則，它與人世間的治亂興衰，並無實質意義的關連。經由天人二分，於是切斷了人與天之間一切情意上的牽涉，這就科學的角度而言，實具有劃時代的意義。然而，荀子「天生人成」的理論架構，完全是由禮義效用問題的思考中導引出來的。他闡說天的自然義，只是欲使天成爲被治化的對象，使人爲的禮義功效得以伸展開來，以彰顯「禮義之統」在政治教化中的地位。正因爲天論思想並不是荀學的中心，所以也未曾自覺「天人之分」於科學方面的價值與意義。

　　自然義的天在《詩》、《書》中即已存在；到了《左傳》、《國語》中，由於氣與陰陽等概念的出現，自然義的天有了進一步的演變；老子將其轉向形上學發展，以爲人事依循的根據；莊子更將自然精神化，使天與人達到合諧的境界；老、莊雖由客觀的自然現象發其端，卻朝主觀的精神境界發展；眞正純就天的自然義建立學說的，唯有荀子。有人認爲，荀子以自然說天，是受了道家的影響。〔註61〕雖然不能說不對，不過，道家的自然，是通過致虛守靜而達到的精神境界，是形而上的，而荀子視天爲自然，則根本是物質的存在，非形而上的。再者，道家主張法天、法自然，所以天人之間是和諧密

〔註58〕見《莊子・大宗師》。
〔註59〕參看王邦雄《中國哲學論集》，頁90，學生書局。
〔註60〕見《莊子・齊物論》。
〔註61〕參看馮友蘭《中國哲學史》（附補編）》，頁355，藍燈文化事業公司；又侯外廬主編《中國思想通史》，頁531，中國史學社翻印本。

切的；而荀子主張制天、用天，是強調明於天人之分的。其〈天論〉云：

> 天行有常，不爲堯存，不爲桀亡。應之以治則吉，應之以亂則凶。
> 彊本而節用，則天不能使之貧；養備而動時，則天不能使之病；修
> 道而不貳，則天不能使之禍。故水旱不能使之饑，寒暑不能使之疾，
> 祅怪不能使之凶。本荒而用侈，則天不能使之富；養略而動罕，則
> 天不能使之全；倍道而妄行，則天不能使之吉。故水旱未至而饑，
> 寒暑未薄而疾，祅怪未至而凶。受時與治世同，而殃禍與治世異，
> 不可以怨天，其道然也。故明於天人之分，則可謂至人矣。

此即是說，自然的天是沒有意志與主宰能力的，天體的運行有一定的軌則，
不會因爲人的聖賢或昏暴而改變其常規。若以合於禮義的行爲去因應它，則
能得福而吉；即使遇到水旱等災害變異，仍然能衣食無虞、疾病不侵。若以
不合於禮義的行爲去對應它，則將得禍而凶；即使風調雨順、災變不至，仍
然會飽受飢寒、疾病之累。由此可知，吉凶福禍的關鍵不在天時，而在人的
行爲。因此，不應當埋怨天時，而應當致力於人事。所以說「明於天人之分，
則可謂至人矣」。〈天論〉續云：

> 不爲而成，不求而得，夫是之謂天職。如是者，雖深、其人不加慮
> 焉；雖大、不加能焉；雖精、不加察焉。夫是之謂不與天爭職……
> 列星隨旋，日月遞炤，四時代御，陰陽大化，風雨薄施，萬物各得
> 其和以生，各得其養以成。不見其事，而見其功，夫是之謂神。皆
> 知其所以成，而莫知其無形，夫是之謂天功，唯聖人爲不求知天。

因爲明於天人之分，所以對於不爲不求而能自然生成萬物的「天職」，與毫無
形跡而能完成生化任務的「天功」，雖然感到「深、大、精」與「神」，但是
對其所以然之理，聖人的態度是「不加慮、不加能、不加察」與「不求知」
的。〈君道〉中所謂的「其於天地萬物也，不務說其所以然，而致善用其材」，
同樣是說，君子所應致力的在於如何善用天地所生成的萬物，而無需去理解
天地生成萬物的所以然之理。探索事物生成的所以然之理，正是科學家所努
力的目標，而荀子視之爲「無用之辯、不急之察，棄而不治」〔註62〕，所以
未曾開出科學知識。〈天論〉又云：

> 大天而思之，孰與物畜而制之；從天而頌之，孰與制天命而用之；
> 望時而待之，孰與應時而使之；因物而多之，孰與騁能而化之；思

〔註62〕見《荀子·天論》。

> 物而物之，孰與理物而勿失之；願於物之所以生，孰與有物之所以
> 成。故錯人而思天，則失萬物之情。

據此可知，天在荀子的思想中，純然只是一物質的存在，是被治化的對象，不具有仁德的價值意義。所以對天非但沒有思慕、讚頌的情懷；甚至本於客觀現實，視天爲物而加以裁制與利用。即由人爲的努力，使天地萬物各盡其用。因此，若不能致力於人事，而一味寄望於天命，則將違背萬物的情理而不能盡其用。由此可見，生物固由天，成物則在人。〈禮論〉云：

> 天能生物，不能辨物也；地能載人，不能治人也。宇中萬物生人之
> 屬，待聖人然後分也。

此即是說，天地雖能生物、載人，卻不能辨物、治人，宇宙中的萬物與人類，必待聖人定其分位，然後始能人得其成而物得其宜。〈富國〉所謂的「天地生之，聖人成之」義正相同。綜上可知，「天生人成」乃荀子思想的基本原則，而「天人之分」與「不求知天」皆爲此一原則的結構之一，用以證成「自然世界爲人文世界所主宰」。〔註63〕又〈王制〉云：

> 天地者，生之始也；禮義者，治之始也；君子者，禮之始也；爲之、
> 貫之、積重之、致好之者，君子之始也。故天地生君子，君子理天
> 地。君子者，天地之參也，萬物之總也，民之父母也。無君子，則
> 天地不理，禮義不統，上無君師，下無父子，夫是之謂至亂。

此更進一步指出「天生人成」係以「禮義之統」爲其基礎。生命由天地自然而來，但天只涉及生而不涉及治，欲行治須以禮義爲根據。禮義係由君子所制定，經由學習、實踐禮義才能成爲君子。天地生君子，君子以禮義法度治理天地萬物，所以君子是「天地之參、萬物之總、民之父母」。如果沒有君子，天地萬物將失去條理秩序，禮義法度將失去綱紀統領，人倫關係亦將陷於混亂，如此可謂「至亂」。在「天生人成」的原則下，屬於「天生」方面的天與性，皆是被治的、負面的；屬於「人成」方面的禮義法度，才是能治的、正面的。就孔孟來說，禮義實由天出，亦即由性分中出。如此，禮義既有天道爲其超越的根據，又有本心善性爲其內在的根據。就荀子來說，自然的天本無意志，「本始材朴」的性則易「順是」而流於惡。如此，禮義遂失其根據而無處安頓，所以只好歸之於「人爲」。歸之於聖人所爲的禮義法度，只具有對治天與性的工具價值，而無內在的價值。儘管荀子由知統類、一制度、隆禮

〔註63〕參看韋政通《荀子與古代哲學》，頁55，台灣商務印書館。

義，將宇宙人生統攝於一大理性系統中，充分彰顯客觀精神而使儒學的外王理想具體化；然而與主觀精神、絕對精神相隔絕的禮義之統，由於本源不透，反易流於現實的功利主義，而無法完成人文化成的理想。〔註64〕

〔註64〕參看牟宗三《名家與荀子》，頁214～215，學生書局。

第三章　董仲舒天人思想的建立

　　以主體生命爲中心的中國哲學與以客體知識爲中心的西方哲學的根本差異在於，中國哲學一向著眼於現實關懷而不重視理性思辨，先秦諸子如此，董仲舒亦如此。面對嬴秦的崩潰瓦解，如何重整社會秩序並建立政治制度，成爲漢初學者亟待解決的時代課題。處於大一統的專制時代，迫於現實的政治壓力，董仲舒所努力的方向是：既要鞏固政權以維持社會安定，又需限制君權以保障人民生活。董仲舒乃以《春秋》公羊學爲基礎，企圖轉化漢初沿襲秦制的法治政體爲儒家的德治政體，使專制體制趨向合理化，所謂「《春秋》論十二世之事，人道浹而王道備，法布二百四十二年之中，相爲左右，以成文采，其居參錯，非襲古也。是故論《春秋》者，合而通之，緣而求之，五其比，偶其類，覽其緒，屠其贅，是以人道浹而王法立」〔註1〕，即是欲由史實的記載中，尋繹出人道得以和洽、王道得以建立的實現原理。復取當時流行的陰陽五行宇宙觀，結合《春秋》中災異的記載，推論出一套「天人相與」的感應理論，給「獨制於天下而無所制」〔註2〕的獨裁君主一宗教性的限制，促使君主能夠法天行仁而溥愛萬民，所謂「然而《春秋》舉之以爲一端者，亦欲其省天譴而畏天威，內動於心志，外見於事情，修身審己，明善心以反道者也」〔註3〕，即是希望君主能因災異省察天譴、敬畏天威，由內在心志的感動體現爲外在情事，修養品德、審辨行爲，彰顯善心而回歸正道。

〔註1〕 見《春秋繁露・玉杯》。
〔註2〕 見《史記・李斯列傳》，新校標點本，頁2554。
〔註3〕 見《春秋繁露・二端》。

第一節　以《春秋》公羊學爲基礎

　　春秋時期，周室衰微，王綱解紐，諸侯力政，禮壞樂崩，臣弒其君、子
弒其父的背逆行爲比比皆是。孔子對此紊亂的時局感到憂慮恐懼，於是依據
魯國的史記而修作《春秋》，寓褒諱貶損於文辭書法中，以誅伐亂臣賊子，使
爲人臣子者知所警惕戒懼，由是而能撥亂世反之正。然而褒善貶惡本爲天子
的職責，孔子藉《春秋》來端正倫常、重整價值標準，其事功在孟子看來，
足與禹抑洪水及周公兼夷狄、驅猛獸鼎立，卻不免有僭越的嫌疑，所以孔子
有「知我者，其惟《春秋》乎；罪我者，其惟《春秋》乎」〔註4〕之歎。《春
秋》就內容而言，大多是記錄與齊桓、晉文有關的事件；就文體而言，是編
年形式的史書；就主旨而言，是爲接續《詩經》刺譏頌詠的精神，以達成王
道教化的目的，所以孔子明白指出「其義則丘竊取之矣」。〔註5〕由內容、文
體看來，孔子修作的《春秋》與晉之《乘》、楚之《檮杌》及未經筆削的魯之
《春秋》似無不同；但由其主旨看來，前者強調的是大義，後三者呈現的是
史實，此不能不加以分別，否則必流於「斷爛朝報」之譏。孔子修作《春秋》
乃是假借天子名位而行褒諱貶損，基於「義不訕上，智不危身」〔註6〕的考慮，
只得用「微辭」、「婉辭」、「溫辭」變更書法，寄寓大義；而以口說方式，將
未直接寫進書中的思想傳授給弟子。此即《史記·十二諸侯年表》序所謂的
「七十子之徒口受其傳指，爲有所刺譏褒諱挹損之文辭不可以書見也」。而《漢
書·藝文志》則表示「昔仲尼沒而微言絕，七十子喪而大義乖，故春秋分爲
五」。孔子口授弟子，弟子退而異言，於是《春秋》分爲公羊、穀梁、左氏、
鄒氏、夾氏五家。其中據班固所見夾氏有錄無書，鄒氏無師承傳授；而左氏
詳於記事，可以補充《春秋》的不足；公羊、穀梁則詳於解經，旨在發揮《春
秋》的微言大義。董仲舒的《春秋繁露》即據公羊學來闡述《春秋》的微言
大義，所不同的是：孔子的《春秋》是「寓義於史」，仍保留史書的形式；董
仲舒的《春秋繁露》則是以義理爲主，歷史上的事件只是他引用來論述其思
想的例證而已，可說是「寓史於義」，〔註7〕亦即是藉《春秋》及公羊學以發
揮其理論，並賦予符合時代要求的新義。

〔註4〕見《孟子·滕文公下》。
〔註5〕見《孟子·離婁下》。
〔註6〕見《春秋繁露·楚莊王》。
〔註7〕參看韋政通《董仲舒》，頁35，東大圖書公司。

一、體察微言大義的途徑

（一）常與變

　　春秋時期政局紊亂的原因在於君臣父子莫守分位，諸侯大夫競相僭越，以致篡弒爭奪層出不窮。孔子深知禍亂所由生，故當子路問「為政奚先」時，孔子答以「必也正名乎」；〔註8〕當齊景公問政於孔子時，告以「君君、臣臣、父父、子子」。〔註9〕即欲由正名分而止禍亂，別差等而興禮義，以達於人事浹而王道備。既然《春秋》旨在撥亂反正、補弊救衰，對於遣詞用字必須相當謹慎，力求精確。《春秋繁露·精華》云：

> 《春秋》慎辭，謹於名倫等物者也。是故小夷言伐而不得言戰，大夷言戰而不得言獲，中國言獲而不得言執，各有辭也。有小夷避大夷而不得言戰，大夷避中國而不得言獲，中國避天子而不得言執，名倫弗予，嫌於相臣之辭也。是故大小不踰等，貴賤如其倫，義之正也。

此即是說，春秋對於文辭的使用十分審慎，無論就人倫的貴賤訂定名稱，或就事物的大小區分等級，皆極為嚴謹。所以，同樣的情況，依發生對象的不同，各有不同的用辭，不能混淆無別隨便亂用，以免在文辭上產生彼此相互臣屬的嫌疑。如此大小都不逾越其等級，貴賤都符合其倫類，可說是「義之正」了。所謂「大小不踰等，貴賤如其倫」，係承《荀子·正名》的「上以明貴賤，下以別同異」而來；而《春秋》所以「慎辭」，即為正名以止亂，《莊子·天下》所謂的「《春秋》以道名分」即是就此而言。

　　《春秋》所使用的名號文辭，基於明尊卑、別嫌疑的需要，在一般原則下，常有固定的用法，此即所謂的「正辭」、「常辭」；然而基於褒諱貶損的需要，在特殊情況下，則有變通的用法，此即所謂的「微辭」、「詭辭」。由於孔子將褒貶大義寄寓於微辭、詭辭中，所以當循此變通之辭，以求其筆削之用心所在。《春秋繁露·竹林》云：

> 春秋之常辭也，不予夷狄，而予中國為禮。至邲之戰，偏然反之，何也？曰：春秋無通辭，從變而移。今晉變而為夷狄，楚變而為君子，故移其辭以從其事。夫莊王之舍鄭，有可貴之美。晉人不知其善，而欲擊之；所救已解，如（而）挑與之戰。此無善善之心，而

〔註8〕見《論語·子路》。
〔註9〕見《論語·顏淵》。

－55－

　　輕救民之意也。是以賤之，而不使得與賢者爲禮。

所謂「常辭」，係指一般性、原則性、經常性的說法；所謂「《春秋》無通辭，從變而移」，是說《春秋》中的任何說法都不是可以適合一切事物的，而是隨著實際情況的變化而改變用法。按照《春秋》通常使用文辭的慣例，是只贊成中原地區的國家合乎禮義，而不認爲諸夏以外的夷狄也懂得禮義。但是於「邲之戰」時，情況恰好相反，中原的晉國變得如同夷狄一般，行爲不講究禮義；原屬夷狄的楚國變得如同君子一般，行爲合乎禮義。所以依照他們的行事作爲，改變文辭的習慣用法。其因果緣由爲：楚莊王率兵討伐鄭國，打了勝仗，卻未兼併其地、消滅其國，表現了值得褒譽的美德。晉國大夫荀林父領軍救鄭，到達時，鄭、楚已經和解撤兵，晉軍不能體恤楚莊王的善行美意，反而要向其進攻；晉軍要救援的鄭國危難已解，卻仍要挑起戰爭。這是由於缺乏企慕善行的心志，漠視拯救人民的用意，因此貶斥晉國爲夷狄，使他們不能與賢者並列爲合乎禮義的國家。由此可見，夷夏的區別在於是否能施行禮義，而不在於所處的地理位置。地理位置是固定不變的；施行禮義與否則存乎一心，是會改變的。既然爲夷爲夏並非一成不變的，那麼用辭亦當隨實際狀況而調整，所以說「《春秋》無通辭，從變而移」，而褒貶大義正可由此體察彰顯。《春秋繁露・精華》云：

> 難晉事者曰：《春秋》之法，未踰年之君稱子，蓋人心之正也。至里克殺奚齊，避此正辭，而稱君之子，何也？曰：所聞《詩》無達詁，《易》無達占，《春秋》無達辭。從變從義，而一以奉人（天）。仁人錄其同姓之禍，固宜異操。晉，《春秋》之同姓也。驪姬一謀而三君死之，天下之所共痛也。本其所爲爲之者，蔽於所欲得位，而不見其難也。《春秋》疾其所蔽，故去其正辭，徒言君之子而已。

所謂「正辭」，即前文的「常辭」；所謂「無達辭」即前文的「無通辭」；所謂「《詩》無達詁，《易》無達占，《春秋》無達辭」，是說《詩》的文義意境、《易》的吉凶判斷與《春秋》的字辭用法，受主觀作用影響，並非一成不變的。按照《春秋》的法則，國君去世一年之內，稱呼新君爲「子」，這種不忍立刻稱君的孝心，是人類正常的心理。但是里克弒殺奚齊，《春秋》卻故意不使用正常的文辭，改稱呼爲「君之子」，是痛心其災禍而加以貶抑的緣故。有仁心的人，記載同姓親戚所遭遇的禍患，本來就應該不同。晉與魯爲同姓的國家。驪姬被想讓自己兒子得到君位所蒙蔽而有所圖謀，豈料導致申生、奚齊、卓子陸續死亡的悲劇，

而令天下的人感傷痛心。《春秋》厭惡驪姬爲私慾蒙蔽，所以不使用正常的文辭稱呼奚齊爲「子」，而祇稱呼爲「君之子」。然而無論《春秋》用辭是順應權變或依循常理，皆能遵循天道、合乎義理，所以說「從變從義，而一以奉天」。既然常與變皆以義理天道爲根據，且各有適用範圍，則彼此實爲相輔相成而非互相妨礙，〈竹林〉所謂的「春秋之道，固有常有變，變用於變，常用於常，各止其科，非相妨也」，即是此意。《春秋繁露‧玉英》云：

> 難紀季曰：《春秋》之法，大夫不得專地；又曰，公子無去國之義；又曰，君子不避外難。紀季犯此三者，何以得賢？賢臣故盜地以下敵，棄君以避難乎？曰：賢者不爲是。是故託賢於紀季，以見季之弗爲也，紀季弗爲，而紀侯使之可知矣。《春秋》之事書，時詭其實，以有避也；其書人，時易其名，以有諱也……然則說春秋者，入則詭辭，隨其委曲，而後得之。今紀季受命乎君，而經書專；無善之名，而文見賢，此皆詭辭，不可不察。

所謂「詭辭」，即指由於避諱而改變正常用法的文辭。《春秋》記載事情，有時並不符合實際狀況；記載人物，有時變換了名字，皆是因爲有所避諱。所以解說討論《春秋》的人，先要理解釐清這些掩飾的文辭，隨順曲折複雜的背景深入探究，然後才能明白事實的眞相。按照《春秋》的法則，大夫不能擅自將土地給予他人，公子沒有離開國家的道理，君子不逃避外來的災難。紀季擅自將酅邑呈獻給齊國而歸順敵人，同時觸犯了上述三項法則，怎麼能算是賢臣呢？賢能的人當然不會盜竊土地去投降敵人，背棄國君而逃避災難。因此假託稱贊紀季賢能，顯示紀季不會去做這件事；由紀季不會做這件事，可以得知是紀侯命令他去做的。雖然紀季是接受國君的命令而前往獻地，可是經文偏偏記載他擅自將酅邑呈獻給齊國；未見好的事績名譽，可是經文不稱呼他的名字以顯現賢能。對於這些掩飾事實的文辭，不能不深思細察，否則便無法瞭解曲折複雜的內情及其所代表的眞實意義，所以說「說《春秋》者，入則詭辭，隨其委曲，而後得之」。

（二）辭與指

就「微辭」、「詭辭」而言，由於辭意曲折隱晦，自然需要深思細察，才能抉發其微言大義；就「常辭」、「正辭」而言，辭意原本明白曉暢，然而若不能融會貫通，卻無法體會其言外之意。《春秋繁露‧竹林》云：

> 辭不能及，皆在於指，非精心達思者，其孰能知之……由是觀之，

　　見其指者，不任其辭，不任其辭，然後可與適道矣。

所謂「指」，即是意旨、含義；所謂「辭不能及，皆在於指」，即提示理解《春秋》必須超越文辭表面的意義，以體察其內在蘊涵的意旨；但是這需要用心思考、融會貫通才能達成，所以說「非精心達思者，其孰能知之」；所謂「見其指者，不任其辭」，即是說能體察其意旨，就無需執著於文辭；能不執著於文辭，方可趨向於正道，所以說「不任其辭，然後可與適道矣」。根據《春秋》記載戰伐的文辭看來，是既有厭惡的，也有贊成的，即「惡詐擊而善偏戰，恥伐喪而榮復讎」。〔註10〕雖然《春秋》沒有「惡戰伐」之「辭」，董仲舒卻由「戰伐之事，後者主先」與「凶年不修舊」，體察出「無義戰」之「指」。因為勞民苦民的凶年修舊尚且感到厭惡，則傷民殺民的戰伐自然不在話下。由此可見，《春秋》所以贊成「偏戰」，是「善其偏」，而不是「善其戰」。「偏戰」比起「詐戰」來，可說是「義」；比起「不戰」來，則是「不義」，所以說「不義之中有義，義之中有不義」。「偏戰」就其包含於戰伐而言，是「不義」的；與「詐戰」相對而言，才可說是「義」，所以是「不義之中的義」，與「不戰」的「義」不僅意義不同，而且層次有高低之分（如附表）。若能察知「無義戰」，便不至於拘泥於「善偏戰」，能夠不拘泥於「善偏戰」，則可以由「不戰」而達於王道。此即為「見其指者，不任其辭，不任其辭，然後可與適道矣」。因「不任其辭」，於是可以不受文辭的限制，發揮自我主觀的見解。徐復觀認為，董仲舒所獨自體會出來的「指」，突破了公羊傳的範圍，形成他的春秋學的特色。〔註11〕韋政通認為，董仲舒「春王正月」的經文，竟能發展出王者「上奉天施而下正人」的理論，也是據此而得。〔註12〕

　　至於董仲舒如何超越文辭，抉微顯隱？《春秋繁露·玉杯》云：

〔註10〕見《春秋繁露·竹林》，本段引文未另外註明出處者，皆出於本篇。

〔註11〕參看徐復觀《兩漢思想史》卷二，頁336，學生書局。

〔註12〕同註7，頁53。

《春秋》論十二世之事，人道浹而王道備，法布二百四十二年之中，
相爲左右，以成文采，其居參錯，非襲古也。是故論《春秋》者，
合而通之，緣而求之，五其比，偶其類，覽其緒，屠其贅，是以人
道浹而王法立。

所謂「合而通之，緣而求之」，是說綜合全書以貫通其中的道理，本著這些原
則去探究其他事理；所謂「五其比，偶其類」，是說整理出其中的條例，將相
同的情事歸納起來；所謂「覽其緒，屠其贅」，是說觀察出其中的統緒，剖析
經文未曾明說的涵義。《春秋》論事，其涵義散布於二百四十二年中，儘管事
與事之間交互錯雜，但是理與理之間互相關連。所以討論《春秋》的人，若
能運用「合通緣求、五比偶類、覽緒屠贅」等方法步驟加以歸納、推理，就
能夠用條例去貫通事類，由深思明辨而抉微顯隱，完全掌握《春秋》的意旨，
於是人道得以和洽，王法得以建立。《春秋繁露·精華》云：

今《春秋》之爲學也，道往而明來者也。然而其辭體天之微，故難
知也。弗能察，寂若無，能察之，無物不在。是故爲《春秋》者，
得一端而多連之，見一空而博貫之，則天下盡矣。

所謂「得一端而多連之，見一空而博貫之」，是說能由一處、一點而與其他各
方面連結貫穿起來。《春秋》所以值得學習，是由於它所記載的往事，可以做
爲後人的借鑒。但是，由於《春秋》文辭所體現的是精微的天意，所以不易
理解。如不能用心審察，好像安靜得什麼都沒有，如能用心審察，天下事物
都已包含其中。所以研究《春秋》的人，要以「多連博貫」的方式加以歸納、
推理，那麼便能由此知彼、道往明來，天下的事理盡在掌握中了。由此可知，
董仲舒是用「多連博貫」、「合通緣求、五比偶類、覽緒屠贅」等方法深思細
察，將《春秋》全經加以比較分析、融會貫通，以超越文辭的表象，直探《春
秋》的微言大義。

　　綜上所述，董仲舒由辭的「常」與「變」來體察《春秋》大義，可以說
是在《公羊傳》的基礎上進行的。然而由「辭」推向「指」以探究《春秋》
大義，則已突破原有文義的限制，而達到開創新說的地步。也就是說，是在
原有的基礎上向前推展，配合時代需要加以引申發揮，賦予新的內涵。此係
在高於歷史的層次上，對《春秋》做哲學性的思考，與一般經生處理經文只
停留在訓詁考據階段，截然不同。

二、微言大義的主要內容

　　所謂「微言大義」，即指由隱微的文辭所蘊涵的重要義理。《史記・太史公自序》所謂的「《春秋》文成數萬，其指數千」似嫌誇大，在不足兩萬字的經文中包含數千項意旨，即使可能，也未免過於煩瑣。董仲舒運用「合通緣求、五比偶類、覽緒屠贅」等方法，將《春秋》融會貫通後，歸納出微言大義的主要內容約有十項。《春秋繁露・十指》云：

> 春秋二百四十二年之文，天下之大，事變之博，無不有也。雖然，大略之要有十指。十指者，事之所繫也，王化之所由得流也。舉事變，見有重焉，一指也；見事變之所〔以〕至者，一指也；因其所以至者而治之，一指也；強幹弱枝，大本小末，一指也；別嫌疑，異同類，一指也；論賢才之義，別所長之能，一指也；親近來遠，同民所欲，一指也；承周文而反質，一指也；木生火，火爲夏，天之端，一指也；切刺譏之所罰，考變異之所加，天之端，一指也。舉事變，見有重焉，則百姓安矣；見事變之所〔以〕至者，則得失審矣；因其所以至而治之，則事之本正矣；強幹弱枝，大本小末，則君臣之分明矣；別嫌疑，異同類，則是非著矣；論賢才之義，別所長之能，則百官序矣；承周文而反之質，則化所務立矣；親近來遠，同民所欲，則仁恩達矣；木生火，火爲夏，則陰陽四時之理相受而次矣；切刺譏之所罰，考變異之所加，則天所欲爲行矣。統此而舉之，仁往而義來，德澤廣大，衍溢於四海，陰陽和調，萬物靡不得其理矣。說《春秋》凡用是矣，此其法也。

在這段論述中，董仲舒首先說明《春秋》經文所記載的二百四十二年的歷史，囊括了廣大天地與博雜人事的所有變化。雖然內容廣博，但是其要指大約可以歸納爲十項。此十項要指，不僅是《春秋》記載人事變化的準則，而且是天子德化所由出的根據。其次，逐條列舉此一項要指。復次，分別陳述此十項要指的成效。最後，所得結論爲：若能統合此十項要指而加以實行，就能做到對人們施行仁愛而自己的行爲合於禮義，於是恩德潤澤廣大周遍，普及天下，陰氣陽氣和諧調暢，萬物沒有不合於道德的了。解說《春秋》的人都應該運用此十項要指，這是《春秋》的根本法則。

　　以下即就董仲舒所提「十指」略加析論，以見《春秋》微言大義的主要內容所在。

（一）所謂「舉事變，見有重焉」，是說《春秋》之所以舉出人事的變化，是希望人們能察見它所重視的地方。〈俞序〉中孔子所說的「以爲見之空言，不如行事博深切明」，即認爲與其表現在空洞的言辭，不如舉出以往的事實要來得廣博深刻、切實明白。那麼，所重爲何？據〈盟會要〉所謂的「蓋聖人者，貴除天下之患，貴除天下之患，故《春秋》重而書天下之患徧矣」可知，所重在於除天下之患，「天下之患」，即是「事變」，主要是指「弒君三十六，亡國五十二」而言。除患的目的何在？在於「天下者無患，然後性可善；性可善，然後清廉之化流；清廉之化流，然後王道舉，禮樂興」，即由除患而使「百姓安」、「王道舉」，此實爲《春秋》用心根本所在。

（二）所謂「見事變之所以至」，是說察見人事變化所以發生的原因。〈竹林〉所謂的「《春秋》記天下得失，而見所以然之故」，即說明《春秋》由記載天下事情的得失，而顯露事情所以發生的原因。據〈盟會要〉，弒君亡國所以發生的原因在於「細惡不絕之所致」。由於其始甚微，因此不可不愼，不可不察，應如〈二端〉所謂的「覽求微細於無端之處」，即在將然未然時看出事情所以發生的原因，而能「知小之將爲大也，微之將爲著也」，於是吉凶未形而「得失審」矣。

（三）所謂「因其所以至者而治之」，是說就人事變化所以發生的原因去治理它。〈俞序〉指出「愛人之大者，大於思患而豫防之」，即是說「思患豫防」是愛人的極致。但如何才能做到「思患豫防」呢？要如〈仁義法〉所謂的「觀物之動而先覺其萌，絕亂塞害於將然而未形之時」，上一句意同「見事變之所以至」，下一句旨在「因其所以至者而治之」。亡國弒君既然是由於細小的罪惡沒有根絕，以致逐漸擴大所導致而成的，那麼就應效法〈王道〉所謂的「孔子明得失，差貴賤，反王道之本，譏天王以致太平，刺惡譏微，不遺小大，善無細而不舉，惡無細而不去，進善誅惡，絕諸本而已矣」。如此方能正本清源，消弭禍患於將要發生而尚未形成時，於是可使「事之本正」。

（四）所謂「強幹弱枝，大本小末」，目的在加強君主的權勢，使君臣的名分職權有明顯的差明，不致發生僭越篡弒的禍患。〈盟會要〉所謂的「立義以明尊卑之分，強幹弱枝以明大小之職」、〈正貫〉所謂的「立義定尊卑之序，而後君臣之職明矣」，皆強調若能建立規範以區分尊卑貴賤的等第，則可使「君臣之分明」。〈王道〉所謂的「未有去人君之權，能制其勢者也；未有貴賤無差，能全其位者也」，即認爲君臣在權勢名位上應有尊卑貴賤的等差，方能使

國家安定，免於戰亂。〈重政〉所謂的「《春秋》明得失，差貴賤，本天王之所失天下者，使諸侯得以大亂之說，而後引而反之」，亦說明要去除天子喪失天下而使得諸侯大亂的禍患，在於明辨事情的得失，分別貴賤的等差。

（五）所謂「別嫌疑，異同類」，目的在彰顯是非，防微杜漸。是非不明往往由於嫌疑相似，〈盟會要〉所謂的「別嫌疑之行，以明正世之義」，正說明辨別相似而可疑的行為，有助於判斷是非，端正世事。〈度制〉認為「凡百亂之源，皆出於嫌疑纖微，以漸浸稍長，至於大。聖人章其疑者，別其微者，絕其纖者，不得嫌，以蚤防之。聖人之道，眾隄防之類也，謂之度制，謂之禮節」，意謂種種禍亂的根源，都是從嫌疑纖微的事開始，然後逐漸發展擴大。聖人彰顯可疑的，使人不致感到懷疑；辨明隱微的，使人可以察見纖細，以預防禍亂的發生。聖人所採行的方法，就是制定制度禮節，使是非顯著，易於判斷，如隄防般使嫌疑不得踰越，藉以根絕亂源。

（六）所謂「論賢才之義，別所長之能」，目的在使百官次第相承，分職而治。〈天地之行〉所謂的「量能授官，賢愚有差，所以相承也」，即是說考量才能授與官職，賢能愚昧有所等差，如此則職務可以互相承接而「百官序」。〈離合根〉所謂的「任群賢，以受成，乃不自勞於事，所以為尊也」，即是說君主由於任用眾多賢臣，得以接受他們努力的成果，不必親自勞累於政事，因此顯得尊貴。〈通國身〉所謂的「治國者以積賢為道……賢積於其主，則上下相制使……上下相制使，則百官各得其所……百官各得其所，然後國可得而守也」，即是說治理國家應聚集賢能的人；君主得到賢臣的輔助，就能使百官各自得到適當的職位；群臣分職而治各盡其能，則國家可以長治久安。

（七）所謂「親近來遠，同民所欲」，目的在使仁恩能廣被天下。〈滅國上〉所謂的「王者，民之所往；君者，不失其群者也」，〈深察名號〉所謂的「四方不能往，則不全於王」、「眾不親安，則離散不群；離散不群，則不全於君」，皆是由「君」、「王」名號的解釋中，賦予統治者施行仁政以親近來遠的責任。並且應如〈仁義法〉所謂的「以仁厚遠，遠而愈賢」。儘管強調「王者愛及四夷」，然而程序上是先由親愛近處的人，而後方能招致遠方的人，〈王道〉所謂的「親近以來遠，未有不先近而致遠者也。故內其國而外諸夏，內諸夏而外夷狄，言自近者始也」，即是說依照遠近親疏的標準，其次第是由魯至諸夏、由諸夏而至夷狄。〈盟會要〉所謂的「親近以來遠，因其國而容天下」，亦是由魯為起點，擴充而函容天下。

　　（八）所謂「承周文而反之質」，目的在救偏補弊以施行教化。〈賢良對策〉第三策指出「先王之道必有偏而不起之處，故政有眊而不行，舉其偏者以補其弊而已矣」，即認為先王之道施行既久，難免產生偏失，以致政令無法推行，應根據其偏失及弊病加以補救。〈玉杯〉所謂的「是故孔子立新王之道，明其貴志以反利，見其好誠以滅偽，其有繼周之弊，故若此也」，即是說孔子假託《春秋》建立新王朝的典範，鑒於周代崇尚文采所產生的流弊，於是強調「貴志以反利、好誠以滅偽」，欲以質樸補救文采的偏失，使質文兩備，重新建立禮樂教化。

　　（九）所謂「木生火，火為夏，天之端」，目的在說明四時運轉的規律。〈五行對〉指出「天有五行：木、火、土、金、水是也。木生火，火生土，土生金，金生水。水為冬，金為秋，土為季夏，火為夏，木為春」，即是說木、火、土、金、水等五行是依此順序相生相授且與四時變化配合。根據〈陰陽出入上下〉可知，四時變化是陰陽運行分合所造成的。「木生火，火為夏」皆係舉一以賅餘，表示五行的運作正常，並能配合陰陽四時的運行變化，所以說「陰陽四時之理相受而次矣」。

　　（十）所謂「切刺譏之所罰，考變異之所加，天之端」，目的在告誡君主應由刺譏變異而反省修持。〈必仁且智〉指出「謹案災異以見天意，天意有欲、有不欲也。所欲、所不欲者，人內以自省，宜有懲於心；外以觀其事，宜有驗於國。故見天意者之於災異也，畏之而不惡也，以為天欲振吾過，救吾失，故以此報我也」，即是說小心考察災異可以看出上天的心意，天意有希望人們這麼做的、有不希望人們那麼做的。它所希望的、所不希望的，人向內自我反省時，應該在心中有所警惕；向外觀察事物時，應該在國家有所驗證。所以能察見天意的人，對於災害怪異，敬畏它而不厭惡它，認為是上天要補救我的過失，所以用災異來告訴我。由於能夠反省修持，所以「天所欲為行矣」。

　　綜上所述，董仲舒認為《春秋》的根本用心，在由「除天下之患」以至「王道舉，禮樂興」，而此「十指」為促其實現的具體內容，只要能把握此「十指」去實行，即可達於「仁往而義來，德澤廣大，衍溢於四海，陰陽調和，萬物靡不得其理矣」。《史記・太史公自序》所謂的「夫《春秋》，上明三王之道，下辨人事之紀，別嫌疑，明是非，定猶豫，善善惡惡，賢賢賤不肖，存亡國，繼絕世，補敝起廢，王道之大者也」，正是根據董仲舒的說法而來。

第二節　以陰陽五行爲架構

　　「陰陽」與「五行」本屬兩種來歷不同的學說。自鄒衍鎔鑄陰陽五行兩說於一爐，由「深觀陰陽消息」而創立「五德轉移」的新學說，將天道運行的規律與人事興衰的歷史相比附後。探究宇宙演化與萬物生成，排比經驗與觀察所認知的事物，以構建宇宙系統，成爲秦漢時期的風尚。《呂氏春秋・十二紀》將天文、地理、自然、人事、五行等各種事物，納入以四時十二月爲框架的宇宙系統；《黃帝內經・素問》以人體爲主要對象，將形軀、器官、感受等組入陰陽五行爲框架的宇宙系統；《淮南子・時則》大體繼承了《呂氏春秋・十二紀》的內容，所不同的是：後者將繫於「中央」土的一系列事物，附屬於季夏末端，前者則直接納入正文，取代原有與孟夏、仲夏大致相同的部分。董仲舒就以這個系統爲其理論架構，強調陰陽出入上下與五行相生相勝的功能，來發揮自己的政治主張，形成獨特的天人哲學系統。

一、天

　　天是董仲舒思想的中心，爲其一切理論的樞紐，確切明瞭他所賦予天的涵義，方能掌握他在政治、人性、倫理等各方面主張的本旨與用心所在。可是檢視以後發現，他所賦予天的涵義是多方面的，一如傳統以來中國人對天的理解，呈現混合的現象。自《詩》、《書》中「授命有德」的傳統觀念看來，神性義的天本已具有道德的涵義。因此，對於〈大雅・烝民〉的「天生烝民，有物有則；民之秉彝，好是懿德」，孔子讚歎「爲此詩者，其知道乎」，孟子引之作爲性善的證明。〔註13〕而《易傳》由天地變化的規律中，成立吉凶悔吝的判斷，以尋求出人生行爲的法則，如〈繫辭傳〉所謂的「天地變化，聖人效之；天垂象，見吉凶，聖人象之」，便認爲自然本身即含有道德價值的意義。如此，則神性義、道德義、自然義的天融而爲一，董仲舒所說的天正是此混合的產物。

（一）神性義

　　此一意義的天與人間的關係主要表現在兩方面，一爲授國命，一爲降禍福。如〈順命〉所謂的「天子受命於天……天子不能奉天之命，則廢而稱公」，即是就授國命而言；如〈王道〉所謂的「王正，則元氣和順，風雨時，景星見，黃龍下；王不正，則上變天，賊氣并見」，即是就降禍福而言。與此神性義的天關

〔註13〕見《孟子・告子上》。

係最密切的是天子，所以天子必須事天、尊天，〈郊語〉指出「天者，百神之大
君也，事天不備，雖百神猶無益」，即認爲天是眾神的君主，侍奉天神如果不周
到，即使侍奉眾神再周到也沒有用處，〈郊祀〉所謂的「不祭天者，乃不可祭小
神也」，即爲其說明。因此，〈郊義〉由「天者，百神之君也」，進而指出「王者
之所最尊也」。如何尊法？在於每當年歲更易時，一定在正月第一個辛日首先舉
行郊祭，此即「先貴之義，尊天之道也」；而且，即使國家遘逢大喪，宗廟祭祀
一概停止，郊祀祭天仍然照常舉行，因爲「不敢以父母之喪廢事天之禮也」；〔註
14〕此外，郊祀祭天事先要占卜，祭祀眾神則不需占卜，因爲「郊祭最大也」。
〔註15〕凡此皆與《詩·大雅·大明》所謂的「小心翼翼，昭事上帝」同意。

（二）道德義

《詩》、《書》中的天一方面雖然是宗教信仰的至上神，另一方面卻是授
命有德、溥愛萬物的人格神。董仲舒亦視仁爲天心，所以在〈王道通三〉中
指出「仁之美者在於天，天，仁也。天覆育萬物，既化而生之，有養而成之；
事功無已，終而復始，凡舉歸之以奉人。察於天之意，無窮極之仁也。人之
受命於天也，取仁於天而仁也」，即認爲萬物生長化育、終始反覆的變化過程，
無不充塞瀰漫著道德仁愛，人只要用心體察，即可發現天意實爲無窮盡的仁
愛，人接受天命，從天那裡獲取仁而表現仁。由「取仁於天而仁」看來，董
仲舒的天人思想並非採取孟子「盡心知性以知天」的進路，而接近《中庸》「天
命之謂性」的理路，不過《中庸》並未忽視心性工夫。董仲舒不重視心性工
夫，因爲他關懷的焦點不在成就個人的道德，而在爲客觀政教提供合理的根
據。〔註16〕如〈賢良對策〉第三策中即以天的「遍覆包函而無所殊，建日月
風雨以和之，經陰陽寒暑以成之」，做爲君主施政教化須「溥愛而無私，布德
施仁以厚之，設誼立禮以導之」的根據。

（三）自然義

我國哲人對於宇宙的理解，往往著重由天地自然中觀照生命的流行，而
忽略物質本身的客觀存在，於是「把物質生命化，將物質與生命視爲一體」。
〔註17〕重視道德實踐的儒家與強調精神修養的道家固然如此，「序四時之大順」

〔註14〕見《春秋繁露·郊祭》。
〔註15〕見《春秋繁露·郊祀》。
〔註16〕同註7，頁68。
〔註17〕參看唐君毅《中西哲學思想之比較論文集》，頁119，學生書局。

〔註18〕的陰陽家何嘗不然，所以純粹的自然主義在我國並不發達。董仲舒雖以陰陽、四時言天，重點並不在對天做客觀解析，而是欲藉陰陽、四時的循環變化，建立人事的合理規範。如〈四時之副〉所謂的「天之道，春暖以生，夏暑以養，秋清以殺，冬寒以藏；暖暑清寒，異氣而同功，皆天之所以成歲也。聖人副天之所行以爲政，故以慶副暖而當春，以賞副暑而當夏，以罰副清而當秋，以刑副寒而當冬；慶賞罰刑，異事而同功，皆王者之所以成德也」，此雖以四時言天，重點卻不在於對四時做純自然的描述，而是就暖、暑、清、寒的四時變化，說明君主施政時慶、賞、罰、刑所依循的根據。如〈陽尊陰卑〉所謂的「是故陽常居實位而行於盛，陰常居空位而行於末。天之好仁〔之常〕而近，惡戾之變而遠，大德小刑之意也；先經而後權，貴陽而賤陰也」，即由陰陽運行的出入虛實，推論出大德小刑、貴陽賤陰的人事法則。

　　因爲是有意志的至上神，所以天能監督人的行爲而降禍致福；因爲是具道德的人格神，所以天是以仁爲心而汎愛群生的；因爲是物質存在的自然，所以會產生日月風雨與陰陽寒暑的現象。其中神性義與道德義是契合爲一的，所以即使是災異，也表現了「天意之仁，而不欲陷人也」〔註19〕；而此神性義與道德義合一的天，則有賴自然義的天來顯現，此由〈天地陰陽〉所謂的「是故明陽陰入出、實虛之處，所以觀天之志；辨五行之本末、順逆、小大、廣狹，所以觀天道也」即可證知。由於天兼具上述三義，所以不僅是「萬物之祖」，而且是人主取法的對象。〈順命〉所謂的「天者，萬物之祖，萬物非天不生」，即認爲萬物是由天所創生的，所以天是萬物的祖先。《詩·大雅·烝民》的「天生烝民，有物有則」的「天」雖已略有哲學性反省的形上意味，但較之《左傳·成公十三年》劉康公所說的「民受天地之中以生」，後者偏重在民之能「受」，具有人文傾向，前者偏重在天之能「生」，尚存宗教色彩。因此，「天生烝民」與「民受天地之中以生」的不同，在於前者的「天」可被理解爲至上神，後者的「天地之中」則是一氣化流行的自然，此氣化流行中有自然的準則，但不存在神性的意志。〔註20〕董仲舒雖繼承鄒衍、《呂氏春秋》之陰陽五行系統的氣化宇宙觀，但將天擬人化而視爲「人之曾祖父」〔註21〕，等於又恢復其人格神的地

〔註18〕見《史記·太史公自序》新校標點本，頁3289。
〔註19〕見《春秋繁露·必仁且智》。
〔註20〕參看李杜《中西哲學思想中的天道與上帝》，頁45，聯經出版事業公司。
〔註21〕見《春秋繁露·爲人者天》。

位，強化了「法天」的約束力。所以於〈賢良對策〉第三策敘述「臣聞天者群物之祖也」後，接下來就賦予天「溥愛而無私」的道德意義，作為「聖人法天而立道」的根據；於〈觀德〉敘述「天地者，萬物之本，先祖之所出也」後，接下來便以「天出至明」、「地出至晦」，作為「君臣、父子、夫婦之道」取法的由來。天有那些作為是值得人主取法的呢？〈離合根〉指出，「天高其位而下其施，藏其形而見其光。高其位，所以為尊也；下其施，所以為仁也；藏其形，所以為神；見其光，所以為明。故位尊而施仁，藏神而見光者，天之行」。因此，為人君主者如欲效法天的作為而達於「神、明、尊、仁」，就必須「內深藏、外博觀、任群賢、汎愛群生」。由此可見，董仲舒是先將天塑造為人主的典範，再據此要求人主法天。所以如此，無非是希望藉天促使專制帝王達到理想人主的要求。

天的涵義已如上述，至於天的結構如何呢？〈官制象天〉指出，「天有十端，十端而止已，天為一端，地為一端，陰為一端，陽為一端，火為一端，金為一端，木為一端，水為一端，土為一端，人為一端，凡十端而畢，天之數也」，即表示天的整體結構是由天、地、陰、陽、火、金、木、水、土、人等十種基本因素所組成。其中，「天」既是宇宙整體，又是宇宙結構的組成分子之一，似有矛盾，此係因使用意義不同所致。做為組成因素的「天」，著重物質存在的自然義；做為整體結構的「天」，著重超越主宰的神性義。此十端依其類別可區分為四組：天地一組，陰陽一組，五行一組，人自成一組。人與前三組性質顯然有別，所以〈天地陰陽〉列舉此十端時，其敘述方式為「天、地、陰、陽、木、火、土、金、水九，與人而十者，天之數畢也」。董仲舒將「十」視為「天之數」、「天之大數」〔註22〕，「數者至十而止，書者以十為終」，所以說《春秋》有「十指」，說天則有「十端」。至於何以把人列入而湊足十端，一方面是由於「天道十月而成，人亦十月而成」〔註23〕、「人獨能偶天地」〔註24〕，一方面是由於「唯人獨能為仁義」〔註25〕、「唯人道為可以參天」〔註26〕。即認為人不僅在懷胎十月而生方面與天長養萬物十月而成相同，而且無論形軀、意志皆能與天地的各種現象配合；人不僅能施行仁義、超越萬物，

〔註22〕見《春秋繁露‧陽尊陰卑》、〈基義〉。
〔註23〕見《春秋繁露‧陽尊陰卑》。
〔註24〕見《春秋繁露‧人副天數》。
〔註25〕同前註。
〔註26〕見《春秋繁露‧王道通三》。

而且能參贊天地、化育萬物。因此，人可與天地並列為萬物的根本，〈立元神〉所謂的「天地人，萬物之本也」，即是此意。可見將人列為十端之一，即在凸顯人「最為天下貴」。此外，其他三組間的關係如何？〈五行相生〉指出，「天地之氣，合而為一，分為陰陽，判為四時，列為五行」，此即是說，天地間的氣，相合而為一體，陰陽與五行皆由此合一的「天地之氣」分化而成，至於四季變化則是由陰陽運行分合而產生。陰陽屬於天地，所以〈人副天數〉中說「陽，天氣也；陰，地氣也」；陰陽判為四時，四時也是天的表現，所以〈威德所生〉中說「春者，天之和也；夏者，天之德也；秋者，天之平也；冬者，天之威也」；五行也是屬天所有，而且其順序也是由天所安排，所以〈五行之義〉中說「天有五行：一曰木，二曰火，三曰土，四曰金，五曰水。木，五行之始也；水，五行之終也；土，五行之中也，此其天次之序也」。總而言之，陰陽、四時、五行都是由天地之氣所派生出來，都從屬於天地。超然萬物之上，與天地並列「萬物之本」的人是天所創造出來的，所謂「為人者，天也」〔註27〕是也。於是，「天地人，萬物之本」可先簡化為「天地者，萬物之本」。天與地亦有主從的區別，天為主導，所謂「天高其位而下其施」、「天執其道為萬物主」是也；地為從屬，所謂「地卑其位而上其氣」、「卑其位所以事天也」〔註28〕是也。於是，「天地者，萬物之本」可再簡化為「天者，萬物之祖」。綜上所述，天既是包含所有物質的宇宙整體，又是一切事物變化的主宰者，同時是人倫道德的價值根源。

二、氣

「氣」在中國哲學的發展上，尤其是對於自然的認識，是一個很重要的概念，其與萬物本原、宇宙形成、四時變化、生物生長等問題，在解釋系統中都有一定的關係。許慎《說文解字·七上·米部》云：「氣，饋客之芻米也；從米气聲。」段玉裁注云：「今字叚氣為雲氣字，而饔餼乃無作氣者。」據此可知，「氣」乃「餼」之本字，而雲氣義另有本字。依《說文》，雲氣義之本字當為「气」，其〈一上·气部〉云：「气，雲气也；象形；凡气之屬皆從气。」段注云：「气、氣古今字，自以氣為雲气字，乃又作餼為廩氣字矣。气本雲气，引申為凡气之偁。」又云：「借為气假於人之气，又省作乞。」段氏據許書以

〔註27〕見《春秋繁露·為人者天》。
〔註28〕以上四句引文俱見《春秋繁露·天地之行》。

「雲氣」爲「气」之本義，以「乞求」爲「气」的假借義。然徵諸今日所見甲骨文、早期金文資料，均祇有「气」字，而無「氣」字；且「气」字但有「乞求」義，並無「雲氣」義。〔註29〕古籍中《易》、《書》、《詩》等早期經典，亦皆未見「气」或「氣」字，據此可推斷，西周以前尙未形成「氣」的概念。「氣」字首先出現於《左傳》、《國語》，其中有屬於人生命之氣的「血氣」、「聲氣」、「勇氣」、「志氣」，有屬於自然之氣的「六氣」、「天地之氣」。若以中國哲學重視主體，將自我視爲一切事物和實踐活動的起點與根據；及由主體推向客體，將人與天地萬物視爲「天人合一」的融洽整體等兩項思維方式看來，氣一概念的形成，「實乃由於人對生命自身之反觀，而後發現人氣與天氣本爲一體，將原來單獨使用之風、雨、雲聯成一『氣』，進而擴大爲自然流行現象之解釋」。〔註30〕

　　「氣」概念的形成，一開始是直觀的、經驗的，指的是能夠被人類感覺器官所感知察覺的現象。如《左傳・昭公元年》用以說明「六氣」的「陰、陽、風、雨、晦、明」，即爲六種自然現象；如《左傳・昭公十年》用以說明引起「爭心」的「血氣」，即爲人的生理現象。氣概念在孔子處沒有任何發展，《論語》中的「出辭氣」、「屏氣似不息者」、「血氣未定、方剛、既衰」〔註31〕等，皆屬生理之氣。孟子提出存養、集義的工夫，使氣得以轉向道德義發展，唯其能「配義與道」的「浩然之氣」〔註32〕，本質上仍屬生理之氣。《老子》中的「沖氣以爲和」、「專氣致柔」、「心使氣曰強」〔註33〕，係就萬物與人的生命本然而談修養工夫。《莊子》內篇論氣，在自然界即指變化之流行，在人則指虛靈的道心，欲以沖虛爲懷的修養工夫達成「萬物與我爲一」；外篇論氣，則藉氣化流行來齊一彼我、玄同生死，以「通天下一氣耳」〔註34〕說明萬物皆可以氣相通相合。《管子》最早把氣作爲宇宙萬物的本原，指出自然界的一切物都是「根天地之氣」〔註35〕；且此既能構成萬物又能化生萬物的「精氣」，

〔註29〕參看小野澤精一、福永光司、山井涌編著，李慶譯《氣的思想》，頁13～15，上海人民出版社。

〔註30〕見莊耀郎《原氣》，頁26，師大國研所73年碩士論文。

〔註31〕依次見〈泰伯〉、〈鄉黨〉、〈季氏〉。

〔註32〕見《孟子・公孫丑上》。

〔註33〕依次見〈四十二章〉、〈十章〉、〈五十五章〉。

〔註34〕見《莊子・知北遊》。

〔註35〕見《管子・七法》。

具有「其細無內，其大無外」與「遍流萬物而不變」〔註36〕的特性。《呂氏春秋·大樂》指出萬物的生成變化是陰陽二氣上下離合所致，唯在陰陽之上尚有太一與兩儀；〈盡數〉指出精氣化成萬物時，能使不同事物各展所長；〈論人〉指出人可由養生致精而與天地萬物相感通。《黃帝內經》則將諸子的氣論發展為醫學理論，〈素問·寶命全形論〉指出自然界的一切事物都是由氣的和合而產生，人亦不例外；〈素問·陰陽應象大論〉指出陰陽二氣是天地萬物運行變化的兩股動力，人亦以陰陽二氣為根本；〈素問·氣交變大論〉即根據陰陽五行系統來解說天人感應的道理。綜上所述，氣概念的內涵在由感性直觀逐步向理性思維提昇的發展過程中，並未因新屬性的產生而摒棄舊的內容，而是逐步增加而豐富其內涵的，感性直觀與理性思維和諧地融合在同一概念中。氣概念發展至秦漢之際，已具有物質、功能、法則等三方面內涵：就其客觀存在而言，氣是無形卻充塞宇宙的物質；就其現實作用而言，氣具有生化天地萬物的功能；就其運行規律而言，氣的變化依循不變的法則。在「整體關聯」、「體用不二」、「矛盾和諧」的思維方式處理下，把生命之氣與自然界物質間的相互聯繫和轉化看成一個系統，把自然界看成一個類似於生命的有機的、運動的、和諧的整體，進而把人的價值滲與其間，以謀求宇宙秩序與道德秩序的統一、天道與人道的貫通。

　　董仲舒繼承氣概念的各種內涵，配合主觀的要求加以系統性的思考，氣成為他天人相與理論不可缺少的要素。首先，他認為氣充塞於天地之間。《春秋繁露·天地陰陽》云：

> 天地之間，有陰陽之氣，常漸人者，若水常漸魚也。所以異於水者，
> 可見與不可見耳，其澹澹也。然則人之居天地之間，其猶魚之離水
> 一也。其無間，若氣而淖於水，水之比於氣也，若泥之比於水也。
> 是天地之間，若虛而實。

此即是說，陰陽之氣流佈於天地之間，人生活在其中，好比魚生活在水中；氣和水都是流動的，它們的差別祇在於水看得見而氣看不見；那麼人居住在天地之間，就像魚居住在水中一樣；水和氣相比，好比泥和水相比，泥比水稠密，水比氣稠密；陰陽之氣雖然無形可見，卻確實存在於天地之間，所以說「天地之間，若虛而實」。

　　其次，氣能化生天地萬物。《春秋繁露·循天之道》云：

〔註36〕見《管子·內業》、〈心術上〉。

> 故天地之化，春氣生而百物皆出，夏氣養而百物皆長，秋氣殺而百
> 物皆死，冬氣收而百物皆藏。是故惟天地之氣精，出入無形而物莫
> 不應，實之至也。

此即是說，天地化育萬物是順四時次序，由春氣、夏氣、秋氣、冬氣的生、養、
殺、收，完成出、長、死、藏的任務；此正由於精粹的天地之氣，才能以無形
跡可尋的運行變化，使得萬物無不順應而爲其所化成，雖然不見其事，但是卻
見其功，所以說「實之至」，此與前引「天地之間，若虛而實」正相契合。又〈人
副天數〉所謂的「春生夏長，百物以興；秋殺冬收，百物以藏。故莫精於氣，
莫高於地，莫神於天，天地之精所以生物者」，說法大同小異。此化生宇宙萬物
的「天地之精」，即「布恩施惠，若元氣之流皮毛腠理也」〔註37〕與「王正，則
元氣和順，風雨時」〔註38〕中的「元氣」，爲陰陽調和之氣。〈循天之道〉所謂
的「和者，天〔地〕之正也，陰陽之平也，其氣最良，物之所生也，誠擇其和
者，以爲大得天地之奉也」，即是說陰氣陽氣均等、符合天地正道的和氣最良好，
萬物生長若眞能選擇和氣，就能完全得到天地的化育。

其三，氣能體現天意與天道。《春秋繁露・天地陰陽》云：

> 天意難見也，其道難理，是故明陽陰入出、實虛之處，所以觀天之
> 志；辨五行之本末、順逆、小大、廣狹，所以觀天道也。天志仁，
> 其道也義，爲人主者，予奪生殺，各當其義，若四時；列官置吏，
> 必以其能，若五行；好仁惡戾，任德遠刑，若陰陽，此之謂能配天。

此即是說，儘管天意不容易察見，天道不容易治理，但是可由陰陽的運行變
化來觀察天志，由五行的終始次序來觀察天道。那麼，陰陽出入所體現的天
意是什麼？即〈陽尊陰卑〉所謂的「是故陽常居實位而行於盛，陰常居空位
而行於末，天之好仁〔之常〕而近，惡戾之變而遠，大德小刑之意也」、〈王
道通三〉所謂的「是故春氣暖者，天之所以愛而生之；秋氣清者，天之所以
嚴而成之；夏氣溫者，天之所以樂而養之；冬氣寒者，天之所以哀而藏之」。
就是說由陽氣的「居實行盛」體現「好仁、大德」的天意，由陰氣的「居空
行末」體現「惡戾、小刑」的天意，由四時的「暖、溫、清、寒」體現「愛、
樂、嚴、哀」的天意。五行本末所體現的天道又是什麼？即〈五行之義〉所
謂的「五行之隨，各如其序；五行之官，各致其能。是故木居東方而主春氣，

〔註37〕見《春秋繁露・天地之行》。
〔註38〕見《春秋繁露・王道》。

火居南方而主夏氣，金居西方而主秋氣，水居北方而主冬氣；是故木主生而金主殺，火主暑而水主寒，使人必以其序，官人必以其能」。就是說由五行的相受次序體現「使人必以其序」的天道；由五行的任務職掌體現「官人必以其能」的天道。由此可見，天的心志是仁，天的道理是義；做人君主的若能像陰陽、四時、五行一樣，施政教化時任德遠刑、慶賞罰刑時符合正義、設官分職時量才稱能，這就叫做能夠配合天道。

其四，氣能貫通天人。《春秋繁露・天辨在人》云：

> 人無春氣，何以博愛而容眾；人無秋氣，何以立嚴而成功；人無夏氣，何以盛養而樂生；人無冬氣，何以哀死而恤喪。天無喜氣，亦何以暖而春生育；天無怒氣，亦何以清而秋就殺；天無樂氣，亦何以疏陽而夏長養；天無哀氣，亦何以激陰而冬閉藏。故曰：天乃有喜怒哀樂之行，人亦有春秋冬夏之氣者，合類之謂也。

天有暖清寒暑的氣溫變化，人有好惡喜怒的情緒反應，二者本屬不同領域的現象，但此處董仲舒以氣做為媒介，溝通人類意志行為的表現與四時生化萬物的情形，將天的暖清寒暑與人的喜怒哀樂「合類」，加以類比推理，於是得出「天乃有喜怒哀樂之行，人亦有春秋冬夏之氣」的結論。易言之，即是〈如天之為〉所謂的「陰陽之氣在上天亦在人」。天人相與的基礎在於同類相動，天人同類的根據在於「天有陰陽，人亦有陰陽」。因此，「天地之陰氣起，而人之陰氣應之而起；人之陰氣起，天地之陰氣亦應之而起」〔註39〕。〈同類相動〉所謂的「天將陰雨，人之病故為之先動，是陰相應而起也；天將欲陰雨，又使人欲臥睡者，陰氣也」，是藉自然現象對生理機能的影響，來說明天人之間的感應；〈天地陰陽〉所謂的「人下長萬物，上參天地。故其治亂之故，動靜順逆之氣，乃損益陰陽之化，而搖蕩四海之內……世治而民和，志平而氣正，則天地之化精，而萬物之美起；世亂而民乖，志僻而氣逆，則天地之化傷，氣生災害起」，是藉人事治亂對天地變化的影響，來說明天人之間的感應。二者相較，前者側重天對人的影響，所涉及的僅是客觀的現象，是董仲舒建立「天人相與」理論的基礎；後者側重人對天的影響，所涉及的則為主觀的意志，是董仲舒建立「天人相與」理論的用心所在。由此可見，董仲舒強調「天人相與之際」〔註40〕的目的，是為了保障德治理想的實現；他論證人與

〔註39〕見《春秋繁露・同類相動》。
〔註40〕見《漢書・董仲舒傳》。

天地參的方法，與孟子、中庸採取盡心盡性的工夫途徑雖然有異，目的卻是一致的。而氣能貫通天人正是董仲舒由人道推論天道，由天道建立人道的主要憑藉。

三、陰　陽

　　以陰陽為宇宙間兩種相反相成的元素或功能，來說明天地間各種事物生滅變化的現象或法則，是經過相當時期的演變發展而成的。《說文‧十一下雲部》云：「霒，雲覆日也；从雲今聲；仌，古文霒省。」段注云：「今人陰陽字，小篆作霒昜。」《說文‧九下‧勿部》云：「昜，開也；从日一勿；一曰飛揚，一曰長也，一曰彊者眾兒。」段注云：「此陰陽正字也，陰陽行而霒昜廢矣。」據此可知，「霒昜」為「陰陽」的本字，霒是指日光被雲遮蔽；昜字許慎解釋欠妥，王筠《說文釋例》云：「竊謂從一者，地也；勿非字，祇象昜氣鬱勃湊地而出之形。」則昜是指日光出現朗照。至於陰陽何指？《說文‧十四下‧自部》云：「陰，闇也；水之南，山之北也；从自霒聲。」段注云：「穀梁傳曰：水北為陽，山南為陽。注云：日之所照曰陽。然則水之南，山之北為陰可知矣。」《說文‧十四下‧自部》又云：「陽，高明也；从自昜聲。」據此可知，陰是指日光不容易照射到的地方，係由霒孳乳而來；陽是指日光容易照射到的地方，係由昜孳乳而來。〔註41〕

　　關於陰字使用情形，《周易》卦爻辭中陰字只出現一次，即〈中孚‧九二〉的「鳴鶴在陰」，這裡的陰字係指樹蔭，亦為陽光不容易照射到的地區。《尚書》陰字凡三見，〈禹貢〉的「南至于華陰」是用陰字的本義，指山之北；〈洪範〉的「唯天陰騭下民」是覆蔭的意思，是由雲覆日引申而來；〈無逸〉的「乃或亮陰，三年不言」是闇默的意思，是由陰闇引申而來。《詩經》陰字計十見，其中六處指天氣陰暗而言，即〈邶風‧終風〉的「曀曀其陰」、〈邶風‧谷風〉的「以陰以雨」、〈曹風‧下泉〉與〈小雅‧黍苗〉兩見的「陰雨膏之」、〈豳風‧鴟鴞〉的「迨天之未陰雨」、〈小雅‧正月〉的「又窘陰雨」；由陰暗引申而來的有兩處，即〈秦風‧小戎〉的「陰靷鋈續」、〈豳風‧七月〉的「納於凌陰」；作覆蔭解的有一處，即〈大雅‧桑柔〉的「既之陰女」；用以指方位的有一處，即〈大雅‧公劉〉的「相其陰陽」。至於陽字使用情形，《周易》

〔註41〕 參看徐復觀《中國人性論史》，頁 510～511，台灣商務印書館。

卦爻辭中未曾使用陽字。《尚書》陽字凡六見，都出現在〈禹貢〉，除「陽鳥攸居」外，「至於岳陽」、「嶧陽孤桐」、「荊及衡陽惟荊州」、「華陽黑水惟梁州」、「岷山之陽」等，皆指山之南而言。《詩經》陽字計二十見，其中十三處指山水方位而言，除前引〈大雅‧公劉〉的「相其陰陽」外，尚有〈召南‧殷其雷〉的「在南山之陽」、〈齊風‧還〉的「遭我乎狃之陽兮」、〈唐風‧采苓〉的「首陽之顛」、「首陽之下」、「首陽之東」、〈齊風‧渭陽〉的「曰至渭陽」、〈小雅‧六月〉的「至於涇陽」、〈大雅‧大明〉的「在洽之陽」、〈大雅‧皇矣〉的「居歧之陽」、〈大雅‧公劉〉的「度其夕陽」（毛傳：山西曰夕陽）、〈大雅‧卷阿〉的「于彼朝陽」（毛傳：山東曰朝陽）；一處用以指日光，即〈小雅‧湛露〉的「匪陽不晞」；一處用以表示明朗，即〈豳風‧七月〉的「我朱孔陽」；三處用以表示溫暖，即〈豳風‧七月〉的「春日載陽」、〈小雅‧采薇〉的「歲亦陽止」、〈小雅‧杕杜〉的「日月陽止」；兩處由晴朗引申用以表示舒展自得，即〈王風‧君子陽陽〉的「君子陽陽」、〈周頌‧載見〉的「龍旂陽陽」。〔註42〕綜上所述，《詩》、《書》、《易》三部經典中，陰陽兩字的用法，除了指日光的有無或日光能否照射的地區外，常引申用以指天氣的陰寒與溫暖，大體與《說文》的解釋吻合。

春秋時期陰陽觀念的重要發展，在於陰陽由天氣給予人的寒暖感受，演變為天地間實然存在的兩種氣體。於是，陰陽二氣可與其他平列於天地間的萬事萬物發生關係，互相影響。如《左傳‧昭公元年》醫和所謂的「天有六氣，降生五味，發為五色，徵為五聲，淫生六疾。六氣曰陰、陽、風、雨、晦、明也。分為四時，序為五節，過則為菑。陰淫寒疾，陽淫熱疾，風淫末疾，雨淫腹疾，晦淫惑疾，明淫心疾」，即是說陰陽等六氣的變化除了形成四季外，亦將導致其他事物的變化，所以有五味、五色、五聲的產生，而人的疾病也與此有關。又如《國語‧周語上》伯陽父所說的「周將亡矣。夫天地之氣不失其序，若過其序，民之亂也。陽伏而不能出，陰迫而不能烝，於是有地震。今三川實震，是陽失其所而鎮陰也。陽失而在陰，川源必塞，源塞國必亡。夫水土演而民用也，水土無所演，民乏財用，不亡何待」，即認為陰陽是天地間的兩種氣，它們有一定的運行秩序，如果失序，兩者就會互相壓

〔註42〕參看前註書，頁 511～513；戴師璉璋《易傳之形成及其思想》，頁 56～59；梁啓超〈陰陽五行說之來歷〉，原載東方雜誌二十卷十號，輯入顧頡剛主編《古史辨》，頁 344～347，藍燈文化事業公司。

迫，無法正常運作而導致地震。陰陽失序，河川的源頭就會堵塞，土地因而失去水份，無法滋生長養作物，於是人民沒有收成、財用匱乏，難免發生禍亂而使國家滅亡。戰國時期的陰陽觀念，在天地之氣的基礎上，更進一步成為萬物生成變化的動力或代表相對事物的性質與功能。如《莊子‧田子方》所謂的「至陰肅肅，至陽赫赫，肅肅出乎天，赫赫出乎地，兩者交通成和而物生焉」、《管子‧形勢》所謂的「春者陽氣始上，故萬物生……秋者陰氣始下，故萬物收」、《荀子‧禮論》所謂的「天地合而萬物生，陰陽接而變化起」，皆是視陰陽為推動萬物生成變化的天地之氣。《易傳》更將陰陽提昇為道生化萬物的兩種功能，而賦予陰陽形而上的性格。如〈繫辭傳〉上傳第五章的「一陰一陽之謂道。繼之者，善也；成之者，性也」、〈說卦傳〉第二章的「立天之道曰陰與陽，立地之道曰柔與剛，立人之道曰仁與義」，都是用陰陽來代表兩種相對的功能，是道成就萬物的兩種作用，更是道貫通天人的憑藉。《易傳》中亦有把陰陽視為天地之氣的，如〈乾‧初九‧象傳〉的「潛龍勿用，陽在下也」、〈坤‧初六‧象傳〉的「履霜堅冰至，陰始凝也」，但是並未據此而構成一套宇宙論，以陰陽做為構築氣化宇宙論根據的是《呂氏春秋》。〔註43〕董仲舒的陰陽觀念既繼承了《易傳》的思想，又受到《呂氏春秋》的影響。

　　《漢書‧五行志》說董仲舒「始推陰陽，為儒者宗」，則董仲舒思想有別於先秦儒學的主要特徵是陰陽理論。在《呂氏春秋‧十二紀紀首》以四時十二月為中心的宇宙結構中，雖有陰陽之氣的記述，但未將陰陽運行與四時變化的關係系統化。凸顯陰陽地位，以陰陽為主導，結合四時與方位，而完成以陰陽運行解釋四時變化之理論的是董仲舒。《春秋繁露》中論述陰陽與四時關係最完整、最有系統的是〈陰陽出入上下〉，其首段內容如下：

> 天之大數，相反之物也，不得俱出，陰陽是也。春出陽而入陰，秋
> 出陰而入陽，夏右陽而左陰，冬右陰而左陽；陰出則陽入，陽出則
> 陰入，陰右則陽左，陰左則陽右。是故春俱南，秋俱北，而不同道；
> 夏交於前，冬交於後，而不同理；並行而不相亂，澆滑而各持分，
> 此之謂天意。

開頭四句，董仲舒首先確立相反的事物不能同時出現，為天道運行的法則，而陰與陽是相反的事物，必須遵循此「不得俱出」的法則。於是，春天陽氣出現而陰氣潛入，秋天陰氣出現而陽氣潛入，夏天陽氣向右運行而陰氣向左

〔註43〕參看戴師璉璋《易傳之形成及其思想》，頁68，文津出版社。

運行，冬天陰氣向右運行而陽氣向左運行。因爲「陰出則陽入，陽出則陰入，陰右則陽左，陰左則陽右」，所以陰陽二氣春天都向南運行，秋天都向北運行，可是軌道並不相同；夏天在前（南）方交會，冬天在後（北）面交會，可是方向並不一致。同時運行而不會互相擾亂，交錯變化而保持自我職分，這就是上天的本意。〈天道無二〉所謂的「天之常道，相反之物也，不得兩起，不得兩起，故謂之一；一而不二者，天之行也。陰與陽，相反之物也，故或出或入，或右或左，春俱南，秋俱北，夏交於前，冬交於後，並行而不同路，交會而各代理，此其文與」，意正相同。由「不得俱出」、「不得兩起」看來，陰陽似乎是截然對立，不能共存的。但由「並行而不相亂，澆滑而各持分」、「並行而不同路，交會而各代理」看來，依循反方向雙軌進行的陰陽，是相反相成的和諧存在。〈陰陽終始〉所謂的「出入之處，常相反也；多少調和之適，常相順也。有多而無溢，有少而無絕，春夏、陽多而陰少，秋冬、陽少而陰多，多少無常，未嘗不分而相散也，以出入相損益，以多少相漑濟也」，即是說出入的地方雖相反，多少的調配卻彼此順應；而且「出入」爲的是「相損益」，「多少」正所以「相漑濟」；四時就在這陰陽多少增減的不斷變化中完成。以上僅是對陰陽二氣運行的原則性說明，其詳細過程該篇繼續說明如下：

> 而何以從事？天之道，初薄大冬，陰陽各從一方來，而移於後，陰由東方來西，陽由西方來東。至於中冬之月，相遇北方，合而爲一，謂之日至。別而相去，陰適右，陽適左。適左者，其道順；適右者，其道逆。逆氣右上，順氣左下，故下暖而上寒。以此見天之冬右陰而左陽也，上所右而下所左也。

> 冬月盡，而陰陽俱南還，陽南還出於寅，陰南還入於戌，此陰陽所始出地入地之見處也。至於中春之月，陽在正東，陰在正西，謂之春分。春分者，陰陽相半也，故晝夜均而寒暑平。陰日損而隨，陽日益而鴻，故爲暖熱。

> 初得大夏之月，相遇南方，合而爲一，謂之日至。別而相去，陽適右，陰適左。適左由下，適右由上，上暑而下寒。以此見天之夏右陽而左陰也，上其所右，下其所左。夏月盡，而陰陽俱北還，陽北還而入於申，陰北還而出於辰，此陰陽所始出地入地之見處也。至於中秋之月，陽在正西，陰在正東，謂之秋分。秋分者，陰陽相半也，故晝夜均而寒暑平。陽日損而隨，陰日益而鴻。故至於季秋而始霜，至於孟冬而

始寒，小雪而物咸成，大寒而物畢藏，天地之功終矣。

按董仲舒這些話並不深奧，但要完全弄明白亦非易事。首先，得明白古人標示方位恰與今人相反，古人南方居上爲前，北方居下爲後，東方在左，西方在右。有此認知，則不致曲解文中的左右爲衰盛。〔註44〕其次，應藉圖表說明以助理解。唯其內容實非單純，不易繪製完備無訛的圖表，然無圖表，理解較費力，茲暫附下列二圖，〔註45〕以利對照。

圖　甲

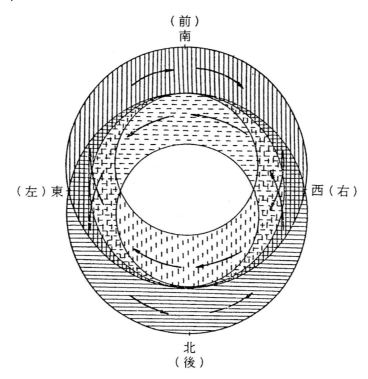

＊豎線部分代表陽氣運行的路線。

＊橫線部分代表陰氣運行的路線。

＊中間的圓周代表地面。

＊陰陽運行入於地下的部分都用虛線表示。

〔註44〕韋政通認爲：古人以右爲上，以左爲下，上即盛，下即衰，所以「夏右陽而左陰」，即夏季陽盛而陰衰，「冬右陰而左陽」，即冬季陰盛而陽衰。見所著《董仲舒》，頁79，東大圖書公司。

〔註45〕此二圖取自周桂鈿《董學探微》，頁56、58，北京師範大學出版社。按此二圖亦非完善無訛，此或由董說未盡詳備所致，或當參考秦漢之際相關論述補充之。

圖　乙

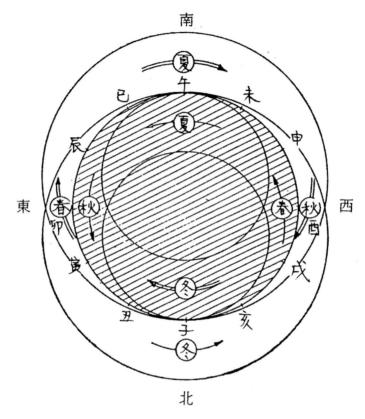

*斜線區域爲地體。
*雙線箭頭表示陽氣運行的方向。
*單線箭頭表示陰氣運行的方向。

上述四段，分別說明了陰陽運行與四時變化的關係。所謂「而何以從事」，是承接上文問陰陽二氣如何在不同方向的軌道中運行。爲何先冬而後春夏秋？〈陰陽終始〉指出「天之道，終而復始，故北方者，天之終始也，陰陽之所合別也」，即是說北方是天道終始循環交替的地方，是陰氣陽氣會合分離的地方，所以由「初薄大冬」開始。此時，陰氣自東向西運行而移往北方，陽氣自西向東運行而移往北方；到了冬至，陰陽二氣在北方相遇，合而爲一；然後就分別而離去，陰氣往右（西），陽氣往左（東）；順道往左的陽氣在地下，逆道往右的陰氣在地上，所以地下溫暖而地上寒冷；由此可見，冬天陰氣向右而居於地面上，陽氣向左而居於地面下。冬季結束，陰陽二氣都向南運行，陽氣在寅的位置出現於地上，陰氣在戌的位置潛入於地下；到了春分，

陽氣在正東方，陰氣在正西方。陰陽二氣都一半在地上，一半在地下，所以晝夜長短平均而氣候冷暖適宜；然後，陰氣日漸潛入地下而減損，陽氣日漸升出地上而增加，所以天氣暖熱。夏秋二季情況正好相反，茲不贅述，唯「初得大夏」下宜參照「初薄大冬」下，補上「，陰陽各從一方來，而移於前，陰由西方來東，陽由東方來西，至於中夏」一段。從附圖可以看出，陰陽二氣的運行完全是依循「春俱南，秋俱北，而不同道；夏交於前，冬交於後，而不同理」的規則，在「並行而不相亂，澆滑而各持分」的情形下完成四時變化。

　　鑑於漢初沿襲秦制，法令嚴苛，刑獄滋蕃。主張尙德抑刑，企圖以儒變法，成爲漢初學者共同的理念。陸賈、賈誼已開啓端緒，董仲舒更借陰陽理論發揮之。《春秋繁露・陽尊陰卑》云：

> 故曰：陽，天之德；陰，天之刑也。陽氣暖而陰氣寒，陽氣予而陰氣奪，陽氣仁而陰氣戾，陽氣寬而陰氣急，陽氣愛而陰氣惡，陽氣生而陰氣殺。是故陽常居實位而行於盛，陰常居空虛而行於末。天之好仁〔之常〕而近，惡戾之變而遠，大德而小刑之意也。

先由「春暖以生，夏暑以養、秋清以殺、冬寒以藏」〔註46〕四時變化中，「天下之昆蟲隨陽而出入，天下之草木隨陽而生落」〔註47〕的現象，發現陽氣具有「暖、予、仁、寬、愛、生」等特性，陰氣具有「寒、奪、戾、急、惡、殺」等特性，推知陽氣是「天之德」，陰氣是「天之刑」。次由陰陽運行時，陽氣的「居實行盛」，陰氣的「處空行末」，推知天是「好仁惡戾、大德小刑」的。以上是董仲由陰陽論證任德遠刑的步驟，不過，「陽常居實位而行於盛，陰常居空虛而行於末」該如何解釋呢？《春秋繁露・天道無二》云：

> 陽之出，常縣於前，而任歲事；陰之出，常縣於後，而守空虛。陽之休也，功已成於上，而伏於下；陰之伏也，不得近義，而遠其處也。天之任陽不任陰，好德不好刑，如是。

此即是說，陽氣的出現總是在南方最爲興盛，而負責長養萬物的主要任務；到了冬季，雖然陽氣歇止而沈潛於地下，但是生化的任務已完成。此即是「陽常居實位而行於盛」。陰氣的出現總是在北方最爲興盛，而不負擔實際任務；到了夏季，陰氣因爲本身作用不合宜，於是潛伏而遠離該處所。此即是「陰

〔註46〕見《春秋繁露・四時之副》。
〔註47〕見《春秋繁露・天辨在人》。

常居空虛而行於末」。〈陰陽位〉所謂的「是故夏出長於上,多入化於下者,陽也;夏入守虛地於下,多出守虛位於上者,陰也。陽出實入實,陰出空入空,天之任陽不任陰,好德不好刑如是也」,意同於此。董仲舒在由陰陽運行的出入虛實,推論陽德陰刑的過程中,同時亦推論出陽貴陰賤。《春秋繁露・陽尊陰卑》云:

> 故陽氣出於東北,入於西北,發於孟春,畢於孟冬,而物莫不應是;
> 陽始出,物亦始出;陽方盛,物亦方盛;陽初衰,物亦初衰;物隨
> 陽而出入,數隨陽而終始;三王之正,隨陽而更起;以此見之,貴
> 陽而賤陰也。

此即是說,在陽氣經歷十個月的運行過程中,萬物的生育、長養、成功,沒有不與陽氣的「始出、方盛、初衰」相應;由萬物的隨著陽氣而出入,數目隨著陽氣而終始,夏商周三代帝王隨著陽氣而更改正朔,可見「陽貴而陰賤」。因此,尊卑的次第順序亦隨著陽氣而排列,〈天辨在人〉所謂的「天下之尊卑隨陽而序位,幼者居陽之所少,老者居陽之所老,貴者居陽之所盛,賤者居陽之所衰,藏者言其不得當陽;不當陽者,臣子是也,當陽者,君父是也。故人主南面以陽為位也,陽貴而陰賤,天之制也」,即按陽氣運行的出入盛衰排列老幼貴賤、君臣父子的順序位置。《易傳・繫辭上》所謂的「天尊地卑,乾坤定矣;卑高以陳,貴賤位矣」,已為「陽貴陰賤」、「陽尊陰卑」導其先河;《管子・四時》所謂的「日掌陽,月掌陰,星掌和;陽為德,陰為刑,和為事」,已見「陽德陰刑」的說法。董仲舒更藉陰陽運行的法則詳加論證,使之確立。拿「陽德陰刑」要求君主施政任德遠刑,包裝手法雖異於先秦儒家,本質卻未違離;拿「陽尊陰卑」、「陽貴陰賤」應用於人倫關係,則將先秦儒家相對性的倫理關係,轉變為絕對性的倫理關係,不免淪為專制君主鞏固權勢的護身符,以致成為反傳統人物攻訐的焦點。

四、五 行

「五行」二字的原始意義,當指民生日用所需的五種資材。一般認為,文獻中最早出現「五行」的是《尚書》中的〈甘誓〉與〈洪範〉,其中〈洪範〉敘述較詳細明確,其文云:「一、五行:一曰水,二曰火,三曰木,四曰金,五曰土。水曰潤下,火曰炎上,木曰曲直,金曰從革,土爰稼穡。潤下作鹹,炎上作苦,曲直作酸,從革作辛,稼穡作甘。」孔穎達疏云:「此章所演文有

三重。第一言其名次，第二言其體性，第三言其氣味。言五者性異而味別，各爲人之所用。書傳云：水火者，百姓之所飲食也；金木者，百姓之所興作也；土者，萬物之所資生也。是爲人用，五行即五材也。」據此可知，五行係由與飲食炊爨有關的「水」與「火」，與器具製作有關的「木」與「金」，與農作生產有關的「土」等五種民生日用所需的資材所組成。徵諸《左傳·文公七年》郤缺所說的「水、火、金、木、土、穀，謂之六府」、《左傳·襄公二十七年》子罕所說的「天生五材，民並用之」，或與「穀」並列「六府」，或直接稱爲「五材」，皆可證明「五行」確爲民生必需的物質。

　　根據一般承認爲鄒衍遺文的《呂氏春秋·應同》中的「凡帝王者之將興也……土氣勝……木氣勝……金氣勝……火氣勝……水氣勝，故其色尚黑，其事則水」，與《史記·孟子荀卿列傳》所記述的「乃深觀陰陽消息，而作怪迂之變，〈終始〉、〈大聖〉之篇十餘萬言……稱引天地剖判以來，五德轉移，治各有宜，而符應若茲」合併看來，把五行由五種民生日用所需的資材，提昇爲五種元素性質的氣，並與陰陽牽合在一起的是鄒衍，但二者間的關係如何，則缺乏更進一步的資料可說明。《呂氏春秋·十二紀紀首》雖將五行拉進四時的架構，但只視五行爲四時的德用，如「盛德在木」、「盛德在火」、「盛德在金」、「盛德在水」之類，並未對二者的關係加以討論。從理論上把陰陽與五行關係加以探究的，始於董仲舒。《春秋繁露·天辨在人》云：

> 如金、木、水、火各奉其主，以從陰陽，相與一力而并功。其實非
> 獨陰陽也，然而陰陽因之以起，助其所主。故少陽因木而起，助春
> 之生也；太陽因火而起，助夏之養也；少陰因金而起，助秋之成也；
> 太陰因水而起，助冬之藏也。陰雖與水并氣而合冬，其實不同，故
> 水獨有喪而陰不與焉。

所謂「相與一力而并功」，表示金木水火與陰陽一樣，都是助成天地之功的力量。雖然如此，就肯定陰陽運行導致四時變化的角度而言，陰陽實居於主導地位，所以說「金木水火各奉其主，以從陰陽」；就肯定五行各有職責而言，陰陽仍需憑藉金木水火的配合，才能完成生化萬物的任務，所以說「其實非獨陰陽也，然而陰陽因之以起，助其所主」。於是，少陽、太陽、少陰、太陰分別因應木、火、金、水而興起，成爲助成春生、夏養、秋成、冬藏的動力。陰雖然與水合併一氣而爲冬天，但是陰氣運行爲「冬居空上」，即未實際參與喪亡萬物的工作，所以說「水獨有喪而陰不與焉」。又《春秋繁露·陰陽終始》云：

> 故至春，少陽東出就木，與之俱生；至夏，太陽南出就火，與之俱
> 煖……至於秋時，少陰興，而不得以秋從金，從金而傷火功，雖不
> 得以從金，亦以秋出於東方，俛其處而適其事，以成歲功……至於
> 冬，而止空虛，太陰乃得北就其類，而與水起寒。

此處的「與之俱生」、「與之俱煖」與前引文的「相與一力而并功」吻合，「與
水起寒」與前引文的「與水并氣而合冬」吻合，唯「少陰興而不得以秋從金」
似與前引文的「少陰因金而起」矛盾。〔註48〕實際上並無不合，因為秋天陰
氣雖「因金而起」，然出現於東方，運行於西方的乃由盛轉衰，漸趨入化於下
的陽氣。如果陰氣「從金」而出現在西方，則違反天道「相反之物，不得俱
出」的運行法則，而損傷陽氣在夏天所完成的長養事功。基於「物隨陽而出
入」、「出空入空」的陰氣只得「俛其處而適其事，以成歲功」，所以說「不得
以秋從金」。綜上所述，董仲舒對於陰陽與五行關係作了兩點說明：第一，五
行非由陰陽所分化，陰陽與五行是並列關係，皆是直接由天地之氣所分化，
是共同完成生化萬物的力量；將陰陽五行融為一體，視五行為陰陽所分化的
是《白虎通》，其〈五行〉篇即將五行分為二陽三陰。徐復觀認為「這是衡斷
《春秋繁露》一書真偽問題的最重大的眼目」。〔註49〕第二，陰陽是動態的、
是遍運四方的，五行是靜態的、是專司一方的，五行之所以能有「相生」、「相
勝」的作用，是由於陰陽相反相成的力量在不斷推動的結果。〔註50〕

　　處理五行與方位的關係比較容易，蓋因方位以東、南、西、北言之固然
祇有四方，但只要加上中即成為五方，於是木、火、金、水、土得以各安其
位。處理五行與四時的關係則比較棘手，因為五行比四時恆多一，所以前文
由四時變化討論陰陽與五行關係時，僅言及金、木、水、火而未及土。《呂氏
春秋·十二紀紀首》將「中央土」附於季夏六月後面，則所謂「中央」即指
六、七月之交，六月屬火，七月屬金，土依然落空，明顯不合理。至《淮南
子·時則》則乾脆把季夏六月分配給土，但季夏既不在一年的中央，又因土
德入侵六月，使火德只能當令兩個月，而木、金、水卻都當令三個月，仍舊
不圓滿。〔註51〕董仲舒如何處理此一難題呢？《春秋繁露·五行之義》云：

〔註48〕同註11，頁381。
〔註49〕同註11，頁316。
〔註50〕參看李澤厚《中國古代思想史論》，頁184，風雲時代出版公司。
〔註51〕同註11，頁18～19。

> 土居中央，爲天之潤。土者，天之股肱也。其德茂美，不可名以一
> 時之事，故五行而四時者，土兼之也。金木水火雖各〔有〕職，不
> 因土，方不立……土者，五行之主也。

董仲舒於〈五行對〉說「土爲季夏」乃是承襲舊說；此處他在安排土的歸屬
時，跳離了季節月份的限制。將土定位爲天的輔佐，不屬於任何一個季節卻
兼理著四季，金木水火雖各有職掌，若沒有土的協助，就無法完成其任務。
於是，土與金木水火亦有主從關係，這是董仲舒對五行理論提出的新說，並
將之與人世間的倫理關係相比附，〈五行對〉所謂的「忠臣之義，孝子之行取
之土；土者，五行最貴者也」，便認爲君臣、父子關係中的忠、孝美德都是效
法土德而來，所以土是五行中最高貴的。

　　五行之間除了上述的主從關係外，董仲舒在《春秋繁露・五行相生》中
並提出「比相生而間相勝」的關係。所謂「比相生」是指在木、火、土、金、
水的次序中，比鄰的兩行相生，如木生火，火生土，土生金，金生水，水生
木；所謂「間相勝」是指間隔的兩行相克，如木勝土，土勝水，水勝火，火
勝金，金勝木。茲圖示如下：

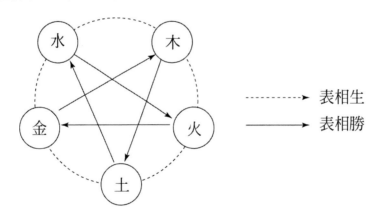

五行「相生」、「相勝」的原因，董仲舒並未加以說明。不過可以相信，相生
相勝的法則是由實際生活中，體驗與觀察金木水火土等五種物質的特性與作
用所得。如《白虎通・五行》對「相勝」的解釋爲「五行所以相害者，天地
之性，眾勝寡，故水勝火也；精勝堅，故火勝金；剛勝柔，故金勝木；專勝
散，故木勝土；實勝虛，故土勝水也」，《五行大義・第四》引《白虎通》對
「相生」的解釋爲「木生火者，木性溫暖，火伏其中，鑽灼而出，故木生火。
火生土者，火熱故能焚木，木焚而成灰，灰即土也，故火生土；土生金者，

金居石依山，津潤而生，聚土成山，山必生石，故土生金；金生水者，少陰之氣，潤澤流津，銷金亦爲水，所以山雲而從潤，故金生水；水生木者，因水潤而能生，故水生木也」，即包含了對金木水火土性質的了解與實際生活的經驗。董仲舒所以提出五行相生相勝的關係，重點仍在欲以自然現象的法則，解釋人倫道德與政教得失。《春秋繁露》中專門討論五行的有九篇，除前舉的〈五行對〉、〈五行之義〉二篇是以五行相生比況父子授受，視五行「乃孝子忠臣之行」外；〈五行相生〉、〈五行相勝〉二篇是以五行的相生、相勝說明司農、司馬、司營、司徒、司寇等五官職掌的承接與制衡；〈治水五行〉是按相生順序，次第說明五行當令時節的施政綱領；〈五行順逆〉是按五行相生順序，說明施政配合時令與否所產生的不同現象；〈治亂五行〉是按五行相生順序，說明五行失序、彼此侵犯所造成的災異現象；〈五行變救〉是按五行相生順序，說明五行的變異是相應人事而至，補救方法在於施行德政；〈五行五事〉是將五事的貌、言、視、聽、思與五行的木、金、火、水、土結合，以說明由王者德行修養所導致的五行變異與人事休咎。綜上所述，五行的相生相勝在董仲舒看來，就是天之序、天之道的表現，所以人主治國，若違反這個法則就會危亂，若遵循這個法則就能安治。

第三節　以天人相與爲原則

董仲舒的天人思想，一般皆以「天人感應」稱之。然而，「天人感應」雖在說明天人之間的「互相」感應，但偏重於天能感而人應之，天人之間實有主從上下之分。而在董仲舒的天人思想中，天人是同類的，天人是合一的，天人之間幾乎沒有距離，不僅天可以感人，人亦可以感天。用「天人感應」來形容，似乎不足以表現此一雙向溝通的特色，因此，本文採用〈賢良對策一〉所謂的「天人相與」來說明董仲舒的天人思想，以呈顯董仲舒在繼承天人感應理論的發展過程中，加重了人的份量，使人在天人關係中享有主動、積極的地位。

一、天人同類

「天人同類」是董仲舒「天人相與」理論的根據，而「天人同類」的想法來自人由天所生的古老傳統。《春秋繁露・爲人者天》云：

> 爲生不能爲人，爲人者，天也。人之〔爲〕人本於天，天亦人之曾

祖父也，此人之所以乃上類天也。人之形體，化天數而成；人之血
氣，化天地而仁；人之德行，化天理而義；人之好惡，化天之暖清；
人之喜怒，化天之寒暑；人受命，化天之四時；人生有喜怒哀樂之
答，春秋冬夏之類也。

此即是說，「天人同類」的原因在於人能生育人卻無法創造人，創造人的是天；
人所以成為人是秉受於天，天可以說是人的先祖。因此，人無論形體、血氣、
德行、情性，莫不是由天數、天志、天理、四時變化而來。關於四時與情性，
〈王道通三〉進一步指出，「夫喜怒哀樂之發，與清暖寒暑其實一貫也。喜氣
暖而當春，怒氣清而當秋，樂氣為太陽而當夏，哀氣為太陰而當冬，四氣者，
天與人所同有也……然則人主之好惡喜怒，乃天之暖清寒暑也……是故人主
之大守在於謹藏而禁內，使好惡喜怒必當義乃出，若暖清寒暑之必當其時乃
發也。人主掌此而無失，使好惡喜怒未嘗差也，如春秋冬夏之未嘗過也，可
謂參天矣」，由此可見，天的暖清寒暑就是人的好惡喜怒，人的喜怒哀樂就是
天的春秋冬夏。也可以這麼說，春秋冬夏就是天的喜怒哀樂，喜怒哀樂就是
人的春秋冬夏，〈天辨在人〉所謂的「喜怒之禍（疑當作「道」），哀樂之義，
不獨在人，亦在於天；而春夏之陽，秋冬之陰，不獨在天，亦在於人……故
曰：天乃有喜怒哀樂之行，人亦有春秋冬夏之氣者，合類之謂也」、〈陰陽義〉
所謂的「天亦有喜怒之氣，哀樂之心，與人相副。以類合之，天人一也」，皆
是此意。關於「人之德行，化天理而義」，既可以解釋為人的任德遠刑、貴陽
賤陰，是由陽氣的出實入實與陰氣的出空入空而來；亦可解釋為人的孝子忠
臣之行、官人必以其能，是由五行的相生授受而來；亦可解釋為人的慶賞刑
罰各有正處，是由天的暖暑清寒各有其時而來。因此，〈陰陽義〉認為「故為
人主之道，莫明於在身之與天同者而用之。使喜怒必當義而出，如寒暑之必
當其時乃發也；使德之厚於刑也，如陽之多於陰也」，而〈天地陰陽〉有所謂
的「天志仁，其道也義。為人主者，予奪生殺，各當其義，若四時；列官置
吏，必以其能，若五行；好仁惡戾，任德遠刑，若陰陽；此之謂能配天」。關
於「人之血氣，化天志而仁」，〈王道通三〉進一步指出，「人之受命於天也，
取仁於天而仁也。是故有父兄子弟之親，有忠信慈惠之心，有禮義廉讓之行，
有是非順逆之治，文理燦然而厚，知廣大有而博，唯人道為可以參天」，即認
為人所以具有父子兄弟的親情、忠信慈惠的心意、禮義廉讓的行為等等，皆
是從天獲取仁德而有的表現。如此則天人同類可以相通，所以人道可以參天。

關於「人之形體，化天數而成」，即〈官制象天〉所謂的「求天數之微，莫若於人，人之身有四肢，每肢有三節，三四十二，十二節相持而形體立矣；天有四時，每一時有三月，三四十二，十二月相受而歲數終矣」，意謂人的四肢十二節是相應天的四季十二月而生成的；又〈陽尊陰卑〉所謂的「是故陽氣以正月始出於地，生育長養於上，至其功必成也，而積十月；人亦十月而生，合於天數也。是故天道十月而成，人亦十月而生，合於天道也」，即認為人懷胎十月而生，相應於天長養萬物十月而成，因此，人道與天道相合。

董仲舒由人為天所生，歸納出天人之間有「數的相合」與「類的相應」兩種現象，於是據此論證天人同類。《春秋繁露・人副天數》云：

> 天以終歲之數，成人之身。故小節三百六十，副日數也；大節十二分，副月數也；內有五臟，副五行數也；外有四肢，副四時數也；乍視乍暝，副晝夜也；乍剛乍柔，副冬夏也；乍哀乍樂，副陰陽也；心有計慮，副度數也；行有倫理，副天地也。此皆暗膚著身，與人俱生，比而偶之弇合。於其可數也，副數；不可數者，副類；皆當同而副天，一也。是故陳其有形，以著無形者；拘其可收，以著其不可數者。以此言道之亦宜以類相應，猶其形也，以數相中也。

此即是說，就有形可數的部分看來，如三百六十小節、十二大節、五臟、四肢等，皆是「天以終歲之數，成人之身」的，所以與天的日數、月數、五行數、四時數等是以數相合的；就無形不可數的部分看來，如視暝、剛柔、哀樂、計慮、倫理等，皆是「暗膚著身，與人俱生」的，所以與天的晝夜、冬夏、陰陽、度數、天地等是以類相應的。因此，「天人同類」可由陳列有形的來顯現無形的、拿可數的來顯示不可數的加以推論證明。由此可知，董仲舒在論證天人同類的過程，是用「數的相合」來強化「類的相應」，是用具體的觀念來強化抽象的觀念。因此才說，天道人道之所以能「以類相應」，就如同天體人體能「以數相中」一樣。

以類相推是中國傳統的思維方式之一，《論語・述而》所謂的「舉一反三」、《易傳・繫辭上》所謂的「引而伸之，觸類而長之」，都是指用「類推」的方式去理解事物。但是，有效的類推是以事物分類的正確性為前提的，《荀子・非相》所謂的「類不悖，雖久同理」，即是說只要事物的分類和歸類不發生錯誤，那麼從中得來的一般原理，就一定適合該類的一切個別事物；《墨子・經下》所謂的「異類不比」，即是說不同的事物既不能歸為一類，且無從比較。董仲舒數合類

應的歸類方式，不是由客觀的概念去分析事物內涵與外延的同異，而是就事物表象與功能特性做主觀想像的比附。這種不夠嚴謹、缺乏必然性的類比推理方式，今日看來不免牽強附會，但在當時卻普爲大眾所接受與運用。如《黃帝內經‧靈樞‧邪客》所謂的「天有日月，人有兩目；地有九州，人有九竅；天有風雨，人有喜怒；天有雷電，人有音律；天有四時，人有四肢；天有五音，人有五臟；天有六律，人有六腑……歲有三百六十五日，人有三百六十節」、《淮南子‧精神》所謂的「故頭之圓也象天，足之方也象地。天有四時、五行、九解、三百六十日，人亦有四支、五臟、九竅、三百六十節；天有風雨寒暑，人亦有取與喜怒。故膽爲雲，肺爲氣，肝爲風，腎爲雨，脾爲雷，以與天地相參也，而心爲之主」，不也都是出於聯想比附，不也同樣的荒謬不合理。

　　儘管方法上有瑕疵，然其用心卻是積極的，應該受到肯定的。《春秋繁露‧人副天數》云：

　　　　天德施，地德化，人德義。天氣上，地氣下，人氣在其間……故莫精於氣，莫富於地，莫神於天，天地之精所以生物者，莫貴於人。
　　　　人受命乎天也，故超然有以高物，物灾疾莫能爲仁義，唯人獨能爲仁義；物灾疾莫能偶天地，唯人獨能偶天地。

此即是說，萬物皆有缺陷，所以不能實行仁義，不能與天地相配合；唯有天地精氣所生的人，能夠施行仁義，能夠與天地相配合。據此可知，董仲舒由人爲天所生、由數合類應來證明天人同類，其目的在由「人之超然萬物之上，而最爲天下貴也」〔註52〕，說明唯有人道可以參贊天地的化育。如此，不僅確立人不可動搖的地位，同時賦予人不可逃避的責任。這正是董仲舒再三提及「唯人道可以參天」、「人之絕於物而參天地」、「人下長萬物、上參天地」〔註53〕的原因。

二、同類相動

　　「同類相應」的觀念，於戰國後期頗爲流行。《荀子‧勸學》以「施薪若一，火就燥也；平地若一，水就溼也」，做爲「物各從其類」的例證。《荀子‧不苟》所謂的「君子絜其辯（身）而同焉者合矣，善其言而類焉者應矣。故馬鳴而馬應之，〔牛鳴而牛應之〕」，即以「同類相應」的觀念說明君子與君子

〔註52〕見《春秋繁露‧天地陰陽》。
〔註53〕依次見《春秋繁露‧王道通三》、〈人副天數〉、〈天地陰陽〉。

的相應互合。《易傳‧乾文言》則以「同聲相應，同氣相求。水流溼，火就燥，雲從龍，風從虎，聖人作而萬物覩。本乎天者親上，本乎地者親下，則各從其類也」，來解釋乾卦九五爻辭的「飛龍在天，利見大人」。《呂氏春秋‧應同》所謂的「凡帝王者之將興也，天必先見祥乎下民……類固相召，氣同則會，聲比則應。鼓宮而宮動，鼓角而角動。平地注水，水流溼；均薪施火，火就燥……無不皆類其所生以示人。故以龍致雨，以形逐影。師之所處，必生棘楚。禍福之所自來，眾人以為命，安知其所……類同皆有合，故堯為善而眾善至，桀為非而眾非來。商箴云：天降災布祥，並有其職。以言禍福人或召之也」，則不僅就同類事物間互相感應的現象而立說，更藉以論述天人之間禍福與行為的關係。

董仲舒繼承前人的理論加以發揮，使「同類相動」成為由「天人同類」通往「天人相與」的橋樑。《春秋繁露‧同類相動》一文，由「今平地注水，去燥就濕」至「美惡皆有從來以為命，莫知其處所」，大抵係就上述諸說綜合整理以為立論基礎。接下來董仲舒即更以陰陽二氣說明同類相動的現象，其言曰：

> 天將陰雨，人之病故為之先動，是陰相應而起也；天將欲陰雨，又使人欲睡臥者，陰氣也；有憂，亦使人臥者，是陰相求也；有喜者，使人不欲臥者，是陽相索也；水得夜，益長數分；東風〔至〕而酒湛溢；病者至夜而疾益甚；雞至幾明，皆鳴而相薄，其氣益精；故陽益陽而陰益陰，陰陽之氣固可以類相損益也。

此處，董仲舒以陰氣的相動，解釋陰雨天候對人的疾病與睡眠的影響；以陰氣相求，陽氣相索，解釋憂喜情緒對睡眠意願的影響；以陰陽二氣可因同類而互相減少或增加，解釋水到夜間會增長些許、東風到來酒會衍溢、生病的人到了晚上病情會加重、雞到了天快亮會都鳴叫起來。因此，陰陽二氣不僅是天與萬物同類相動的中介，而且是天人之間互相感應的憑藉。於是〈同類相動〉續云：

> 天有陰陽，人亦有陰陽。天地之陰氣起，而人之陰氣應之而起；人之陰氣起，天地之陰氣亦宜應之而起，其道一也。明於此者，欲致雨則動陰以起陰，欲止雨則動陽而起陽。故致非神也，而疑於神者，其理微妙也。非獨陰陽之氣可以類進退也，雖不祥禍福所從生，亦由是也。無非已先起之，而物以類應之而動者也。故聰明聖神，內

視反聽，言爲明聖內視反聽，故獨明聖者知其本心皆在此耳。

既然天人同類，則天人皆具陰陽二氣；既然人的陰氣會應合天的陰氣而興起，那麼天的陰氣應該也會應合人的陰氣而興起。據此可知，在董仲舒天人相與的理論中，其溝通往來是雙向的、平等的，天固然可以感人，人亦可以感天。所以，要求雨，就發動人的陰氣以使天的陰氣相應興起；要止雨，就發動人的陽氣以使天的陽氣相應興起。這在一般人眼裡，似乎是神明的關係，其實非關神明，只是同類相動罷了。不祇陰氣陽氣能夠依類別互相招進或引退，即使吉凶禍福的產生也是如此。莫不是自己已發起，而事物才因同類相應而感動。由此可見，吉凶禍福的關鍵，實在於人而不在於天。〈賢良對策一〉所謂的「故治亂廢興在於己，非天降命不可得反」，即是此意。因此，聰明通達的人能夠自我反省，因爲懂得自我反省，所以才能明白天人相與的本意在此。

如上所述，則同類相動已成爲一種有意志的現象，於是〈同類相動〉續云：

> 故琴瑟報，彈其宮，他宮自鳴而應之，此物之以類動者也。其動以聲而無形，人不見其動之形，則謂之自鳴也。又相動無形，則謂之自然，其實非自然也，有使之然者矣。物固有實使之，其使之無形。尚書傳言：「周將興之時，有大赤鳥銜穀之種，而集王屋之上者。武王喜，諸大夫皆喜。周公曰：茂哉，茂哉，天之見此以勸之也。」

所謂「物固有實使之，其使之無形」，即是認爲同類相動的背後，有一無形的「使之然者」。就聲比則應的現象而言，它是透過無形的聲音而互相感動的，人看不見它們感動的形跡，就說它是自己響起來的。因爲同類相動沒有形跡可尋，就說它是自然如此的，其實非自然如此的，而是有使它如此的主宰者。這個「使之然者」就是「天」，所以周公看見赤鳥的祥瑞，便認爲是上天用此來勉勵他們的。由此可見，董仲舒藉自然現象的相互感應，證明天人相與，然後用天人相與的理論來解釋同類相動。

琴瑟透過無形的聲音產生共鳴，天人藉由無形的氣互相感應。《春秋繁露·天地陰陽》云：

> 是天地之間，若虛而實，人常漸是澹澹之中，而以治亂之氣與之流通相殽也……王者亦參而殽之，治則以正氣殽天地之化，亂則以邪氣殽天地之化。同者相益，異者相損，天之數也，無可疑者矣。

此即是說，充塞陰陽二氣的天地間，看似空虛，卻是實在。人浸潤在這變動的空氣中，常用治亂的氣與其往來流通，互相混融。君王與天地並列爲三而

混融，平治時與天地的化育相混融的是正氣，危亂時與天地的化育相混融的是邪氣。所謂「同者相益，異者相損」，正是天人相與同類互動的結果。人以正氣、邪氣感天，天以祥瑞、災異示人。《漢書・董仲舒傳・賢良對策一》云：

> 臣聞天之所大奉使之王者，必有非人力所能致而自至者，此受命之符也。天下之人同心歸之，若歸父母，故天瑞應誠而至。《書》曰「白魚入于王舟，有火復于王屋，流爲烏」，此蓋受命之符也。周公曰「復哉復哉」，孔子曰「德不孤，必有鄰」，皆積善累德之效也。及至後世，淫佚衰微，不能統理群生，諸侯背畔，殘賊良民以爭土壤，廢德教而任刑罰。刑罰不中，則生邪氣；邪氣積於下，怨惡畜於上。上下不和，則陰陽繆盭而妖孽生矣。此災異所緣而起也。

此即是說，天瑞符命雖不是靠人的力量所能獲得的，但若能累積善行、施行德政，使天下的人同心歸附，則天瑞符命將「應誠而至」；災異則是由於國君無道，任用刑罰而荒廢德教，以致邪惡積蓄、上下不和，於是「陰陽繆盭而妖孽生矣」。由此可見，祥瑞是對國君的獎勵，期勉他能再接再厲；災異是對國君的警誡，希望他能反省修德。面對「獨制於天下而無所制」的專制君主，後者意義尤爲重大。《春秋繁露・必仁且智》云：

> 天地之物，有不常之變者，謂之異，小者謂之災，災常先至，異乃隨之。災者，天之譴也；異者，天之威也。譴之而不知，及畏之以威，《詩》云：「畏天之威。」殆此謂也。凡災異之本，盡生於國家之失，國家之失乃始萌芽，而天出災害以譴告之；譴告之，而不知變，乃見怪異以驚駭之；驚駭之，尚不知畏恐，其殃咎乃至。以此見天意之仁，而不欲陷人也。

在董仲舒的眼裡，天始終是以仁德爲懷的，災異既爲天意的表現，則由災異亦可察見上天的仁德。災異本是上天用來警誡人君的方式，所以完全是由於人君治理國家有了過失才會產生。過失剛開始形成，上天就顯現災害來譴責告誡他；譴責告誡而不知反省改變，於是顯現怪異來驚醒恐嚇他；驚醒恐嚇還不知敬畏恐懼，然後禍亂敗亡才會到來。由此可見，上天所以顯現災異，目的在使「人內以自省」而「有懲於心」〔註 54〕。亦即是欲藉此矯正君主的過失，以防止禍亂的發生。《春秋繁露・二端》云：

> 《春秋》至意有二端，不本二端之所從起，亦未可與論災異也，小

〔註54〕見《春秋繁露・必仁且智》。

大微著之分也。夫覽求細微於無端之處，誠知小之將爲大也，微之
將爲著也……因惡夫推災異之象於前，然後圖安危禍亂於後者，非
《春秋》之所甚貴也。然而《春秋》舉之以爲一端者，亦欲其省天
譴而畏天威，內動於心志，外見於事情，修身審己，明善心以反道
者也，豈非貴微重始、愼終推效者哉！

董仲舒認爲《春秋》所以重視災異，在於它能防患於未然，使小者不得爲大，
微者不得爲著。也就是說，它能使君主省察天譴、敬畏天威，向內能感動心
志，向外則表現於事物，修養品德、審辨行爲，彰顯善心而回歸正道。如此
則小過失不致演變成大禍亂，這不正是「貴微重始、愼終推效」嗎？如此說
來，董仲舒言災異的目的，在於促使人君自我反省而勤修善德。皮錫瑞《經
學歷史・經學極盛時代》所謂的「當時儒者以爲人主至尊，無所畏憚，借天
象以示徵，庶使其君有失德者猶知恐懼修省。此《春秋》以之統天，以天統
君之義，亦《易》神道設教之旨。漢儒借此以匡正其主」，即是據此而說的。

　　綜上所述，董仲舒以氣爲中介的天人相與理論，就表面形式看來，是由
天推向人的；就實際內涵而言，則是由人推向天的。由前引的「故治亂廢興
在於己，非天降命不可得反」、「治則以正氣殽天地之化，亂則以邪氣殽天地
之化」可知，天雖爲主宰，但只居於監督地位，人對於治亂興衰、吉凶禍福，
仍處於主導地位。由此可見，董仲舒天人相與的理論是藉天的神性義，對專
制君權加以宗教性的限制；藉天的自然義，建立天人同類的平等法則；藉天
的道德義，完成儒家王道政治的理想。

第四章　董仲舒天人思想的實踐

　　我國的學術始終未成爲純抽象的哲理思辯，完全是由於重視實用的特性所致。因此，學術與政治之間常有密切的關連，學術主張往往是爲了解決政治的問題而提出的，而現實政治往往又影響了學術發展的方向。董仲舒以天人相與爲原則的理論體系，也是爲了支持他的政治思想而建立的。政治問題是他關懷的焦點，一切問題無不環繞政治問題而開展，不僅倫理關係成爲政治結構的一環，道德人性與歷史演進亦皆融攝於政治問題中，一併交由天人相與的理論而給予合理的解釋與處理。

第一節　以奉天法古作爲施政依據

一、奉天法古的意義

　　法先王而祖述堯舜是孔孟以來，先秦儒家的一貫傳統。即使因後王粲然明備而主張法後王的荀子，亦不以法先王爲非，如〈勸學〉云：「不聞先王之遺言，不知學問之大也。」又〈非相〉云：「凡言不合先王，不順禮義，謂之姦言。」可見先生不是不可法，只是年代久遠，所傳不詳，不如取法集先王法度大成的後王，所以〈非相〉云：「欲觀聖王之跡，則於其粲然者矣，後王是也。」而〈不苟〉云：「百王之道，後王是也。」然而孔孟所以言必稱堯舜，實是就德治理想而立說，歷史事實的意義淡薄，牟宗三先生稱此爲「立象」。〔註1〕亦即是說，孔孟乃是藉肯定堯舜的德性德行，來樹立聖王的典範。董仲

〔註1〕見牟宗三《名家與荀子》，頁207，學生書局。

舒繼承此一法先王的傳統並將之納入天人相與的理論體系，除主張「法古」外，同時主張「奉天」。《春秋繁露・楚莊王》云：

> 《春秋》之道，奉天而法古。是故雖有巧手，弗修規矩，不能正方圓；雖有察耳，不吹六律，不能定五音；雖有知心，不覽先王，不能平天下；然則先王之遺道，亦天下之規矩六律已！故聖人法天，賢者法聖，此其大數也。得大數而治，失大數而亂，此治亂之分也。
>
> 所聞天下無二道，故聖人異治而同理也；古今通達，故先賢傳其法於後世也。《春秋》之於世事也，善復古，譏易常，欲其法先王也。

此處董仲舒首先以「奉天」、「法古」來規定春秋之道，於是「天」、「古」成為聖王治理天下所應奉行效法的準據。所謂「奉天」即是「法天」，所謂「法古」即是「法先生」。為何要法先王？因為先王遺留下來的道理，好比正方圓用的規矩與定五音用的六律，是治理國家的準據。由雖然具有巧妙的手藝、敏銳的聽覺、明辨事理的心，假如不整治規矩、不吹奏六律、不取法先王，就不能端正方圓、確定五音、平治天下看來，這些準據超越人的感官心智，是為人所必須遵循的。「先王之遺道」從何而來？係由聖人效法上天、賢人效法聖人的途徑而得來；順此則安治，反之則危亂，可見此即為安危治亂的根本所在。而此治亂之道只有一種，僅管聖人治理天下會針對時勢而採取不同措施，但是所根據的道理實際相同；且此治亂之道貫通古今，所以古代賢人才會將此方法傳授給後代。正由於治亂之道是「天下無二」、「古今通達」的，所以《春秋》對於人事的褒貶，才會是稱讚恢復古法的，譏刺變易常道的，目的不外要求人主「法先王」。

上引文對於「古」何以當「法」說明得頗詳細，但對於「天」何以當「奉」交代得不夠清楚。既然作為治理天下準據的先王之道乃是法天而來的，則天必有足以為人所法的內涵。〈賢良對策三〉云：

> 臣聞天者群物之祖也，故徧覆包函而無所殊，建日月風雨以和之，經陰陽寒暑以成之。故聖人法天而立道，亦溥愛而亡私，布德施仁以厚之，設誼立禮以導之。春者天之所以生也，仁者君之所以愛也；夏者天之所以長也，德者君之所以養也；霜者天所以殺也，刑者君之所以罰也。繇此言之，天人之微，古今之道也。

由此可知，聖人所以能法天而立道，在於天的表現無不符合人事的規範。因此，由天所表現的徧覆萬物而沒有分別、形成日月風雨來調和氣候、經由陰

陽寒暑來化成萬物，聖王施政於是溥愛萬民而沒有偏私、施行仁德來敦厚民風、設立禮義來教導人民。如此，天的春生、夏長、霜殺與人君的仁愛、德養、刑罰如出一轍。所以說，天人間的徵驗，就是古今治道的由來。根據「天人之徵，古今之道也」、「聖人法天而立道」、「道之大原出於天」〔註2〕看來，法古其實就是法天。既然「天」與「古」都是聖王治理天下的準據，為何要分為兩個範疇？蓋因法先王是儒家的傳統，董仲舒繼承此一精神而主張法古，即是同先秦儒者一樣，認為先王之道具有歷史真實性；但是僅據此而要求時君效法，實在缺乏約束力，於是又需藉對天的敬畏心理來加強其權威性。〔註3〕其實，無論「法先王」或「法天」都是理想主義的託詞，「法先王」是將理想的聖王典範寄託在先王，「法天」則將理想聖王的典範寄託在上天。二者的目標皆為成就外王的政治理想，其間的主要差異在於：孔孟的「法先王」是以內聖為前提的，也就是說，王者施政作為的合理化，實有賴於王者本身的道德修養；董仲舒的「法天」則把價值根源由內在的心性移至超越的上天，所以如此，可能是他體察到，要求專制君主做無止境的心性修養，似乎不可能，不如直接訴諸天來得有效。

　　董仲舒法天而治的要求是以天人相與為其理論根據的。根據天人同類的原則，天地萬物中，人與天的關係最為密切，而人群之中，又以君主與天的關係最密切。由〈堯舜不擅移湯武不專殺〉所謂的「天以天下予堯舜，堯舜受命而王天下」可知，君主與天的關係所以較常人密切，係由於君主乃是受天命而治理天下的人；由〈奉本〉所謂的「人之得天得眾者，莫如受命之天子」可知，君主由於受命於天，得到天的關懷較一般人多；由〈順命〉所謂的「故德侔天地者，皇天右而子之，號稱天子」可知，君主所以稱為天子，係由於德行與天地齊等，上天保佑他，且將他當作兒子看待；由〈深察名號〉所謂的「受命之君，天意之所予也。故號為天子者，宜視天為父，事天以孝道也」可知，天子由於受命於天，因此應該將天當作父親看待，以孝道來事奉天。怎麼樣才算「事天以孝道」呢？由〈五行對〉所謂的「諸父所為，其子皆奉承而續行之」可知，在於法天而治，即〈天地之行〉所謂的「為人君者，其法取象於天」、〈四時之副〉所謂的「聖人副天之所行以為政」。根據同類相動的原理，超然萬物之上的人，可以陰陽二氣與天相感應；而人主「居

〔註2〕　見《漢書・董仲舒傳》新校標點本，頁2518～2519。
〔註3〕　參看韋政通《董仲舒》，頁229，東大圖書公司。

至德之位」〔註4〕，尤可以治亂之氣與天地之化流通相毀。〈王道通三〉所謂的「古之造文者，三畫而連其中，謂之王。三畫者，天地與人也，而連其中者，通其道也。取天地與人之中以爲貫，而參通之，非王者孰能當是。是故王者唯天之施，法其時而成之，法其命而循之諸人，法其數而以起事，法其道而以出治，法其志而歸之於仁」，〔註5〕前半段借用文字造形結構爲喻，說明王者能夠參贊天地化育；後半段指出王者所以能夠參贊天地化育，在於其施政作爲皆是法天而行。那麼，法天而治的效果如何？〈爲人者天〉指出「爲人主者，道莫明省身之天，如天之出也。使其出也，答天之出四時，而必忠其受也。則堯舜之治無以加，是可生可殺而不可使爲亂」。所謂「可生可殺而不可使爲亂」，即〈天地陰陽〉所謂的「予奪生殺，各當其義」，意謂君主予奪生殺要能符合春生、夏長、秋收、冬藏的義理，不可使次序錯亂；〔註6〕所謂「省身之天，如天之出也」，即〈陰陽義〉所謂的「在身之與天同者而用之」，表示春秋冬夏與喜怒哀樂相通，爲天人所同有。爲人君主者若能省察自身與天同有的，使其慶賞刑罰與天的春夏秋冬相應，而且全然忠於秉受於天的情志德行，那麼即使堯舜之治也不能超越他。亦即是說，法天而治即可達於堯舜之治。綜上所述，董仲舒在其天人相與理論中，雖然肯定天子受命於天，但是其目的並不在於以君權神授的說法，替君主至高無上的權威找尋理論上的根據。相反地，其目的在藉法天而治的要求，將專制君權置於天意的監督下，使君主能夠反省修德，不致毫無顧忌，恣意妄爲；並以儒家的德治理想來規定天的內涵，使專制政治逐漸轉化而走向王道政治。

二、法天而治的內容

　　王道德治是儒家的政治理想，而聖君則是德治的先決條件。孔孟藉心性修養的工夫促使人主成爲聖君，董仲舒則由法天而治的途徑促使人主符合聖君的要求。《春秋繁露・天地陰陽》云：

　　　　夫王者不可以不知天……天意難見也，其道難理。是故明陽陰出入、
　　　　實虛之處，所以觀天之志；辨五行之本末、順逆、小大、廣狹，所

〔註4〕見《春秋繁露・威德所生》。
〔註5〕本段引文後半原有數處訛誤，此從蘇輿校改之。
〔註6〕賴炎元《春秋繁露今註今譯》，頁283將此句譯爲「這樣可以要人民生可以要人民死，而且可以不讓他作亂」，韋政通《董仲舒》，頁97引此文而表示「法天消極的目的是讓百姓不作亂」，恐皆有誤。

以觀天道也。天志仁，其道也義。爲人主者，予奪生殺，各當其義，
若四時；列官置吏，必以其能，若五行；好仁惡戾，任德遠刑，若
陰陽。此之謂能配天。

知天才能法天，所以「王者不可以不知天」。知天就是由陰陽的出入實虛體察
天志，由五行的本末順逆體察天道。法天總括而言就是效法天志的仁與天道
的義；分別言之則爲效法四時，使賞罰時能夠予奪生殺皆合於義；效法五行，
使用人時能夠因材授官各盡其能；效法陰陽，使施政時能夠任德遠刑教化爲
先。關於效法天意的進一步說明，《春秋繁露‧王道通三》云：

是故王者唯天之施……法其志而歸之於仁。仁之美者在於天，天仁
也，天覆育萬物，既化而生之，有養而成之，事功無已，終而復始，
凡舉歸之以奉人，察於天之意，無窮極之仁也。人之受命於天也，
取仁於天而仁也，是故有父兄子弟之親，有忠信慈惠之心，有禮義
廉讓之行，有是非順逆之治，文理燦然而厚，知廣大有而博，唯人
道爲可以參天。

董仲舒所以體察出天意包含無窮的仁愛，是由於天終始反覆不停地生長化育
萬物，而所有作爲的目的都是爲了奉養人、成就人。人承受天命，取法天的
仁意而施行仁德，所以能在人倫道德、施政教化等各方面獲得斐然成果。由
此可知，王者法天而治，就在於效法天志而愛人，就在於效法天道以成就人
道。而人所以能參天，正由於能實踐人道，所以說「唯人道爲可以參天」。關
於效法四時的進一步說明，《春秋繁露‧四時之副》云：

天之道，春暖以生，夏暑以養，秋清以殺，冬寒以藏，暖暑清寒，
異氣而同功，皆天之所以成歲也。聖人副天之所行以爲政，故以慶
副暖而當春，以賞副暑而當夏，以罰副清而當秋，以刑副寒而當冬，
慶賞罰刑，異事而同功，皆王者之所以成德也。慶賞罰刑與春夏秋
冬，以類相應也，如合符，故曰：王者配天，謂其道。

此即是說，暖暑清寒作用雖有差別，但都是上天用來完成歲事的；慶賞罰刑
情況雖有差別，但都是君王用來完成德政的，君王施政若能「慶賞罰刑，當
其處不可不發，若暖暑清寒，當其時不可不出也；慶賞罰各有正處，如春夏
秋冬各有時也」〔註7〕，那麼慶賞罰刑與春夏秋冬就如符節合併一般，依照類
別互相應和。由此可見，效法四時爲的是使慶賞罰刑各得其所，亦即予奪生

〔註7〕見《春秋繁露‧四時之副》。

殺皆合於義。而王者所以能夠配天，即在於他能效法天道以實現人道，所以說「王者配天，謂其道」。關於效法五行的進一步說明，《春秋繁露・五行之義》云：

> 五行之隨，各如其序；五行之官，各致其能。是故木居東方而主春氣，火居南方而主夏氣，金居西方而主秋氣，水居北方而主冬氣。是故木主生而金主殺，火主暑而水主寒，使人必以其序，官人必以其能，天之數也。土居中央，爲之天潤，土者，天之股肱也，其德茂美，不可名以一時之事，故五行而四時者，土兼之也。

董仲舒認爲五行與四時、四方的對應關係，係依照五行的功能特性與相生相受的順序而排列的。因此，人可由「五行之隨，各如其序；五行之官，各致其能」，察見「使人必以其序，官人必以其能」的天道。於是在〈五行相生〉中，將司農、司馬、司營、司徒、司寇等五官分別根據其職務的功能特性，與木、火、土、金、水等五行相配對。由五行「比相生而間相勝」的法則，來闡述五官間的協調制衡與相輔相成；並表示爲政治理時，「逆之則亂，順之則治」。關於效法陰陽的進一步說明，《春秋繁露・陽尊陰卑》云：

> 是故陽常居實位而行於盛，陰常居空位而行於末，天之好仁〔之常〕而近，惡戾之變而遠，大德小刑之意也……故陰，夏入居下，不得任歲事；冬出居上，置之空虛也；養長之時伏於下，遠出之，弗使得爲陽也；無事之時，起之空處，使之備次陳守閉塞也。此皆天之近陽而遠陰，大德而小刑也。是故人主近天之所近，遠天之所遠，大天之所大，小天之所小。

此即是說，陰陽二氣的運行，雖然一年當中各自出入循環一次，但是陽氣常居於實位而主歲事，陰氣則居於虛位而輔助陽氣。夏天陽氣長養萬物的時候，陰氣伏藏於地下而遠遠離開，不讓它擔任陽氣的職務；冬天沒事的時候，出現在空虛的地方，只是「備次陳守閉塞」而已。凡此皆爲上天「近陽而遠陰、好仁而惡戾、大德而小刑」的表現，人主法天而治，當「厚其德而簡其刑，以此配天」〔註8〕，若「爲政而任刑，謂之逆天，非王道也」〔註9〕。綜上所述，董仲舒所謂的法天而治，表面上看來效法的是四時、五行、陰陽，實際上所效法的是儒家以仁爲主的王道理想。

〔註8〕見《春秋繁露・基義》。
〔註9〕見《春秋繁露・陽尊陰卑》。

除了上述的陰陽、四時、五行外，天是否尚有其他的行為表現可供取法？《春秋繁露·天地之行》云：

> 天地之行美也，是以天高其位而下其施，藏其形而見其光，序列星而積眾精，考陰陽而降霜露。高其位，所以為尊也；下其施，所以為仁也；藏其形，所以為神也；見其光，所以為明也；序列星，所以相承也；積眾精，所以為剛也；考陰陽，所以成歲也；降霜露，所以生殺也。為人君者，其法取象於天，故貴爵而臣國，〔註10〕所以為仁也；深居隱處，不見其體，所以為神也；任賢使能，觀聽四方，所以為明也；量能授官，賢愚有差，所以相承也；引賢自近，以備股肱，所以為剛也；考實事功，次序殿最，所以成世也；有功者進，無功者退，所以賞罰也。

此處人君取法於天的共有八項：一為由天的「高其位，所以為尊也」，於是人君「任群賢以受成，乃不自勞於事」；〔註11〕二為由天的「下其施，所以為仁也」，於是人君「汎愛群生，不以喜怒賞罰」；三為由天的「藏其形，所以為神也」，於是人君「深居隱處，不見其體」；四為由天的「見其光，所以為明也」，於是人君「任賢使能，觀聽四方」；五為由天的「序列星，所以相承也」，於是人君「量能授官，賢愚有差」；六為由天的「積眾精，所以為剛也」，於是人君「引賢自近，以備股肱」；七為由天的「考陰陽，所以成歲也」，於是人君「考實事功，次序殿最」；八為由天的「降霜露，所以生殺也」，於是人君「有功者進，無功者退」。此八項中以「尊」、「神」二項最為重要，是施行政令、推展教化的根本，〈立元神〉所謂的「體國之道，在於尊神。尊者，所以奉其政也；神者，所以就其化也」，即是此意。然而人君想要達到「尊」，就必須「任群賢」，因為唯有得到賢人的輔助，才能「不自勞於事」，於是「主尊國安」〔註12〕；至於想要達到「神」，就必須「居無為之位，行不言之教，寂而無聲，靜而無形，執一無端，為國源泉，因國以為身，因臣以為心，以臣言為聲，以臣事為形」〔註13〕，如此則百官各盡所能，所以未見人君有所作為，而事功已完成，令人感到變化莫測。〈立元神〉所謂的「夫欲為尊者，

〔註10〕根據下文句型看來，「貴爵而臣國」五字為「□□□□，□□□□，所以為尊也；□□□□，□□□□」二十一字訛奪所餘。

〔註11〕此處一、二項由於有訛奪（見前註），引文取自《春秋繁露·離合根》。

〔註12〕見《春秋繁露·精華》。

〔註13〕見《春秋繁露·保位權》。

在於任賢；欲爲神者，在於同心。賢者備股肱，則君尊嚴而國安；同心相承，則變化若神」，即是此意。由此可見，人君所以爲「尊」爲「神」，在於能任用賢人，量能授官，使得上下同心、百官相承。但是如何才能促使百官各盡所能，發揮分職而治的效果呢？在於〈保位權〉所謂的「擥名考質，以參其實，賞不空施，罰不空出。是以群臣分職而治，各敬而事，爭進其功，顯廣其名」。即採循名責實的方法，按照實際事功施以進退賞罰。於是群臣便能分別職務而治理，各自認眞去辦事，爭相建立他們的功勞，顯揚他們的名聲。據上可知，七、八兩項的「考功序次」、「進退賞罰」，是爲了貫徹「量能授官」、「引賢自近」；五、六兩項的「量能授官」、「引賢自近」，是爲了達到「不自勞於事」、「深居隱處」。由此可見，「既神且尊」是治理國家的基本條件。然而，第一項的「不自勞於事」，是爲了成就二項的「汎愛群生」；第三項的「深居隱處」，是爲了成就第四項的「觀聽四方」。換句話說，位尊是爲了施仁，藏神是爲了見明。由此可見，「必仁且智」方是治理國家的眞正原則。綜上所述，董仲舒在君道理論上，雖然爲了適應現實的大一統專制政體，而接受了法家尊君的思想與賞罰的觀念；但在用人和君德方面，仍舊堅持儒家尙賢和仁愛的王道理想。至於董仲舒將「主尊國安」視爲任賢的目的，似乎可說具有法家化的明顯傾向；不過，換一個角度來看，「主尊國安」何嘗不是董仲舒誘導專制君主任賢的誘餌，如此或許方能見其良苦的用心。

第二節　以性未善論強調教化功能

一、性未善論的證成

　　董仲舒之前，中國人性論上幾個主要的學說均已出現，其中包括告子的性無善無惡說，孟子的性善說，荀子的性惡說，世碩、宓子賤、漆雕開、公孫尼子等人的性有善有惡說。上述四說中，孟子的性善說對董仲舒論性「意在成就一客觀之政教」〔註14〕的目的，形成巨大的威脅，於是針對孟子而提出性未善論。

　　董仲舒的性未善論是通過正名思想、天人同類、聖人之善三方面而證成的。在正名方面，他首先根據「性」的名號來論證。《春秋繁露・深察名號》云：

〔註14〕見唐君毅《中國哲學原論・原性篇》，頁106，學生書局。

> 今世闇於性，言之者不同，胡不試反性之名？性之名，非生與？如
> 其生之自然之資，謂之性。性者，質也。詰性之質於善之名，能中
> 之與？既不能中矣，而尚謂之質善，何哉？性之名不得離質，離質
> 如毛，則非性已，不可不察也。

由前三句可知，董仲舒認爲人性問題所以眾說紛紜，是由於大家根本沒搞清楚什麼叫做性，因此主張回到性的涵義來探討人性問題。以「生」來解釋性是告子以來的傳統說法，據此董仲舒對性所下的定義爲「如其生之自然之資」。即認爲性是指與生俱來的本質，即〈實性〉所謂的「無所待而起生，而所自有也」。董仲舒的說法與荀子所說的「生之所以然者，謂之性」、「不事而自然，謂之性」〔註15〕完全相同。此「自然之質」〈實性〉稱之爲「天質之樸」，簡稱爲「質」。拿善的名稱所涵的意義來驗證性的「質」，當然無法相合，因此不能說「質善」。性的名稱所涵的意義不能離開「質」，離開質一絲一毫就不是性了。所以，既然沒有「質善」，自然也就沒有「性善」。其次，董仲舒根據「心」的名號來進一步論證。《春秋繁露‧深察名號》云：

> 栣眾惡於內，弗使得發於外者，心也。故心之爲名，栣也。人之受
> 氣苟無惡者，心何栣哉？吾以心之名得人之誠，人之誠有貪有仁，
> 仁貪之氣兩在於身。

栣是禁制的意思。心的得名是由禁制而來，因爲心能將一切罪惡禁制於內，使罪惡不能向外發展。就「自然之質」而言，性應該如告子所說的「無善無惡」，即不可說善亦不可說惡。董仲舒根據人類實際的行爲表現，認爲此自然之質可以分化爲「仁貪之氣」，因而使性具有善惡的傾向，亦即是性既有善質亦有惡質。然而「善質」不等於「質善」，要使性成爲善，還得靠心「栣眾惡於內，弗使得發於外」。假若性爲純善而無惡，心還要禁制些什麼？所以可由「心之爲名栣也」，而確定「人之誠有貪有仁」。根據上述，能「栣眾惡於內」的心對氣具有主宰力量，所以〈循天之道〉說「凡氣從心；心，氣之君也」。那麼，這個能主宰氣質之性的心是否具有道德涵義？由「義以養其心」、「必知天性不乘於教，終不能栣」〔註16〕看來，心雖具有道德涵義，卻是外鑠的，而非本然的，是後天培養的，而非先驗的。〔註17〕最後，董仲舒又根據「民」

〔註15〕見《荀子‧正名》。
〔註16〕依次見《春秋繁露‧身之養重於義》、〈深察名號〉。
〔註17〕同註3，頁104。

的名號來論證。《春秋繁露‧深察名號》云：

> 民之號，取之瞑也。使性而已善，則何故以瞑爲號？以實（瞑）者
> 言，弗扶將，將顛陷猖狂，安能善……民之爲言，固猶瞑也。隨其
> 名號，以入其理，則得之矣。

「瞑」就是古代的「眠」字。此處仍是以聲訓方式說明民的名號是由瞑而來，
但瞑是一種矇昧的狀態，假使人性已善，爲什麼用矇昧來稱呼人呢？就矇昧的
人而言，如不用教化加以扶持，便會顛倒陷溺、舉止猖狂，怎麼能夠善呢？所
謂「隨其名號，以入其理」，正是董仲舒由「性」、「心」、「民」等名號的涵義，
來論證人性未善的方式。然而隨名以入理的方式，必須在名號之義等同事物之
理，亦即是名號能正確反映物理的情形下方能成立。此正是〈深察名號〉中再
三申明「名生於眞，非其眞弗以爲名。名者，聖人所以眞物也，名之爲言眞也」、
「《春秋》辨物之理，以正其名，名物如其眞，不失秋毫之末」的原因。

在天人同類方面，董仲舒是先由天有陰陽二氣來論證人有仁貪二性，再
由性情皆爲天所生來論證性非善。《春秋繁露‧深察名號》云：

> 身之名取諸天，天兩有陰陽之施，身亦兩有仁貪之性……天地之所
> 生，謂之性情，性情相與爲一瞑，情亦性也，謂性已善，奈其情何……
> 身之有性情也，若天之有陰陽也，言人之質而無其情，猶言天之陽
> 而無其陰也。

所謂「身之名取諸天」是董仲舒用來說明天人同類，據此即可由天有陰陽，
推論人性也有貪仁、情性兩方面因素。貪是人性中惡的部分，具體表現出來
的即是情欲，因此可直接說情惡；仁是人性中善的部分，但「性情相與爲一
瞑」，情也是性的一部分，因此論性不能棄情不顧，獨取仁的部分而言性已善，
祇能說性有善質。性情既皆爲天所生，且情涵於性，若說性已善，豈不是情
亦已善？再者，人身兼具情與性，好比天道兼具陰與陽一樣，假如論人性而
不把情包括在內，等於說天道有陽而沒有陰。因此，性已善是不能成立的。
由「情亦性也」看來，董仲舒是由情惡來論證性有善質而未能善，似有性善
情惡的傾向。

在善的標準方面，董仲舒是以聖人爲標準來論證性未善的。《春秋繁露‧
深察名號》云：

> 天生民有大經，言性者不當異，然其或曰性已善，或曰性未善，則所
> 謂善者各異意也。性有善端，動之愛父母，善於禽獸，則謂之善，此

孟子之善。循三綱五紀，通八端之理，忠信而博愛，敦厚而好禮，乃
可謂善，此聖人之善也。是故孔子曰：善人吾不得而見之，得見有常
者斯可矣。由是觀之，聖人之所謂善未易當也，非善於禽獸則謂之善
也，使動其端善於禽獸則可謂之善，善人奚爲弗見也？夫善於禽獸之
未得爲善也，猶知於草木而不得名知，萬民之性善於禽獸而不得名
善，善之名乃取之聖。聖人之所命，天下以爲正，正朝夕者視北辰，
正嫌疑者視聖人。聖人以爲無王之世，不教之民，莫能當善，善之難
當如此，而謂萬民之性皆能當之，過矣。質於禽獸之性，則萬民之性
善矣；質於人道之善，則民性弗及也。萬民之性善於禽獸者許之，聖
人之所謂善者弗許，吾質之命性者，異孟子。孟子下質於禽獸之所爲，
故曰性已善；吾上質於聖人之所爲，故謂性未善，善過性，聖人過善。

董仲舒認爲，對於人性的看法所以有「性已善」與「性未善」的差別，是由
對善的認定不同。孟子以「性有善端，動之愛父母，善於禽獸」爲標準，所
以說「性已善」；董仲舒則以「循三綱五紀，通八端之理，忠信而博愛，敦厚
而好禮」的聖人之善爲標準，所以說「性未善」。孔子所說的「善人吾不得而
見之」，是董仲舒用以反駁孟子性善說的主要理由。因爲如果「動其端善於禽
獸」就可以稱做善，善人怎麼會不可得而見呢？由此可見，「聖人之所謂善，
未易當也」，而孟子以爲「萬民之性皆能當之，過矣」。其實，董仲舒對孟子
性善說的了解，除了「性有善端」尚符合孟子原意外，其餘大多屬於誤解。
孟子所謂性善，係就人的惻隱之心、羞惡之心、辭讓之心、是非之心，肯定
人皆有良知及實現其良知的良能，亦即就「道德的心性」而言人性是善；並
非由人的「氣質之性」動其善端愛父母而善於禽獸，來證明人性已善。〔註18〕
換句話說，孟子所說的仁義禮智四端是屬於「根源問題」，而非「完成問題」。
所以孟子所謂的性善並非「性已善」，並非德性之完成不待努力；相反地，必
須擴充四端才「足以保四海」，若不能擴充四端則「不足以事父母」。〔註19〕
而孟子所以肯定「人皆可以爲堯舜」，是就理論之應然而說，非就事實之必然
而說。董仲舒的性未善論，所以將人性問題僅視爲一「完成問題」，而不知尚
有一「根源問題」存在，以致對孔孟心性論無法親切體會，實是由於他所關
心的是如何成就客觀的政教，而非主體的德行。

〔註18〕參看牟宗三《才性與玄理》，頁16～17，學生書局。
〔註19〕見《孟子‧公孫丑上》。

二、性未善論的涵義

前文已就董仲舒建立性未善論的方式加以陳述，此處擬就性未善論涉及的對象、意義及目的再加以討論。在對象方面，董仲舒將性只限定為中民之性，聖人之性與斗筲之性皆被排除在討論範圍之外。《春秋繁露·實性》云：

> 聖人之性，不可以名性；斗筲之性，又不可以名性；名性者，中民之性。中民之性，如繭如卵，卵待覆二十日，而後能為雛；繭待繰以涫湯，而後能為絲；性待漸於教訓，而後能為善；善，教訓之所然也，非質樸之所能至也，故不謂性。

由此可見，董仲舒將人性分為聖人之性、中民之性、斗筲之性三等。〈深察名號〉亦云：「名性不以上，不以下，以其中名之。」「名性不以上」即「聖人之性，不可以名性」，「不以下」即「斗筲之性，又不可以名性」，「以其中名之」即「名性者，中民之性」。其實，當就「自然之資」、「天樸之質」說性時，應如荀子所說的「聖人之所同於眾，其不異於眾者，性也」〔註20〕，上下通透，適用於全體人類。董仲舒基於成就教化的需要，而將聖人之性與斗筲之性排除於性名之外。由「善過性，聖人過善」與「諸斗筲之民，何足數哉」〔註21〕看來，聖人之性與斗筲之性代表善與惡兩個極端的人性。聖人之性無需教化，斗筲之性無法教化，只有中民之性有待教化，所以董仲舒論性只及於中民之性，這顯然是受孔子所謂的「惟上智與下愚不移」、「中人以上，可以語上也；中人以下，不可以語上也」〔註22〕所影響。

在意義方面，董仲舒所謂的「性未善」是指性有善質而未能善。《春秋繁露·深察名號》云：

> 故性比於禾，善比於米。米出禾中，而禾未可全為米也；善出性中，而性未可全為善也。善與米，人之所繼天而成於外，非在天所為之內也。天之所為，有所至而止。止之內，謂之天性；止之外，謂之人事。事在性外，而性不得不成德。

「米出禾中」表示禾中有米的成分，「善出性中」表示性中有善的成分。「禾未可全為米」是說禾中除了米以外，尚有非米的部分；「性未可全為善」是說性中除了善以外，尚有非善的部分。禾與性是屬於天所創造的範圍，化禾為米，化

〔註20〕見《荀子·性惡》。
〔註21〕見《春秋繁露·玉杯》。
〔註22〕依次見《論語·陽貨》、〈雍也〉。

性為善是以天所創造為基礎，另外加上人為努力的成果。天的創造有一定的限度，在天所創造的範圍以內叫做天性，超出範圍之外的叫做人事。天性所以能成德，正是由於人事的作為。也就是說，性雖有善質，若沒有教化，則不能成為善。〈實性〉所謂的「性者，天質之樸也；善者，王教之化也。無其質，則王教不能化；無其王教，則質樸不能善」，即是此意。〈深察名號〉又云：

> 性有似目，目臥幽而瞑，待覺而後見。當其未覺，可謂有見質，而不可謂見。今萬民之性，有其質而未能覺，譬如瞑者待覺，教之然後善。
>
> 當其未覺，可謂有善質，而未可謂善，與目之瞑而覺，一概之比也。

此處董仲舒則就眼睛的瞑而未覺，論證人性的有善質而未能善。不過，此處的比喻與前引文涵義略有不同。以禾與米比喻性與善，不僅說明成善需要教化的工夫，而且表示性中尚有與善異質的成分；此處的比喻則同於「卵待覆而成雛，繭待繰而為絲」，卵非雛、繭非絲只是孵化、繰治的工夫未到而已，並不表示其中含有與雛、絲異質的成分。這就是此處說「未可謂善」，而前引文說「未可全為善」的原因。董仲舒明明說「仁貪之氣兩在於身」、「性情相與為一瞑」，何以往往略過情而不談，直接予人「性善」的印象。〔註23〕蓋因在性未善的理論中，情只是被禁制的對象，性的善質才是發展的主要對象，這與陽尊陰卑、陽主陰從的思想理路是相聯貫的。〈深察名號〉又云：

> 天有陰禁，身有情欲栣，與天道一也。是以陰之行不得干春夏，而月之魄常厭於日光，乍傷乍全。天之禁陰如此，安得不損其欲而輟其情以應天？天所禁而身禁之，故曰身猶天也。禁天所禁，非禁天也。必知天性不乘於教，終不能栣。

以「天有陰禁」推論「身有情欲栣」，將「損其欲而輟其情」解釋為「應天」，正是天人同類、同類相動理論的發揮。由「天性不乘於教，終不能栣」看來，不憑藉教化，心就無法發揮禁制情欲的作用。不過，禁制情欲只是教化的消極作用，教化的積極作用在於發展善性。

　　在目的方面，董仲舒性有善質而未能善的人性理論，旨在賦予君主施行教化的責任。〈深察名號〉云：

〔註23〕如徐復觀認為「董氏對性的基本認定，是善的而不是惡的」，見《兩漢思想史》卷二，頁403，學生書局；又如馮友蘭認為「董仲舒也肯定人有先天的善質，這一點基本還承接孟軻的觀點」，見《中國哲學史新編》第三冊，頁77，藍燈文化事業公司。

> 天生民，性有善質而未能善，於是爲之立王以善之，此天意也。民
> 受未能善之性於天，而退受成性之教於王；王承天意，以成民之性
> 爲任者也。今案其眞質而謂民性已善者，是失天意而去王任也。萬
> 民之性苟已善，則王者受命尚何任也？

此即是說，天之所以設立君主，爲的是成就有善質而未能善的中民之性，而
君主秉承天命，即應以施行教化爲責任，〈賢良對策三〉所謂的「天令之謂命，
命非聖人不行；質樸之謂性，性非教化不成；人欲之謂情，情非度制不節。
是故王者上謹承於天意，以順命也；下務明教化民，以成性也；正法度之宜，
別上下之序，以防欲也。脩此三者，而大本舉矣」，意正與此相同。由此可見，
董仲舒所以反對「性已善」的說法，是由於教化的存在本是爲了成就「有善
質而未能善」的萬民之性，而天設立君主的目的即在施行教化，如說「性已
善」，無異說人民不需要教化，那麼君主將無所作爲，〈實性〉所謂的「今謂
性已善，不幾於無教而如其自然，又不順於爲政之道矣」，即是此意。教化是
德治的根本，也是董仲舒在〈賢良對策〉中再三強調的，而透過性未善論，
恰可將施行教化視爲君主當仁不讓的責任，目的即在促成德治理想的實現。

綜上所述，董仲舒的性未善論可說是融合孔、孟、荀而成的。視性爲「自
然之資」，認爲人性必待教化而後能爲善是與荀子相同處；主張「性有善質」、
「聖人過善」是對荀子的修正，因爲如果性無善質，成善如何可能？如果聖
人之性亦待教化而後能爲善，則教化聖人的又是誰？對於孟子，雖誤解其性
善爲性已善而駁斥之，但主張「性有善質」，及「人受命於天，有善善惡惡之
性」、「凡人之性，莫不善義，然而不能義者，利敗之也」〔註24〕等類似性善
的言論，顯然受到孟子的影響。以正名方式論性，將性分爲聖人之性、中民
之性、斗筲之性，則是受到孔子的影響。

第三節　以三綱五常處理人際關係

一、三綱的內容及涵義

人與人的關係稱爲「人倫」，「人倫」一詞首見於《孟子・滕文公上》，其
文云：「聖人有憂之，使契爲司徒，教以人倫：父子有親，君臣有義，夫婦有

〔註24〕依次見《春秋繁露・玉杯》、〈玉英〉。

別，長幼有序，朋友有信。」就此「五倫」順序而言，是以家庭爲重心，由家庭的倫理親情進而推展至國家與社會的人際關係。至《荀子‧王制》所謂的「君臣、父子、兄弟、夫婦，始則終，終則始，與天地同理，與萬世同久」，雖已將君臣這項政治倫理提到家庭倫理之上，但尚未將彼此的關係由相對轉變爲絕對。至《韓非子‧忠孝》所謂的「臣事君，子事父，妻事夫，三者順則天下治，三者逆則天下亂，此天下之常道也」，則不僅將政治倫理提到家庭倫理之上，而且強調臣、子、妻對君、父、夫的片面服從，並認爲此種關係的順逆足以影響國家的治亂安危。至《呂氏春秋‧恃君覽》所謂的「父雖無道，子敢不事父乎？君雖不惠，臣敢不事君乎」，更將父子、君臣間的關係規定爲絕對服從的關係。董仲舒綜合上述有關說法，從父子、君臣、夫婦、長幼、朋友等五倫中提取前三倫，而調整其順序爲君臣、父子、夫婦，並將之納入天人相與的理論體系，藉天地、陰陽來論證君臣、父子、夫婦的關係。在天尊地卑、陽貴陰賤的前提下，君臣、父子、夫婦間的關係由相對倫理轉變爲絕對倫理，於是形成所謂的「三綱」，並與「五常」結合，成爲兩千年來，鞏固專制政權與穩定社會秩序的理論根據與道德準則。綜上所述，三綱之說實非由董仲舒發其端，認爲「在董氏以前，不論在內容上，在名詞上，絕無三綱之說」〔註25〕，只說對了一半，正確的說法是在董仲舒之前雖無三綱的名稱，但已有三綱的觀念與內容。

　　天人相與是董仲舒的理論根據，倫理觀亦不例外。《春秋繁露‧觀德》云：

　　　　天地者，萬物之本，先祖之所出也，廣大無極，其德昭明，歷年眾

　　　　多，永永無疆。天出至明，眾知類也，其伏無不炤也；地出至晦，

　　　　星日爲明不敢闇，君臣、父子、夫婦之道取於此。

天地不僅化育萬物，人類的祖先也是由它所創生的，這是「天人同類」的根據，也是「行有倫理，副天地也」〔註26〕的由來。「廣大無極，其德昭明」意謂天地遍覆包函，德行顯明，值得取法；「歷年眾多，永永無疆」意謂天地存在久遠，其道理亦可傳承無窮。「天出至明」而「無不炤也」，即〈天地之行〉所謂的「天高其位」而「見其光」；「地出至晦」而「不敢闇」，即〈天地之行〉所謂的「地卑其位」而「著其情」。君臣、父子、夫婦於此所取法的「道」即是天尊地卑、陽貴陰賤。《春秋繁露‧基義》云：

〔註25〕參看徐復觀《兩漢思想史》卷二，頁409，學生書局。
〔註26〕見《春秋繁露‧人副天數》。

凡物必有合。合，必有上，必有下；必有左，必有右；必有前，必有
後；必有表，必有裡；有美必有惡；有順必有逆；有喜必有怒；有寒
必有暑；有晝必有夜，此皆其合也。陰者，陽之合；妻者，夫之合；
子者，父之合；臣者，君之合。物莫無合，而合各相陰陽。陽兼於陰，
陰兼於陽；夫兼於妻，妻兼於天；父兼於子，子兼於父；君兼於臣，
臣兼於君。君臣、父子、夫婦之義，皆取諸陰陽之道。君為陽，臣為
陰；父為陽，子為陰；夫為陽，妻為陰。陰道無所獨行，其始也不得
專起，其終也不得分功，有所兼之義。是故臣兼功於君，子兼功於父，
妻兼功於夫，陰兼功於陽，地兼功於天……是故仁義制度之數，盡取
之天，天為君而覆露之，地為臣而持載之，陽為夫而生之，陰為婦而
助之；春為父而生之，夏為子而養之，王道之三綱，可求於天。

所謂「凡物必有合」，是說舉凡事物必有可與之合偶的。因為是互相合偶的，
所以一定有上下、左右、前後……等等的分別。根據〈陽尊陰卑〉所謂的「物
無合會之義，是故推天地之精，運陰陽之類，以別順逆之理，安所加以不在？
在上下，在大小，在強弱，在賢不肖，在善惡。惡之屬盡為陰，善之屬盡為
陽」可知，事物本身並沒有所謂的合會，事物所以有上下、大小等的對偶，
完全由於人對掌握到的對象，有意識的加以分類；並以天地的精氣為基礎，
運用陰陽作為分類標準，來判斷善惡順逆，於是「惡之屬盡為陰，善之屬盡
為陽」。換句話說，屬於陽類的都是好的，屬於陰類的都是不好的。而此處將
妻、子、臣歸為陰類，將夫、父、君歸為陽類，並表示「君臣、父子、夫婦
之義，皆取諸陰陽之道」，則君臣、父子、夫妻間的尊卑貴賤至為明顯。所謂
的「陽兼於陰，陰兼於陽」，單就此句看來，陰陽似乎可以互相「兼」，但與
下文陰「有所兼之義」合觀，可知陽兼於陰與陰兼於陽的兩個「兼」字涵義
不同。前者是包含的意思，後者是被包含的意思。〔註27〕因此，陽可以包含
陰，陰則只能包含於陽，若是陰陽可以互相包含，便違反尊卑貴賤的原則了。
所謂「陰道無所獨行，其始也不能專起，其終也不得分功」，即是說陰縱然配
合陽而有所成就，功勞卻得歸於陽，陰不能分享。〈陽尊陰卑〉所謂的「丈夫
雖賤皆為陽，婦人雖貴皆為陰。陰之中亦相為陰，陽之中亦相為陽，諸在上
者皆為其下陽，諸在下者皆為其上陰。陰猶沈也，何名何有？皆并一於陽，
昌力而辭功」，即是此處「妻兼功於夫」、「陰兼功於陽」的說明；所謂的「故

〔註27〕參看馮友蘭《中國哲學史新編》第三冊，頁81，藍燈文化事業公司。

出雲起雨，必令從天下，命之曰天雨，不敢有其所出；上善而下惡，惡者受之，善者不受，土若地，義之至也。是故《春秋》君不名惡，臣不名善，善皆歸於君，惡皆歸於臣。臣之義比於地，故爲人臣者，視地之事天也」，即是此處「地兼功於天」、「臣兼功於君」的說明；所謂的「爲人子者，視土之事火也。雖居中央，亦歲七十二日之王，傅於火，以調和養長，然而弗名者，皆并功於火，火得以盛。不敢與父分功，美孝之至也」，即是此處「子兼功於父」的說明。由此可見，君臣、父子、夫婦等三種關係性質各異，所根據的原則亦不相同，君臣是根據天覆地載的原則，夫婦是根據陽主陰助的原則，父子是根據春生夏長的原則。雖然根據不同，但是皆屬於天的範疇，所以說「仁義制度之數，盡取之天」，所以說「王道之三綱，可求之於天」。

　　「三綱」是董仲舒思想中最受人非議的部分，或視之爲儒學法家化的表徵，或視之爲維護專制體制的教條。其實三綱觀念的形成，應是中國倫理思想在長期發展過程中，配合歷史環境的需要而產生的結果。根據賀麟的分析，儒家倫理思想由五倫演變爲三綱，是有其邏輯必然性的。首先，五倫說的相對關係缺乏強制性，由這種人倫關係所建立的社會與政治結構不夠穩定；三綱說的絕對關係方具有權威性，能以制度化的規範補救相對關係的不穩定。其次，五倫說注重人與人的相對關係；三綱說則將人與人的相對關係，轉變爲人對理、對位分、對常德的片面的絕對關係，忠君變成對名分理念的盡忠，倫理變成先驗的、永恆的真理，其強制力當然比五倫說來得深刻。〔註28〕按照韋政通的說法，三綱的觀念雖確立於韓非，但它所以在歷史上出現，主要的關鍵是大一統的政治制度，大一統的專制體制形成後，即使法家不提供這個觀念，儒家本身也必然會發展出來。〔註29〕法家原本就是爲專制體制催生的意識形態，它的思想自然與專制體制密不可分。面對大一統的專制時代，董仲舒既然想要使儒家在專制體制下繼續生存，以對朝政發揮批判抗爭的功能，吸收法家的理論自然是無可避免的事。然而他所以吸收法家的理論，乃是爲了要取法家而代之，以便在穩定的政治秩序與社會秩序中，推行儒家王道的政治理想。也就是說，他所以提倡「三綱」正是「爲治爲之也」，即欲「以貴貴尊賢，而明別上下之倫，使教亟行，使化易成」〔註30〕。由於目的在推行王道教化，所以董仲舒雖因尊君而卑

〔註28〕參看賀麟《文化與人生》，頁 13～22，地平線出版社。
〔註29〕同註3，頁 227。
〔註30〕見《春秋繁露‧度制》。

臣，卻未因尊君而抑民。〈玉杯〉所謂的「屈民而伸君，屈君而伸天」，前一句只是陪襯的虛語，旨在迎合統治者的心理；後一句才是真正的主語，欲使君主能奉承天意而行愛民之實。如〈竹林〉所謂的「且《春秋》之法，凶年不修舊，意在無苦民爾。苦民尚惡之，況傷民乎？傷民尚痛之，況殺民乎」，正是由愛民的觀點來肯定「《春秋》無義戰」；又所謂的「專政則輕君，擅名則不臣，而《春秋》大之，奚由哉？曰，為其有慘怛之恩，不忍餓一國之民，使之相食。推恩者遠之而大，為仁者自然而美。今子反出己之心，矜宋之民，無計其間，故大之也」，分明是說救民的意義遠在守臣節以尊君之上。且由〈堯舜不擅移湯武不專殺〉所謂的「且天之生民，非為王也；而天立王，以為民也。故其德足以安樂民者，天予之；其惡足以賊害民者，天奪之」看來，董仲舒表面上所說的天意，實即是民意；視民意為上天予奪國祚的根據，正是承襲儒家的「民本」思想。此外，由〈精華〉所謂的「故變天地之位，正陰陽之序，直行其道而不忌其難，義之至也。是故脅嚴社而不為不敬靈，出天王而不為不尊上，辭父之命而不為不承親，絕母之屬而不為不孝慈，義矣夫」看來，如果社神、天王、父母的作為違反道義，那麼，威脅莊嚴的社神，不是不尊敬神靈；驅逐天王，不算是不尊敬君上；拒絕接受父親的命令，不算是不順承父親；跟母親斷絕關係，不算是不孝順母親。可見三綱亦可權變，並非毫無轉圜餘地的教條。且董仲舒肯定湯武革命的有條件尊君，與韓非「無稱堯舜之賢，無譽湯武之伐」〔註31〕的無條件尊君並不相同。

二、五常的內容及涵義

　　與三綱密切相關的是五常，五常即仁、義、禮、智、信等五種基本的道德規範。三綱是以政治目的來規範人倫道德，五常是以道德實踐來成就政治理想。首先提出五常的是董仲舒，他在〈賢良對策一〉中說：「夫仁誼禮知信五常之道，王者所當修飭。五者修飭，故受天之祐，而享鬼神之靈，德施於方外，延及群生也。」即是希望漢武帝能實踐「五常之道」，以達「德施方外，延及群生」的德治理想。

　　董仲舒所說的仁，基本內容是「愛人」。為使愛人達到真正的效果，必須做到〈仁義法〉所謂的「絕亂塞害於將然而未形之時」，即是說在事物剛萌發

時就應思患而豫防之。例如同樣是追逐敵軍，《春秋》所以讚美魯莊公而不讚美魯僖公，是因為魯僖公等到齊國軍隊來犯，才發兵去拯救百姓；而魯莊公在戎狄未到之前，就預先防備，敵人一有動靜，就率兵去追逐。為使愛人發揮最大效果，必須能如〈仁義法〉所謂的「以仁厚遠，遠而愈賢」，即是說愛人擴及的範圍越遠越賢能尊貴。所以說「王者愛及四夷，霸者愛及諸侯，安者愛及封內，危者愛及旁側，亡者愛及獨身」。人類以外，甚至應該「至於鳥獸昆蟲莫不愛，不愛，奚足謂仁」。以上係就仁德於治道的發用而說。至於如何培養仁德，〈必仁且智〉認為應該「惛怛愛人，謹翕不爭，好惡敦倫，無傷惡之心，無隱忌之志，無嫉妒之氣，無感愁之欲，無險詖之事，無辟違之行」，以達到「其心舒，其志平，其氣和，其欲節，其事易，其行道，故能平易和理而無爭也」的境界，這樣就可以稱做仁了。綜上所述，仁德的實踐乃是先由自我情感意志的控制來培養仁德，再由擴充愛人之心而「以仁厚遠」來完成德治。即先克己復禮，進而推己及人。

董仲舒所說的義，除了「合宜」的意義外，更加入了「正我」的內涵。〈仁義法〉所謂的「義者，謂宜在我者。宜在我者，而後可以稱義。故言義者，合我與宜以為一言」，即是說義在於使自我的行為合宜。如此則義成為匡正自我的道德規範，與仁所施用的對象剛好相反。〈仁義法〉所謂的「《春秋》之所治，人與我也；所以治人與我者，仁與義也……仁之法在愛人，不在愛我；義之法在正我，不在正人」，即說明仁是用來治理「人」，義是用來治理「我」。仁義原本皆兼賅人我而言，董仲舒為何要刻意強調仁人、義我呢？因為一般人往往反其道而行，對待自己很寬容，對待別人很嚴苛，即〈仁義法〉所謂的「以仁自裕，而以義設人」。如此不僅顛倒了治理的對象，而且違反了治理的原則，所以經常導致禍亂。〈仁義法〉所以再三申言「我不自正，雖能正人，弗予為義；人不被其愛，雖厚自愛，不予為仁」、「是故以自治之節治人，是居上不寬也；以治人之度自治，是為禮不敬也」、「君子攻其惡，不攻人之惡。不攻人之惡，非仁之寬與？自攻其惡，非義之全與」，除了希望由躬自厚而薄責於人來消弭禍亂外，更希望藉明辨仁義施行的對象，使君主施政能符合德治理想。〈仁義法〉所謂的「君子求仁義之別，以紀人我之間，然後辨乎內外之分，而著於順逆之處也。是故內治反理以正身，據禮以勸福；外治推恩以廣施，寬制以容眾」，即是此意。

董仲舒所說的禮，既是成就人格的道德規範，又是區分等級的政治制度。

〈立元神〉所謂的「天生之，地養之，人成之。天生之以孝悌，地養之以衣食，人成之以禮樂」，即視禮樂爲成就人格的憑藉。而此道德規範必須形式與內容相一致，〈玉杯〉所謂的「志爲質，物爲文。文著於質，質不居文，文安施質？質文兩備，然後其禮成」，即是說必須內心與外在的表現一致，才算符合禮的要求。〈奉本〉所謂的「禮者，繼天地，體陰陽，而愼主客。序尊卑、貴賤、小大之位，而差內外、遠近、新故之級也」，即是說區分等級以維持秩序是禮的社會功能。〈天道施〉所謂的「故君子非禮而不言，非禮而不動；好色而無禮則流，飲食而無禮則爭，流爭則亂。夫禮，體情而防亂者也」，即是說亂是由於人不能自我節制所引起，體察人情而制定禮，目的在規範人的情欲，使其有所節制而不致形成禍亂。由此可見，禮的積極功能在維持社會的安定與和諧，消極作用則在防亂。

董仲舒所說的智，是一種判斷是非、指導行爲的能力。〈必仁且智〉所謂的「何謂智？先言而後當。凡人欲舍行爲，皆以其智先規而後爲之」，即指出智是在行爲之前抉擇、規劃的能力，而且所有事先的抉擇、規劃，都必須在事後證明是恰當的，才能叫做智。又所謂的「智者見禍福遠，其知利害蚤，物動而知其化，事興而知其歸，見始而知其終」，即認爲智還包括能事先預見事物的變化。〈仁義法〉所謂的「然則觀物之動而先覺其萌，絕亂塞害於將然而未形之時，《春秋》之志也。其明至矣，非堯舜之智，知禮之本，孰能當此。故救害而先，知之明也」，正表示防患未然所依賴的是先見之明的智慧，而絕亂塞害在於愛人。由此可知，仁需要智來配合，〈必仁且智〉所謂的「仁而不智，則愛而不別也；智而不仁，則知而不爲也。故仁者所以愛人類也，智者所以除其害也」，即是此意。

董仲舒所說的信，意指誠實、信用。〈對膠西王越大夫不得爲仁〉所謂的「《春秋》之義，貴信而賤詐，詐人而勝之，雖有功，君子弗爲也」、〈天地之行〉所謂的「竭愚寫情，不飾其過，所以爲信也」，其中的信字皆是指誠實而言。〈楚莊王〉所謂的「《春秋》尊禮而重信，信重於地，禮尊於身」、〈竹林〉所謂的「伐喪無義，叛盟無信，無信無義，故大惡之」，其中的信字皆是指信用而言，是與禮、義並列的道德規範。

綜上所述，五常實以仁爲核心，義禮智信皆爲其輔翼。區分仁義爲「愛人」與「正我」，無非是藉「內治反理以正身」來促成「外治推恩以廣施」；禮所以「序尊卑、差內外」爲的是正身，「體情而防亂」爲的是愛人；智之「知

利害蚤」為的是防患未然，即所謂「以知明先，以仁厚遠」；信亦是正身的規範，或可視為禮義的一環。

第四節 以三統四法推行改制更化

一、三統四法的內容

自鄒衍創立五德終始，以五行勢力的盛衰交替來解釋歷史運行與政權轉移，秦始皇首先根據此「五德轉移，治各有宜」的法則制定了一套制度，即《史記‧秦始皇本紀》所謂的「始皇推終始五德之傳，以為周得火德，秦代周，德從所不勝，方今水德之始。改年始朝賀皆自十月朔，衣服旄旌節旗皆上黑，數以六為紀，符法冠皆六寸而輿六尺，六尺為步，乘六馬，更名河曰德水，以為水德之始。剛毅戾深，事皆決於法，刻削毋仁恩和義，然後合於五德之數」。漢初五德終始雖然盛行，但在實際應用時，卻眾說紛紜，火德、土德、水德爭論不休，代表董仲舒改制主張的三統說，就是在這樣的背景下應運而生的。

關於三統說的內容，主要見於《春秋繁露‧三代改制質文》，其文云：

> 《春秋》曰：「王正月」……何以謂之「王正月」？曰：王者必受命而後王，王者必改正朔，易服色，制禮樂，一統於天下，所以明易姓非繼人，通以己受之於天也。王者受命而王，制此月以應變，故作科以奉天地，故謂之「王正月」也。王者改制作科奈何？曰：當十二色，歷各法而正色，逆數三而復；絀三之前，曰五帝，帝迭首一色，順數五而相復；禮樂各以其法象其宜，順數四而相復。咸作國號，遷宮邑，易官名，制禮作樂。

由此可知，董仲舒係根據《春秋》所謂的「王正月」，推演出改制的道理。他認為王者受命所以必須「改正朔、易服色、制禮樂」，一方面是表示已經改朝換代，一方面表示自己是受命於天。所謂「逆數三而復」，是指新王朝改變正朔的順序，正好與地支的順序相反，例如夏朝以寅月（孟春）為正月，商朝改以丑月（季冬）為正月，周朝再改以子月（仲冬）為正月，以後便按照「建寅」、「建丑」、「建子」的次序反覆循環。如建寅則崇尚黑色，即為「黑統」；如建丑則崇尚白色，即為「白統」；如建子則崇尚赤色，即為「赤統」。把這套法則應用到實際的歷史中，建寅、建丑、建子就成為「改正朔」的根據，尚黑、尚白、尚赤就

成爲「易服色」的根據。所謂「順數五而相復」，是指五帝設定首位的顏色，係順著五行的次序而循環。「五帝」與「三王」、「九皇」都非指固定的對象，而是隨著歷史的演進在改變。在位帝王將該朝加上前面二朝合稱「三王」，如周朝的三王指夏、商、周，商朝的三王指虞、夏、商；對前二王的後嗣，要分封大國給他們，「使服其服，行其禮樂，稱客而朝」〔註32〕。三王向前推五代合稱「五帝」，如周朝的五帝指黃帝、顓頊、帝嚳、帝堯、帝舜，商朝的五帝指赤帝、軒轅、顓頊、帝嚳、帝堯；對五帝的後嗣，要分封小國給他們，「使奉祀之」。由五帝向前推九代合稱「九皇」，九皇以上則稱爲「民」。所謂「順數四而相復」，是指作樂制禮時，順著「四法」的次序循環。四法指商、夏、文、質，其中「商質者主天，夏文者主地」，與「《春秋》者主人」合爲三等，劉歆三統曆所謂的「天統、地統、人統」，《白虎通·三正》所謂的「天正、地正、人正」的名稱，可能即據此發展出來的。〔註33〕

三統與四法中的每一統、每一法，都有它自己的一套制度，凡是得到某一統、某一法而爲天子者，就須依照該統、該法所定的制度而「改制作科」。茲分別表列如下：

表一 三統制度表

制度＼三統	黑 統	白 統	赤 統
正日月朔	營室	虛	牽牛
歲首	建寅	建丑	建子
朝正服	黑，首服藻黑	白，首服藻白	赤，首服藻赤
路輿	質黑，馬黑	質白，馬白	質赤，馬赤
大節授幘	尙黑，旗黑	尙白，旗白	尙赤，旗赤
大寶玉	黑	白	赤
郊牲	黑	白	騂
犧牲	角卵	角繭	角栗
冠禮處	阼	堂	房
昏禮親迎處	庭	堂	戶
喪禮殯處	東階之上	楹柱之間	西階之上

〔註32〕見《春秋繁露·三代改制質文》，本節未另註明出處者皆出自此篇。
〔註33〕參看顧頡剛〈三統說的演變〉，《文瀾學報》第二卷第1期，頁590〜592。

祭牲	黑牡	白牡	騂牡
薦物	肝	肺	心
樂器	黑質	白質	赤質
刑法禁忌	法不刑有懷任新產，是月不殺。	法不刑有身懷任，是月不殺。	法不刑有身，重懷藏以養微。
興革事項	聽朔，廢刑發德，具存二王之後。	同左	同左
朝正	平明	鳴晨	夜半

表二　四法制度表

四法制度	商	夏	質	文
主　別	天	地	天	地
其　道	佚陽	進陰	佚陽	進陰
其　德	親親而多仁樸	尊尊而多義節	親親而多質愛	尊尊而多禮文
行　事	立嗣予子，篤母弟，妾以子貴。	立嗣予孫，篤世子，妾不以子稱貴號。	同商	同夏
昏冠禮	字子以父，別眇，夫婦對坐而食。	字子以母，別眇，夫婦同坐而食。	同商	同夏
喪　禮	別葬	合葬	同商	同夏
祭　禮	先臊，夫婦昭穆別位。	先亨，婦從夫為昭穆。	先嘉疏，夫婦昭穆別位。	先秬鬯，婦從夫為昭穆。
制　爵	三等	五等	同商	同夏
祿　士	二品	三品	同商	同夏
明　堂	員	方	內員外橢	內方外衡
祭　器	員	方	橢	衡同
玉　厚	九分	八分	七分	六分
衣　別	大上	大下	長前	長後
其　舞	錫舞	纖施	羽籥	萬舞
正　封	多隱	天法	同商	同夏
封　禪	于尚位	於下位	於左位	于左佐
三　統	舜（赤）	禹黑	湯白	文王赤

三統以三數循環，四法以四數循環，三統、四法共需經歷十二代才有一次大循環，如第一代爲黑統法商，第二代爲白統法夏，到了第十三代又重新回到黑統法商。〔註34〕根據「四法如四時然，終而復始，窮則反本」，可知四法的設計是取象於四時，而三統是由建寅、建丑、建子形成，與每時三個月相符。由此可見，董仲舒三統四法的循環歷史觀是以「終而復始」的天道爲形上根據的。〔註35〕

關於五德說與三統說的關係，顧頡剛曾作一比較表如下：〔註36〕

代 次	五德說	三統說	附 記
夏前一代	土德（尚黃）	赤統　法商	此一代，五德說說爲黃帝，三統說說爲帝嚳。〔註37〕
夏	木德（尚青）	黑統　法夏	
商	金德（尚白）	白統　法質	
周	火德（尚赤）	赤統　法文	
周後一代	水德（尚黑）	黑統　法商	此一代，五德說說爲秦（漢初說是漢），三統說說爲春秋。
周後二代	土德（尚黃）	白統　法夏	此一代，漢文帝以下五德說說爲漢，三統說無文。

從這個表可以清楚地看出，二說商、周及周後一代所崇尚的顏色完全相同。因此，顧氏懷疑三統說是割取五德說的五分之三而造成的。顧氏並指出，董仲舒在〈三代改制質文〉中所以只敢從「湯受命而王」說起，正因這三代所尚之色和五德說一致，凡五德說所擺佈下的符號和制度，大可取作三統說之用而不見其矛盾。若一說到夏，則一邊尚青，一邊尚黑，不免要惹人疑惑了。顧氏的推想不能說沒有道理，董仲舒身處五德說盛行已久的時代，欲創新說多少受其限制；他雖不以五德說來解釋歷史的運行，卻也不免受其影響。

三統說何以主張《春秋》應天作新王之事是「時正黑統」？改正朔何以是改制中的首要之務？這完全是基於當時社會的需要。《漢書・律曆志》云：

> 三代既沒，五伯之末，史官喪紀，疇人子弟分散，或在夷狄，故其
> 所記有《黃帝》、《顓頊》、《夏》、《殷》、《周》及《魯曆》。戰國擾攘，

〔註34〕參看顧頡剛〈五德終始說下的政治和歷史〉，《古史辨》第五冊，頁443。
〔註35〕同註3，頁180。
〔註36〕同註34。
〔註37〕「帝嚳」應爲「帝舜」之誤。

> 秦兼天下，未皇暇也；亦頗推五勝，而自以爲獲水德，乃以十月爲
> 正，色上黑。漢興，方綱紀大基，庶事草創，襲秦正朔。以北平侯
> 張蒼言，用《顓頊曆》，比於六曆，疏闊中最爲微近。然正朔、服色
> 未覩其眞，而朔晦月見，弦望滿虧多非是。

由此可知，戰國以來流傳的曆法雖多達六種，但是都很「疏闊」不切實際，顓頊曆在六曆中算是比較精密的。漢初採納張蒼的建議，使用顓頊曆，結果「弄得月盡月初見了月亮，到了月望，反而虧了，上下弦時卻又滿了」；加上「以十月爲正，先冬後春，於四時之序又不相應」，〔註38〕導致人民諸多不便，改曆成爲全民的要求。董仲舒建寅的主張，不僅可避免上述疏失，而且又有孔子所說的「行夏之時」〔註39〕爲根據。所以漢武帝太初改制時，服色雖採用五德說而尚黃，曆法卻不得不取三統說而建寅，如此總算解決曆法混亂的問題。

二、改制更化的意義

在董仲舒的三統說中，三統是用來推行改制的，四法則是用來推行更化的。由〈賢良對策三〉所謂的「改正朔，易服色，以順天命而已」可知，董仲舒是以受命改制的觀點，爲漢朝的歷史定位，爲漢朝政權的取得提供正當的理由；由〈賢良對策一〉所謂的「更化則可善治，善治則災害日去，福祿日來」可知，董仲舒是以質文遞變，補偏救弊的觀點，使先王之道能落實到漢代的現實政治中，成爲漢代文化建設的主導原則。由此可見，改制與更化雖都是藉由終而復始的循環史觀來表達，但意義不同，作用也不同。《春秋繁露・楚莊王》云：

> 今所謂新王必改制者，非改其道，非變其理，受命於天，易姓更王，
> 非繼前王而王也。若一因前制，循故業，而無有所改，是與繼前王
> 而王者無以別。受命之君，天之所大顯也。事父母者承意，事君者
> 儀志，事天亦然。今天大顯已，物襲所代而率與同，則不顯不明，
> 非天志。故必徙居處，更稱號、改正朔、易服色者，無他焉，不敢
> 不順天志，而明自顯也。若夫大綱，人倫道理、政治教化、習俗文
> 義盡如故，亦何改哉！故王者有改制之名，無易道之實。孔子曰：「無
> 爲而治者，其舜乎！」言其王堯之道而已，此非不易之效與！

〔註38〕同註34，頁447。

〔註39〕見《論語・衛靈公》。

所謂「繼前王而王」者，即指「繼體之君」，屬父子兄弟間的王位繼承，所謂
「受命之君」，則是上天鑒於原來的君主暴虐無道，不能「小心翼翼，昭事上
帝」以永保天命，於是改授天命於異姓而取代之。二者相較，後者尤爲天意
的顯現，所以說「受命之君，天之大顯也」。既然是「受命於天」，君主事奉
上天，就應如兒子事奉父親要順從父親的心意，臣下事奉君上要效法君主的
心志。既然是「易姓更王」，就應遷徙國都、更換國號、改變正朔、變易朝服
的顏色，否則即與繼體之君沒有差別。所以如此，無非是順從上天的意志，
將自己受命爲新王的事實顯現出來。改制亦僅止於如此而已，對於在實質意
義上代表著道的「人倫道理、政治教化、習俗文義」，則無須更改，所以說「王
者有改制之名，無易道之實」。舜所以能無爲而治，正是繼承堯的王道而未加
改易的效果。由此可見，改制的意義在於順承天志，即所謂「奉天」；改制的
作用在於使人民了解已經改朝換代，即所謂「自顯」。

　　道既然是不應改變的，爲何董仲舒有更化的主張？《漢書·董仲舒傳·
賢良對策三》云：

> 道者萬世亡弊，弊者道之失也。先王之道必有偏而不起之處，故政
> 有眊而不行，舉其偏者以補其弊而已矣。三王之道所祖不同，非其
> 相反，將以捄溢扶衰，所遭之變然也。故孔子曰：「亡爲而治者，其
> 舜虖！」改正朔，易服色，以順天命而已；其餘盡循堯道，何更爲
> 哉！故王者有改制之名，亡變道之實。然夏上忠、殷上敬、周上文
> 者，所繼之捄，當用此也。孔子曰：「殷因於夏禮，所損益可知也；
> 周因於殷禮，所損益可知也；其或繼周者，雖百世可知也。」此言
> 百王之用，以此三者矣。夏因於虞，而獨不言所損益者，其道如一
> 而所上同也。道之大原出於天，天不變，道亦不變。是以禹繼舜，
> 舜繼堯，三聖相受而守一道，亡救弊之政也，故不言其所損益也。
> 繇是觀之，繼治世者其道同，繼亂世者其道變。今漢繼大亂之後，
> 若宜少損周之文致，用夏之忠。

由於「道之大原出於天，天不變，道亦不變」，所以道是沒有弊端的，弊端是
因爲失道而產生的。先王之道行之既久，難免有「偏而不起」的地方，以致
政令「眊而不行」，因此必須「舉其偏者以補其弊」。夏、商、周三代所以有
尚忠、尚敬、尚文的差異，並不是他們所遵行的道不同，而是藉此以補救偏
失。根據《史記·高祖本紀》司馬遷贊語所謂的「夏之政忠，忠之敝，小人

以野，故殷人承之以敬；敬之敝，小人以鬼，故周人承之以文；文之敝，小人以僿，故救僿莫若以忠」可知，如忠有失當救之以敬，敬有失當救之以文，文有失當救之以忠，而「百王之用，以此三者矣」。至於堯、舜、禹三聖以一道相傳，守而無失，所以無所謂因革損益。由此可見，繼承治世只要遵守其道而無需變革；繼承亂世必須變革其道以補偏救弊。根據〈賢良對策一〉所謂的「至周之末世，大爲亡道，以失天下。秦繼其後，獨不能改，又益甚之」可知，漢所繼承的大亂是由周文之弊而來，所以「宜少損周之文致，用夏之忠者」，即應以忠救文。綜上所述，出於天而不變的道本身雖無弊端，但是會因執行不當而產生偏失，因此需要變革損益，以成就治道。換句話說，更化的意義在於補偏救弊，而更化的作用在於達到善治。

　　董仲舒對於文質的看法，可說都是自孔子言論推演而來，如〈玉杯〉所謂的「質文兩備，然後其禮成」，即由〈雍也〉所謂的「質勝文則野，文勝質則史，文質彬彬，然後君子」推演而來；所謂的「寧有質而無文」，即由〈八佾〉所謂的「禮與其奢也，寧儉；喪與其易也，寧戚」推演而來。但是以質文遞變解說世運更迭，根據《漢書・嚴安傳》所載嚴安上書引鄒衍所說的「政教文質，所以云救也。當時則用，用則舍之，有易則易也」看來，則可能受到鄒衍的影響。單就四法而言，以質文互救作爲循環史觀的依據並無不可。然而若與三統對照，既以「《春秋》應天作新王之事，時正黑統」，將《春秋》列爲承夏之統；又因「承周文而反之質」，將《春秋》列爲商質之統，不免產生矛盾混亂的現象。〔註40〕所以在〈賢良對策三〉中將質、文改爲忠、敬、文，而主張「宜少損周之文致，用夏之忠」，如此則可與三統相合，可說是一項合理的修正。

　　綜上所述，董仲舒雖未曾明言《春秋》是爲漢制法，但將「《春秋》應天作新王之事，時正黑統」，與「今漢繼大亂之後，若宜少損周之文致，用夏之忠者」合併看來，所謂「新王之事」的確是在爲漢朝提供以儒家之道爲主導的施政原則。而三統說亦是爲漢制定的，〔註41〕所以根據三統漢應「建寅」，以解決曆法混亂的問題；根據四法漢應「主天法商而王，其道佚陽，親親而多仁樸」，即效法上天的親陽疏陰而任德遠刑，以轉移秦的苛政爲仁政。

〔註40〕同註25，頁350。

〔註41〕參看林麗雪〈天人合一思想對兩漢政治的影響〉（上），《書目季刊》第九卷第1期，頁84。

第五章 結 論

第一節 董仲舒天人思想的特色

一、與墨子天人感應比較

視天爲至上神，能賞善罰惡且兼愛萬民，是董仲舒與墨子天人思想的共同點。如墨子說：「天子爲善，天能賞之；天子爲暴，天能罰之。」董仲舒說：「王正，則元氣和順，風雨時，景星見，黃龍下；王不正，則上變天，賊氣并見。」如墨子言禹、湯、文、武何以能得天賞說：「其事上尊天，中事鬼神，下愛人。故天意曰：『此之我所愛，兼而愛之；我所利，兼而利之；愛人者此爲博焉，利人者此爲厚焉。』」董仲舒說：「天雖不言，其欲贍足之意可見也。古之聖人，見天意之厚於人也，故南面而君天下，必以兼利之。」〔註1〕不過，這些只是繼承《詩》、《書》以來的觀點，眞正代表董仲舒與墨子共同點的是「法天」的觀念。如《墨子·法儀》所謂的「天之行，廣而無私；其施，厚而不德；其明，久而不衰。故聖王法之」、《春秋繁露·離合根》所謂的「天高其位而下其施，藏其形而見其光。高其位，所以爲尊也；下其施，所以爲仁也；藏其形，所以爲神；見其光，所以爲明。故位尊而施仁，藏形而見光者，天之行。故爲人主者，法天之行」，即皆主張君主應法天而行。其中董說的「下其施，所以爲仁也」，與墨說的「天之行，廣而無私；其施，厚而不德」

〔註1〕墨說分別見《墨子·天志中》、〈天志上〉；董說分別見《春秋繁露·王道》、〈諸侯〉。

意義相通；董說的「高其位，所以爲尊也」、「見其光，所以爲明」，則是《墨子・天志中》所謂的「天爲貴，天爲知」的發揮。

董仲舒與墨子天人思想的相異點是墨子視天人之間爲相對的關係，而董仲舒天人之間爲相融的關係。如《墨子・天志上》所謂的「然則天亦何欲何惡？天欲義而惡不義。然則率天下之百姓，以從事於義，則我乃爲天之所欲也。我爲天之所欲，天亦爲我所欲」，即將天人之間視爲功利性的互惠關係；如此天人之間不僅是相對的，有距離的，而且行善則賞，行惡則罰有如契約，於是人在天的權威下只處於被動的地位。而董仲舒雖亦認爲「天意有欲、有不欲」〔註2〕，但在降下傷敗殃咎之前，會先遣災害怪異促人反省改過以免除禍亂，即〈賢良對策一〉所謂的「以此見天心之仁愛人君而欲止其亂也。自非大無道之世者，天盡欲扶持而全安之」。因此，天人之間並非「以信約相守，以欲求相需」〔註3〕的相對關係。更重要的是，董仲舒所謂的天，除了神性義外尙有自然義，天既是主宰，又與人並爲自身結構的十端之一，在天人同類，同類相動的原則下，人亦可以治亂之氣與天地之化相殽。因此，天人之間關係密切，幾無距離，人雖受天監督，但對於治亂禍福實處於主動地位。

二、與孔孟天人合德比較

視天具有道德的涵義，要求聖人或王者不可以不知天，是董仲舒與孔孟天人思想的相同點。如《論語・泰伯》所謂的「大哉！堯之爲君也。巍巍乎，唯天爲大，唯堯則之。蕩蕩乎，民無能名焉」，即表示自然的天具有道德的涵義，所以堯才能法則天而成其德；《孟子・盡心上》所謂的「夫君子所過者化，所存者神，上下與天地同流」，即認爲天地自然的變化運行皆爲德性的表現，所以君子的修養教化能夠與之相流通；而《春秋繁露・王道通三》則直接說：「仁之美者在於天；天，仁也。」但是知天的方法與途徑並不相同，孔子是由下學上達的工夫而踐仁以知天，孟子是由存心養性的工夫而盡心知性以知天，如此所證知的天乃是修養工夫所達到的道德境界，與神性義、自然義無關。董仲舒則是由「明陽陰入出實虛之處」，「以觀天之志」；由「辨五行之本末順逆小大廣狹」，「以觀天道」，如此所察知的天乃是道德義、神性義、自然義的混合。

〔註 2〕 見《春秋繁露・必仁且智》。
〔註 3〕 見唐君毅《中國哲學原論・導論篇》，頁559，學生書局。

先秦儒者對天人合德的完成分為兩條進路，孔子的「踐仁以知天」與孟子的「盡心知性以知天」，是從心性論出發；《中庸》的「天命之謂性，率性之謂道，修道之謂教」與《易傳》的「一陰一陽之謂道，繼之者善也，成之者性也」，是從宇宙論出發。董仲舒的「人之受命於天也，取仁於天而仁」接近《中庸》、《易傳》的進路，不過《中庸》、《易傳》並未忽視心性的工夫，所以仍需「至誠盡性以參天」、「窮理盡性以至於命」，而董仲舒則主張「為人主者，予奪生殺，各當其義，若四時；列官置吏，必以其能，若五行；好仁惡戾，任德遠刑，若陰陽」，就能夠「配天」。由此可見，董仲舒對於天人合德的基本要求與孔孟相同，只是達成的方法與途徑不同。何以會有如此差異？探究其因，可從兩方面說明：其一，陰陽五行既然是當時流行的學說，則假氣化宇宙論做為架構，容易讓人接受其理論思想；其二，要要求專制君主做無止境的心性修養工夫，顯然不太可能，不如藉神性義的天來約束君主。這就是董仲舒不重視心性工夫，而致力於建立天人相與理論的原因。

三、與老莊因任自然比較

視天為一自然的存在，由此自然的律則尋繹出人事的規範，是董仲舒與老子天人思想相同點。如《老子‧七十七章》所謂的「天之道，其猶張弓歟？高者抑之，下者舉之；有餘者損之，不足者補之。天之道，損有餘而補不足」、《春秋繁露‧天容》所謂的「天之道，有序而時，有度而節，變而有常，反而有相奉，微而至遠，踔而致精，一而少積蓄，廣而實，虛而盈」，即皆由天道的盈虛變化推論人道。方法雖相同，得出的結論卻大相逕庭。董仲舒為「仁，天心」、「布德施仁以厚之，設誼立禮以導之」〔註4〕，老子則為「天地不仁」、「絕聖棄智，民利百倍，絕仁棄義，民復孝慈」〔註5〕。所以如此，是由於老子乃採天地無心而化成的觀點，欲使個體生命皆能得到安頓；而董仲舒欲藉天志天意約束君主，以成就客觀的政教。因此，老子的因任自然，乃是透過主體「致虛守靜」的修養工夫，去除心知的定執與感官的欲求，而呈顯無有造作的生命本真。而董仲舒所欲成就的政教，正是老子「損之又損」的對象。莊子繼承老子無為的理論，更經由「心齋坐忘」、「離形去知」的修養工夫，來追求與天地萬物冥合的精神境界，在無待的超越中將自然精神化，以達「天

〔註4〕依次見《春秋繁露‧俞序》、《漢書‧董仲舒傳‧賢良對策三》。
〔註5〕依次見《老子‧五章》、〈十九章〉。

地與我並生，而萬物與我爲一」。由此可見，老莊由自然體悟的道係爲一超越的形上實體，非祇是一套運行規則而已；而其由精神境界所證成的「天地與我並生，而萬物與我爲一」，與董仲舒以數合類應所推論的「天人一也」，亦截然不同。

四、與荀子天生人成比較

荀子所以主張明於天人之分，是由於他將天視爲沒有意志的自然。〈天論〉所謂的「天行有常，不爲堯存，不爲桀亡」，即是說此自然的運行有一定客觀的規律，不因人而異；所謂的「應之以治則吉，應之以亂則凶」，即是說人世間的治亂是人自己造成的，與天沒有關係。因此，在荀子天生人成的理論中，天只是被治化的對象，所重者在於能治的人，〈王制〉所謂的「天地生君子，君子理天地」、〈富國〉所謂的「天地生之，聖人成之」，皆在強調人的能治。董仲舒亦以人「最爲天下貴」，〈立元神〉所謂的「天生之，地養之，人成之」，即與〈天論〉所謂的「天有其時，地有其財，人有其治」相類似。不過，天地在荀子只是被治的自然，人才是能治者；而董仲舒則認爲「三者相爲手足，合以成體，不可一無也」。荀子主張制天用天，而董仲舒則只說參天配天。因此，董仲舒在〈賢良對策一〉中雖強調「治亂廢興在於己，非天降命不可得反」，但人之上畢竟有個天在監督，若非如此，則不能藉天意對專制君主加以限制。

第二節 董仲舒天人思想的時代意義

一、以德治政治轉化法治政治

董仲舒的天人思想是結合《春秋》公羊學與陰陽五行學說而建立的。《春秋》公羊學是他由人道推論天道的根據，陰陽五行學說是他由天道規範人道的憑藉。換句話說，他是先將儒家王道理想寄託在天道，所以說「天志仁，其道也義」；再要求君主法天以實踐王道，所以說「爲人主者，予奪生殺，各當其義，若四時；列官置吏，必以其能，若五行；好仁惡戾，任德遠刑，若陰陽」〔註6〕。

〔註6〕見《春秋繁露・天地陰陽》。

　　漢興以後，表面上是推行黃老的無爲之治，實質上卻繼承了秦代的法家政治。由《漢書‧刑法志》所謂的「漢興之初，雖有約法三章，網漏吞舟之魚，然其大辟，尚有夷三族之令。令曰：『當三族者，皆先黥、劓、斬左右止，笞殺之，梟其首，菹其骨肉於市。其誹謗詈詛者，又先斷舌。』故謂之具五刑。彭越、韓信之屬，皆受此誅」可知，其嚴刑重罰的基本精神與秦法無異。更令儒者不滿的是，過分依賴刑法作爲治國手段，忽略德教的重要性，以致刑獄滋蕃。〈賢良對策三〉云：

> 古者修教訓之官，務以德善化民，民已大化之後，天下常亡一人之獄矣。今世廢而不脩，亡以化民，民以故棄行誼而死財利，是以犯法而罪多，一歲之獄以萬千數。

此處，董仲舒對武帝廢德教之官而任執法之吏，以致犯罪繫獄者一年數以萬千計，提出了嚴正的批判。而災異所以產生，祥瑞所以不至，正是由於廢德教而任刑罰的緣故。〈賢良對策一〉云：

> 及至後世……廢德教而任刑罰。刑罰不中，則生邪氣，邪氣積於下，怨惡蓄於上。上下不和，則陰陽繆盭而妖孽生矣。此災異所緣而起也……然而天地未應而美祥莫至者，何也？凡以教化不立而萬民不正也。夫萬民之從利也，如水之走下，不以教化隄防之，不能止也。是故教化立而姦邪皆止者，其隄防完也；教化廢而姦邪並出，刑罰不能勝者，其隄防壞也。古之王者明於此，是故南面而治天下，莫不以教化爲大務。立大學以教於國，設庠序以化於邑，漸民以仁，摩民以誼，節民以禮，故其刑罰甚輕而禁不犯者，教化行而習俗美也。

此即是說，不能推行教化則奸邪並出，即使嚴刑重罰，也無法禁止人民犯罪；能推行教化則習俗淳美，刑罰雖很輕，卻沒有違犯禁令者。所以，爲政的首要任務是設立學校庠序，以仁義禮樂來教化人民。由廢德教而任刑罰則災異出現而美祥不至可知，天意在於任德教而不任刑。〈賢良對策一〉云：

> 然則王者欲有所爲，宜求其端於天。天道之大者在陰陽。陽爲德，陰爲刑；刑主殺而德主生。是故陽常居大夏，而以生育養長爲事；陰常居大冬，而積於空虛不用之處。以此見天之任德不任刑也。天使陽出布施於上而主歲功，使陰入伏於下而時出佐陽；陽不得陰之助，亦不能獨成歲。終陽以成歲爲名，此天意也。王者承天意以從事，故任德教而不任刑。刑者不可任以治世，猶陰之不可任以成歲

也。爲政而任刑，不順於天，故先王莫之肯爲也。今廢先王德教之
官，而獨任執法之吏治民，毋乃任刑之意與！

又〈賢良對策三〉云：

故聖人法天而立道，亦溥愛而亡私，布德施仁以厚之，設誼立禮以
導之。春者天之所以生也，仁者君之所以愛也；夏者天之所以長也，
德者君之所以養也；霜者天之所以殺也，刑者君之所以罰也。

「任德教而不任刑」本是儒家的一貫主張，董仲舒卻以「陽爲德」，「而以生
育養長爲事」；「陰爲刑」，「而積於空虛不用之處」，來證明此一主張是出於天
意。又以「春夏秋冬各有時」，來證明「慶賞罰刑各有正處」〔註7〕是取法天
道。所以如此，是因漢初長期籠罩在陰陽五行學說下，唯有把自己的主張託
爲天意，才能打動迷信神仙道術的漢武帝，才能直言不諱地批評「廢先王德
教之官，而獨任執法之吏以治民」的錯誤，才有可能將漢初以來的法治政治
轉化爲德治政治。

二、以儒家思想改造陰陽五行學說

司馬談〈論六家要旨〉對陰陽家的評論爲「夫陰陽、四時、八位、十二
度、二十四節，各有教令，順之則昌，逆之者不死則亡，未必然也，故曰『使
人拘而多畏』。夫春生夏長，秋收冬藏，此天道之大經也，弗順則無以爲天下
綱紀，故曰『四時之大順，不可失也』」。此即是說，春生、夏長、秋收、冬
藏是天道的常則，應該遵循勿失；但缺點在於，若一切依照比附陰陽、四時、
八位、十二度、二十四節所建立的教令行事，並以爲順之則昌，逆之則亡，
那麼人就會受到拘束而多所畏忌，以致顯得消極被動。首先，董仲舒以儒家
守經通權的靈活觀念，化解陰陽家拘而多畏的缺失。如〈如天之爲〉所謂的
「而聖人承之以爲治，是故春修仁而求善，秋修義而求惡，冬修刑而致清，
夏修德而致寬，此所以順天地，體陰陽」，即是董仲舒再三強調的「是故人主
之大守在於謹藏而禁內，使好惡喜怒必當義乃出，若暖清寒暑之必當其時乃
發也」〔註8〕，此爲經爲常。所謂的「然而方求善之時，見惡而不釋；方求惡
之時，見善亦立行；方致清之時，見大善亦立舉之；方致寬之時，見大惡亦
立去之。以效天地之方生之時有殺也，方殺之時有生也」，即是說春生秋殺雖

〔註7〕見《春秋繁露·四時之副》。
〔註8〕見《春秋繁露·王道通三》。

是天地的常經，但是也有例外的情況；因此，人主法天而施政，只要是「在可以然之域」〔註9〕，權變亦無妨。所謂的「是故志意隨天地，緩急傚陰陽，然而人事之宜行者，無所鬱滯，且恕於人，順於天，天人之道兼舉，此謂執其中」，即是說守經通權不僅是「順於天」，而且使應行的人事，不致於鬱積停滯，可說是天人兼顧而把握中道。反之，如果不知權變，非要等到春夏才布施恩德，非要等到秋冬才執行刑罰，表面上看來是順應四時，實際上卻違反天地的常道。所以說「若留德而待春夏，留刑而待秋冬也，此有順四時之名，實逆於天地之經」。

其次，董仲舒以儒家積極有為的主動精神，改變陰陽家使人處於被動地位的缺失。他竭力彰顯人的崇高地位，如〈天地陰陽〉所謂的「以此見人之超然萬物之上，而最為天下貴也。人下長萬物，上參天地」、〈人副天數〉所謂的「物災疾莫能為仁義，唯人獨能為仁義；物災疾莫能偶天地，唯人獨能偶天地」，皆在強調宇宙中唯有人能參贊天地，化育萬物，以彰顯人存在的意義與價值。所以〈立元神〉說：「天地人，萬物之本也。天生之，地養之，人成之。天生之以孝悌，地養之以衣食，人成之以禮樂。三者相為手足，合以成體，不可一無也。」而〈深察名號〉所謂的「善與米，人之所繼天而成於外，非在天所為之內也。天之所為，有所至而止，止之內謂之天性，止之外謂人事，事在性外，而性不得不成德」，亦表示天只賦予事物可能性，要促其實現，仍有待人的努力。至於吉凶禍福亦不完全被動地取決於客觀條件，可以因人的積極作為而扭轉改變，如〈玉英〉所謂的「魯桓忘其憂而禍逮其身，齊桓憂其憂而立功名。推而散之，凡人有憂而不知憂者凶，有憂而深憂之者吉」、〈賢良對策一〉所謂的「故治亂廢興在於己，非天降命不可得反」，皆是此意。

此外，董仲舒以夏上忠、殷上敬、周上文的三教循環取代五德終始，將盲目演進的自然歷史觀，轉移為政治得失的反應。於是朝代的興替，依然是決定於人事而不是決定於天命，這便從陰陽家手中，把政治問題還原到儒家人文精神上。〔註10〕因此，當我們將時代背景回歸到符命災異盛行的君主專制時代，與其視董仲舒雜揉陰陽為儒學的沒落，〔註11〕不如說是以儒家思想

〔註9〕見《春秋繁露・玉英》。
〔註10〕參看徐復觀《學術與政治之間》，頁363，學生書局。
〔註11〕參看勞思光《中國哲學史》第二卷，頁31，友聯出版社。

改造了陰陽五行學說。〔註 12〕而董仲舒所以援引改造陰陽五行學說，無非是企圖藉由天人相與的理論，將漢初以來的法治政治扭轉爲德治政治，以實現儒家王道教化的理想。

〔註12〕參看李澤厚《中國古代思想史論》，頁 178，風雲時代出版公司。

參考書目

一、專　書

1. 《春秋繁露注》，凌曙，世界書局。
2. 《春秋繁露義證》，蘇輿，河洛圖書出版社。
3. 《春秋繁露今註今譯》，賴炎元，台灣商務印書館。
4. 《春秋董氏學》，康有爲，台灣商務印書館。
5. 《董仲舒》，林麗雪，台灣商務印書館。
6. 《董仲舒》，韋政通，東大圖書公司。
7. 《董仲舒天道觀》，王孺松，教育文物出版社。
8. 《董仲舒政治思想之研究》，賴慶鴻，文史哲出版社。
9. 《董學探微》，周桂鈿，北京師範大學出版社。
10. 《董仲舒與新儒學》，黃朴民，文津出版社。
11. 《董仲舒教育思想初探》，張鳴歧，吉林教育出版社。
12. 《周易正義》，十三經注疏，藝文印書館。
13. 《周易讀本》，黃師慶萱，三民書局。
14. 《易經繫辭傳解義》，吳怡，三民書局。
15. 《易傳的形成及其思想》，戴師璉璋，文津出版社。
16. 《尚書正義》，十三經注疏，藝文印書館。
17. 《尚書釋義》，屈萬里，文化大學出版部。
18. 《詩經正義》，十三經注疏，藝文印書館。
19. 《詩經釋義》，屈萬里，文化大學出版部。
20. 《左傳正義》，十三經注疏，藝文印書館。

21. 《春秋左傳注》，楊伯峻，源流出版社。

22. 《公羊傳注疏》，十三經注疏，藝文印書館。

23. 《論語注疏》，十三經注疏，藝文印書館。

24. 《論語譯注》，楊伯峻，華正書局。

25. 《孟子注疏》，十三經注疏，藝文印書館。

26. 《孟子譯注》，楊伯峻，華正書局。

27. 《四書集注》，朱熹，漢京文化事業公司。

28. 《中庸誠的哲學》，吳怡，東大圖書公司。

29. 《中庸形上思想》，高柏園，東大圖書公司。

30. 《說文解字注》，段玉裁，南嶽出版社。

31. 《定本觀堂集林》，王國維，世界書局。

32. 《經學歷史》，皮錫瑞，藝文印書館。

33. 《經學通論》，皮錫瑞，台灣商務印書館。

34. 《國語》，左丘明，宏業書局。

35. 《史記》，司馬遷，世界書局。

36. 《漢書》，班固，世界書局。

37. 《後漢書》，范曄，洪氏出版社。

38. 《資治通鑑》，司馬光，洪氏出版社。

39. 《古史辨》，顧頡剛編，藍燈文化事業公司。

40. 《漢唐史論集》，傅樂成，聯經出版事業公司。

41. 《中國哲學史附補編》，馮友蘭，藍燈文化事業公司。

42. 《中國哲學史新編》，馮友蘭，藍燈文化事業公司。

43. 《中國哲學史》，勞思光，友聯出版社。

44. 《中國哲學發展史》，任繼愈編，北京人民出版社。

45. 《中國思想通史》，侯外廬編，中國史學社。

46. 《中國古代思想史論》，李澤厚，風雲時代出版公司。

47. 《中國中古思想史長編》，胡適，遠流出版社。

48. 《兩漢思想史》，徐復觀，學生書局。

49. 《中國政治思想史》，蕭公權，聯經出版事業公司。

50. 《中國政治思想史》，陶希聖，食貨出版社。

51. 《中國人性論史·先秦篇》，徐復觀，台灣商務印書館。

52. 《中國哲學原論·導論篇》，唐君毅，學生書局。

53. 《中國哲學原論・原性篇》，唐君毅，學生書局。

54. 《中國哲學原論・原道篇》，唐君毅，學生書局。

55. 《中國哲學範疇發展史，天道篇》，張立文，中國人民大學出版社。

56. 《孔孟荀哲學》，蔡仁厚，學生書局。

57. 《老子王弼注校釋》，樓宇烈，華正書局。

58. 《老子讀本》，余培林，三民書局。

59. 《老子的哲學》，王邦雄，東大圖書公司。

60. 《墨子閒詁》，孫詒讓，華正書局。

61. 《墨學之省察》，陳問梅，學生書局。

62. 《莊子集釋》，郭慶藩，華正書局。

63. 《莊子讀本》，黃師錦鋐，三民書局。

64. 《莊子內七篇思想研究》，高柏園，文津出版社。

65. 《莊學蠡測》，劉光義，學生書局。

66. 《管子校正》，戴望，世界書局。

67. 《管子思想研究》，徐漢昌，學生書局。

68. 《商君書解詁》，朱師轍，世界書局。

69. 《商鞅及其學派》，鄭良樹，學生書局。

70. 《名家與荀子》，牟宗三，學生書局。

71. 《荀子集解》，王先謙，藝文印書館。

72. 《荀子集釋》，李滌生，學生書局。

73. 《荀子學說》，陳大齊，文化大學出版部。

74. 《荀子與古代哲學》，韋政通，台灣商務印書館。

75. 《韓非子校釋》，陳啓天，台灣商務印書館。

76. 《韓非子的哲學》，王邦雄，東大圖書公司。

77. 《呂氏春秋校釋》，陳奇猷，華正書局。

78. 《呂氏春秋探微》，田鳳台，學生書局。

79. 《淮南鴻烈集解》，劉文典，文史哲出版社。

80. 《新語》，陸賈，世界書局。

81. 《新書》，賈誼，世界書局。

82. 《鹽鐵論集釋》，徐南村，廣文書局。

83. 《論衡集解》，劉盼遂，世界書局。

84. 《內經素問注》，王冰，中華書局。

85. 《白虎通疏證》，陳立，廣文書局。

86. 《五行大義》，蕭吉，廣文書局。

87. 《先秦諸子論叢》，唐端正，東大圖書公司。

88. 《先秦兩漢之陰陽五行學說》，李漢三，維新書局。

89. 《鄒衍遺說考》，王夢鷗，台灣商務印書館。

90. 《戰國時期的黃老思想》，陳麗桂，聯經出版事業公司。

91. 《秦漢思想研究》，黃師錦鋐，學海出版社。

92. 《西漢前期思想與法家的關係》，林聰舜，大安出版社。

93. 《漢初學術與王充論衡述論稿》，李偉泰，長安出版社。

94. 《中西哲學之思想比較論文集》，唐君毅，學生書局。

95. 《中西哲學思想中的天道與上帝》，李杜，聯經出版事業公司

96. 《天人關係論》，楊慧傑，水牛出版社。

97. 《儒道天論發微》，傅佩榮，學生書局。

98. 《儒家天人合一思想之研究》，施湘興，正中書局。

99. 《學術與政治之間》，徐復觀，學生書局。

100. 《梅園論學集》，戴君仁，台灣開明書店。

101. 《歷史與思想》，余英時，聯經出版事業公司。

102. 《哲學與思想》，王曉波，東大圖書公司。

103. 《才性與玄理》，牟宗三，學生書局。

104. 《中國倫理思想研究》，張岱年，貫雅文化事業公司。

105. 《氣論與傳統思維》，李志林，學林出版社。

106. 《氣的思想》，李慶譯，上海人民出版社。

107. 《漢代文學與思想學術研討會論文集》，政大中文系，文史哲出版社。

二、論　文

1. 〈原氣〉，莊耀郎，師大國研所 73 年碩士論文。

2. 〈周秦陰陽五行家思想研究〉，林金泉，師大國研所 71 年碩士論文。

3. 〈董仲舒學術思想淵源〉，賴炎元，南洋大學學報第 2 期。

4. 〈董仲舒與何休公羊學之比較〉，賴炎元，南洋大學學報第 3 期。

5. 〈董仲舒生平考略〉，賴炎元，南洋大學學報第 8 及第 9 期。

6. 〈董仲舒之學術思想〉，賴炎元，慶祝高郵高仲華先生六秩誕辰論文集。

7. 〈董仲舒的仁義學說〉，賴炎元，孔孟月刊第五卷第 2 期。

8. 〈董仲舒的人性論〉，林麗雪，孔孟月刊第十四卷第 4 期。

9. 〈董仲舒的政治思想〉，楊樹藩，政大學報第 2 期。

10. 〈董仲舒的治道與政策〉，賀凌虛，思與言第十卷第 4 期。

11. 〈董子年表訂誤〉，施之勉，東方雜誌第四十一卷第 24 期。

12. 〈董仲舒的學術思想體系〉，李威熊，靜宜學報第 1 期。

13. 〈董仲舒學說與其時代精神〉，梁桂珍，孔孟學報第 51 期。

14. 〈孔孟心性論與董仲舒天人感應說之比較研究〉，胡健財，孔孟學報第 55 期。

15. 〈董仲舒春秋學方法論試探〉，孫長祥，華岡文科學報第 17 期。

16. 〈董仲舒的道德價值論〉，李宗桂，孔孟月刊第三十卷第 6 期。

17. 〈評海峽兩岸的董仲舒思想研究〉，李宗桂，哲學研究 1990 年第 2 期。

18. 〈天人合一思想對兩漢政治的影響〉（上）（下），林麗雪，書目季刊九卷 1、2 期。

19. 〈三統說的演變〉，顧頡剛，文瀾學報二卷 1 期。

20. 〈中國傳統思想方式的特點〉，姜廣輝，孔孟學報第 62 期。